全国高职高专

HUIZHAN

会展策划与管理
专业系列教材

U0694451

教育部高等学校工商管理教学指导委员会旅游会展专业组 推荐教材

庆典活动实务

主　编　张　佶　杨　煌
副主编　梁　颖　雷　燕　郭金萍　朱慧军
主　审　谭红翔

重庆大学出版社

内容提要

本书以工作过程为导向,以庆典活动的全过程作为主线,从庆典策划到庆典活动后的工作,逐步递进地阐述每一个环节的相关知识和技能;通过学习和训练,学生可以了解庆典活动的整个过程和运行中每个步骤的相关知识,从而基本具备组织、参与庆典活动的能力和素质。本书内容详略得当,重在操作技能、实训,具有较强的针对性和实用性,在编写形式上大量使用案例、图表、图片,简明扼要、图文并茂;既适用于高职高专会展策划与管理专业及文秘、饭店管理等专业的教学使用,同时对相关领域和企事业单位从事庆典活动的工作人员也是一本实用性非常强的参考书。

图书在版编目(CIP)数据

庆典活动实务/张佶,杨煌主编.—重庆:重庆大学出版社,2013.1(2021.7重印)

全国高职高专会展策划与管理专业系列教材

ISBN 978-7-5624-7031-1

Ⅰ.①庆…　Ⅱ.①张…②杨…　Ⅲ.①文娱活动—组织管理—高等职业教育—教材　Ⅳ.①G241.3

中国版本图书馆 CIP 数据核字(2012)第 237648 号

全国高职高专会展策划与管理专业系列教材
庆典活动实务
主　编　张　佶　杨　煌
策划编辑:沈　静
责任编辑:蒋昌奉　　　版式设计:沈　静
责任校对:刘　真　　　责任印制:张　策

*

重庆大学出版社出版发行
出版人:饶帮华
社址:重庆市沙坪坝区大学城西路 21 号
邮编:401331
电话:(023)88617190　88617185(中小学)
传真:(023)88617186　88617166
网址:http://www.cqup.com.cn
邮箱:fxk@ cqup.com.cn(营销中心)
全国新华书店经销
POD:重庆新生代彩印技术有限公司

*

开本:720mm×960mm　1/16　印张:22.75　字数:397千
2013 年 1 月第 1 版　2021 年 7 月第 2 次印刷
ISBN 978-7-5624-7031-1　定价:59.00 元

编委会

总 序

　　进入 21 世纪以来,随着中国社会经济的飞速发展,综合国力的不断增强,国际贸易发展的风驰电掣,会展经济随之迅速成为中国经济的新亮点,在中国经济舞台上扮演着越来越重要的角色,正逐渐步入产业升级的关键历史时期。这一历史时期,会展业能够快速发展的关键是需要大量的优秀专业人才做支撑。据上海世博局预测,到 2010 年,上海世博会对会展人才的需求将达 10 万人。为了适应国内对会展人才需求的日益增长,我国各类高校纷纷开办了会展专业。据不完全统计,截至 2007 年 4 月,在全国范围内(包含港澳台)开设会展专业和专业方向的学校(包括本科、高职高专院校)有 80 多所,开设会展方面课程的学校已经达到 100 余所,这在一定程度上缓解了我国会展人才紧缺的现状。但是由于我国会展教育起步时间较晚,在课程体系设计、教材建设和师资队伍建设等方面缺乏经验,培养出来的学生在知识结构、职业素养和综合能力等方面往往落后于市场的需求。尤其是目前国内会展教材零散、低层次重复并且缺乏系统性的现状非常明显,很大程度上制约了我国会展教育和会展业的发展。因此,推出一套权威科学、系统完善、切合实用的全国会展专业系列教材势在必行。

　　中国的会展教育开办还不到 10 年时间,但我国的会展教育经过分化发展,已经形成了学科体系的基本雏形。如今,会展专业已经形成中等职业教育、高职高专、普通本科和研究生教育这样完整的教育层次体系,这展示了会展教育发展的历程和成果,同时也提出了学科建设中的一些迫切需要解决和面对的问题。其中最重要的一点，就是如何在不同教育层次和不同的教育类型上对会展教育目标和教育模式进行准确定位。为此，重庆大学出版社策划组织了国内众多知名高等旅游院校的著名会展专家、教授、学科带头人和一线骨干教师参与编写了这套全国高职高专会展策划与管理专业系列教材，以适应中国会展业人才培养的需要。本套教材的编写出版旨在进一步完善全国会展专业的高等教育体系，总结中国会展产业发展的理论成果和实践经验，推进中国会展专业的理论发展和学科建设，并希望有助于提高中国现代会展从业人员的专业素养和理论功底。

本套教材定位于会展产业发展人才需求数量最多最广的高职高专教育层次，是在对会展职业教育的人才规格、培养目标、教育特色等方面的把握和对会展职业教育与普通本科教育的区别理解以及对发达国家会展职业教育的借鉴基础上编写而成的。另外，重庆大学出版社推出的这套全国高职高专会展策划与管理专业系列教材，其意义将不仅仅局限在高职高专教学过程本身，而且还会产生巨大的牵动和示范效应，将对高职高专会展策划与管理专业的健康发展产生积极的推动作用。

在编写这套教材的过程中，我们力求系统、完整、准确地介绍会展策划与管理专业的基本理论和知识，围绕培养目标，通过理论与实际相结合，构建会展应用型高职高专系列教材特色。本套教材的内容，有知识新、结构新、重应用等特点。教材内容的要求可以概括为："精、新、广、用"。"精"是指在融会贯通教学内容的基础上，挑选出最基本的内容、方法及典型应用；"新"指尽可能地将当前国内外会展产业发展的前沿理论和热点、焦点问题收纳进来以适应会展业的发展需要；"广"是指在保持基本内容的基础上，处理好与相邻及交叉学科的关系；"用"是指注重理论与实际融会贯通，突出职业教育实用型人才的培养定位。

本套教材的编写出版是在教育部高等学校工商管理类学科专业教学指导委员会旅游会展专业组的大力支持和具体指导下，由中国会展教育的开创者和著名学者、国内会展旅游教育界为数仅有的国家级教学成果奖获得者和国家级精品课程负责人，教育部高等学校工商管理类学科专业教指委旅游会展专业组负责人、中国会展经济研究会副会长和教育部高等学校高职高专旅游管理类专业教指委委员、湖北大学马勇教授担任总主编。参与这套教材编写的作者主要来自于湖北大学、上海师范大学、上海工程技术大学、厦门国际会展职业学院、浙江旅游职业技术学院、深圳职业技术学院、重庆师范大学、武汉职业技术学院、湖北经济学院、湖北职业技术学院、上海第二工业大学、上海新侨职业技术学院、上海工艺美术学院、福建商业高等专科学校、桂林旅游高等专科学校、南宁职业技术学院、广西国际商务职业技术学院、金华职业技术学院、江西旅游商贸职业学院、北京城市学院、昆明冶金高等专科学校、昆明学院、山东淄博职业技术学院、沈阳职业技术学院等全国40多所知名高校。在教材的编写过程中，重庆大学出版社还邀请了全国会展教育界、政府管理界、企业界的知名教授、专家学者和企业高管进行了严格的审定，借此机会再次对支持和参与本套教材编、审工作的专家、学者和业界朋友表示衷心的感谢。

本套教材第一批将于2007年7月后陆续出版发行21本，其中包括《会展概论》《会展实务》《会展场馆经营与管理》《会展心理》《会展项目组织与策划》《会展旅游》《大型活动策划与管理》《展览服务与管理》《会展典型案例精析》等。这套书中，部分被列选为国资委职业技能鉴定和推广中心全国"会展管理师"培训与认证的唯一指定教材。本套教材的作者队伍学历层次高，绝大部分具有博士或硕士学位以及教授、副教授职称，涉及的领域多，包括了经济学、管理学、工程学等多方面的专家，参与编写的业界人士，不仅长期工作在会展领域的最前线，而且是业界精英。另外，作为国内高校第一套全国高职高专会展策划与管理专业系列教材，教材内容和教材体系是动态开放的，随着会展业的发展，以确保教材的先进性和科学性，在2~3年后将对第一批部分教材进行修订再版，同时正计划开发第二批系列教材，也欢迎您的积极参与！

尽管作者和编委会本着认真负责的态度，尽到了最大努力来编写出版本套教材，但是由于会展业涉及面广，加之编写时间紧等多方面原因，本套系列教材的不足和错漏之处在所难免。因此，恳请广大读者和专家批评指正，以便我们不断完善。最后，我们期待这套全国高职高专会展策划与管理专业系列教材能够得到广大师生的欢迎和使用，能够在会展教育方面，特别是在高职高专教育层次的人才培养上起到积极的促进作用，共同为我国会展业的发展做出贡献。

全国高职高专会展策划与管理专业系列教材
编委会
2007年5月

前　言

　　庆典活动是组织围绕自身或社会环境中的有关重大事件、纪念日、节日等所举办的各种仪式、庆祝会和纪念活动的总称，包括节庆活动、纪念活动、典礼仪式和其他活动。通过庆典活动，可以渲染气氛，强化组织的影响力；也可以广交朋友，广结良缘。随着我国经济的发展和社会的进步，以及国际交流的日益密切，庆典活动在我国已成为十分普遍的社会活动，每年举行的庆典数以万计。

　　目前，市场上系统阐述庆典活动方面的书籍较少，本书的出版既能适用于高职高专会展策划与管理专业及文秘、饭店管理等专业的教学，同时对相关领域和企事业单位从事庆典活动的工作人员也是一本实用性很强的参考书。

　　本书系"全国高职高专会展策划与管理专业系列教材"之一，由一批长期从事会展专业教学和筹办过庆典活动的教师来编写，按照培养既有必要基础理论知识，又有较强实践动手能力的高技能应用型人才的目标，根据会展策划与管理专业学生应掌握的相关知识和技能，以工作过程为导向，以庆典活动的全过程作为主线，从庆典策划到庆典活动后的工作，逐步阐述每一环节的相关知识和技能。通过学习和训练，学生可以了解庆典活动的整个过程和运行中每个步骤的相关知识，掌握相应的技能，从而基本具备组织、参与庆典活动的能力和素质。

　　本书突出论述庆典活动的步骤、流程及实用方法；在编写形式上大量使用实际案例、图表和图片，简明扼要、图文并茂；以使学员掌握相关知识，培养应用能力为基本思路，基础知识适量；以有助于培养能力为准，够用为度，技能培养和训练相对加强，用许多技能点来反映问题，直观通俗，对学员具有较强的启发性和可操作性，因此学员容易理解并掌握相关知识和技能。

本书由张佶、杨煌担任主编,梁颖、雷燕、郭金萍、朱慧军担任副主编,丁青、季永青、冯嘉洁、向桂美、张莉参与编写。张佶编写了第 1 章和第 2 章;杨煌编写了第 5 章和第 9 章;梁颖编写了第 6 章和第 13 章;雷燕编写了第 4 章和第 11 章;朱慧军编写了第 7 章和第 10 章;郭金萍编写了第 3 章和第 8 章;丁青编写了第 12 章;季永青、冯嘉洁、向桂美、张莉参加了案例选用、文字编排录入、校对等工作;全书由昆明冶金高等专科学校谭红翔教授担任主审。

在教材的编写过程中,得到了重庆大学出版社的大力支持,参考了相关文献成果,在此表示衷心的感谢。同时,恳请广大读者对本书提出宝贵意见与建议,以便修订时完善。

编者

2012 年 7 月

目 录 *CONTENTS*

第 2 编　庆典活动准备

第1编　庆典活动策划

第1章
庆典概述

【本章导读】

　　本章作为庆典活动的开篇,主要介绍庆典的由来和基本概念,明确庆典的基本构成要素,以及庆典的类型和作用,使学习者对庆典的认识从感性上升到理论,加强对庆典相关知识的理解。

【关键词汇】

　　庆典由来　庆典概念　构成要素　类型作用

【引例】

"祭孔大典"

中新社北京 2010 年 9 月 28 日电。28 日是孔子 2 561 年诞辰,当天早晨在北京孔庙,两岸中学生、老师 500 多人在温煦秋阳下踏进古老的庭院参加祭孔仪式,表达对孔圣人的敬重。

9 时许,古老的大成殿前广场上,鼓乐齐鸣,师生同声咏颂《礼记·大同》篇,祭孔仪式开始;两岸嘉宾在持敬门整衣冠、肃立,由国子监进入孔庙;两岸学生在大成殿前跳六佾舞,嘉宾在肃穆的气氛中进殿行"初献礼""亚献礼""终献礼",仪式随师生进殿拜谒孔圣人而结束。

这是一项名为"第三届中华文化快车——两岸师生联合祭孔大典"的活动,整个活动历时三天,由北京市台办、北京市文物局联合北京孔庙和国子监博物馆联合举办。地点设在北京孔庙和国子监博物馆(元明清三代举行国家级祭孔典礼的场所)。台湾师生代表团、北京百所学校师生代表、与会嘉宾、专家、学者、媒体、表演及服务人员等参加了此次祭祀活动。

当日,山东、天津、浙江、长春、台北等地举办祭孔大典的同时,还举办了各种民俗活动;同日,台湾孔子学院成立;中国邮政《孔庙、孔府、孔林》邮票一套三枚在北京发行。

图 1-1　祭孔大典会场　　　　　　图 1-2　祭孔大典会场

分析:大典的行礼过程与雅乐佾舞结合,祭孔乐舞,以颂扬孔子业绩为主,古朴典雅,场面宏大,让人追忆往古,怀想先圣。本次活动对于全社会弘扬传统文化,提倡尊师重道思想,培育青少年树立社会主义荣辱观和道德观,凝聚海内外华人民族向心力,振奋民族精神,构建社会主义和谐社会,实现中华民族的伟大复兴,必将产生积极的巨大的历史推动作用。

1.1 庆典的由来和目的

1.1.1 庆典的由来

庆典的产生和发展经历了自发和自觉的不同阶段。

庆典活动的源头可以追溯到原始社会。人们在猎取禽兽、收获粮食之后，或是结婚之时，兴之所至，或载歌载舞以示欢庆，或通过一定的仪式来表示纪念，这便是庆典的原始形态。同时，由于人类认识和改造世界水平的低下，对于一些自然现象无法解释，便归之于神的力量，产生了神灵崇拜，有些对于神灵的敬祝仪式、活动固定下来，形成较为稳定的庆典活动。也就是说，最初的庆典是由氏族部落的祭祀典礼演变而来，源于远古时期的图腾崇拜、树碑立柱、丰收庆贺、祭祀神灵等活动。原始社会的庆典活动，完全是一种自发的形式。

随着人类征服改造自然能力的不断增强，人们开始为自己的力量感到骄傲，也为自身的胜利举行庆祝活动，有些以庆典的形式固定下来，庆典活动的内容不断丰富、形式日益多样，古代的庆典活动逐渐发展成为有一定仪式的庆祝活动，较之兴之所至的庆祝活动有了长足发展，具有庆祝与纪念的意义并具备一定的仪式、程序。

真正自觉意义上的庆典活动随着人类社会的发展逐渐产生，人们开始有目的、有秩序地组织庆典活动，庆典活动的范围大大扩展了。随着阶级社会的到来，一些具有政治意义的庆典也相应产生：如帝王登基庆典、战争胜利庆典⋯⋯我国商周时期的盘庚迁都、武王伐纣均曾举行过盛大的典礼，从春秋时代开始，天子狩猎、祭祀，诸侯会盟，乃至平民百姓的弱冠结婚等，都要举行隆重的庆典活动。当工商业、手工业出现后，庆典这种仪式也随之进入到工商手工业中，开张、落成典礼成为一种十分普遍的仪式。

随着生产力的发展和社会的进步，以及国际交流的日益密切，民族庆典融入了西方的一些文化成分，影响了中国的传统庆典和礼仪习俗，表现为商业效果增强及形式的变化。在当今社会，庆典活动已成为十分普遍的社会活动，它深入整个社会的方方面面：各个国家、民族都有自己的节日、纪念日，每当节日到来之际，就会举行不同规模的庆典活动；一个国家的开国大典及国庆大典往往格外隆重，1994年4月的南非大选结束后，举国同庆，组织了大规模的庆典活动;一个国家或社会组织有贵宾到来时,也会举行迎宾庆典;其他如各种开业庆典、揭幕庆典、奠基庆典、厂庆、校庆、婚庆……不一而足。当代庆典活动对于社会组织的意义已经不仅是单纯的庆祝纪念意义,更重要的是,它可以树立组织形象、扩大组织影响、提高组织声誉……也许,当你从一条街上走过,你会发现某家酒楼正在举办开业庆典,某家商场正在举行周年庆祝活动,一排轿车正载着新郎、新娘远去……庆典活动"你方唱罢我登场",成为当代社会长盛不衰、历久弥新的庆祝纪念活动。可见,庆典伴随着人类文明的出现而出现,并随着商品经济的发展而发展,它对人类抒发情感,表达喜悦之情,传播组织、企业产品信息,树立组织、企业形象发挥着重要的作用。

【知识链接1-1】　封建时期的庆典形式

■　**教化活动**　指封建教义和民众的宗教艺术,如祭拜先祖、拜将、祭祀孔孟等。

■　**民间习俗**　如祭拜天地、婚娶生子、金榜题名、诞辰寿庆,还有与节气、节日相关的各种庆贺活动。

■　**商业活动**　如店铺行会和集市贸易为了宣传促销举行的庆典。

总之,随着人类社会生活内容的不断丰富,庆典活动的内容和形式也极大地丰富了,并受到经济、文化、习俗、礼仪、生产力发展的深刻影响,反映着不同时期的社会风貌。它的产生和发展,已有悠久的历史,是自然习俗和人类情感的必然产物,是人类社会发展的结果。成功而出色地举办庆典活动对于当代社会组织来说十分重要,因此,庆典活动的精心策划也显得非常必要了。

【知识链接1-2】　春节的由来

春节是我国民间最隆重、最热闹的一个古老传统节日。

春节是汉族最重要的节日。然而,我国是个多民族的国家,除汉族外,还有满、蒙古、瑶、壮、白、高山、赫哲、哈尼、达斡尔、侗、黎等十几个少数民族也有过春节的习俗。

春节的历史很悠久,它起源于殷商时期年头岁尾的祭神祭祖活动。有关年的传说也很多。古代的春节叫"元日""元旦""新年"。辛亥革命后,才将农历正月初一正式定名为春节。

漫长的历史岁月使年俗活动内容变得异常丰富多彩。其中,那些敬天祭神的迷信内容,已逐渐被淘汰,而那些富有生活情趣的内容,像贴春联、贴年画、贴"福"字、剪窗花、蒸年糕、包饺子、燃爆竹、除夕守夜、拜年等习俗至今仍很盛行。

我国最早的春联,是五代时期孟昶写在桃木板上的:"新年纳余庆,嘉节号长春"。

用红纸写春联始于明朝。年画源于唐朝的门神,它和燃爆竹一样,在古代都是用来驱鬼避邪的,现在却成了专为增加喜庆气氛的习俗了。贴"福"字在宋朝以前就有了,人们把写在红方纸上的"福"字,故意倒贴在门、窗、家具上,取其"福到(倒)了"之意。

除夕守岁是最重要的年俗,这在魏晋时期就有记载。除夕晚上,全家老小熬年守岁,欢聚酣饮,共享天伦之乐,这是炎黄子孙至今仍很重视的年俗。待第一声鸡啼之后,新的一年开始了,男女老少均着节日盛装,先给家族中的长者拜年祝寿,然后走亲串友,相互道贺祝福。此时的神州大地,处处闪光溢彩,从初一到十五,人们一直沉浸在欢乐、祥和、文明的节日气氛中。

1.1.2 庆典的目的

随着我国经济的快速发展和人们生活水平的不断提高,具有时代特色的各种庆典活动也逐渐增多,开业庆典、开工庆典、校庆、厂庆及各种庆祝活动随处可见。主办者无不想通过举办好庆典活动,造成声势,扩大影响,以利于今后事业的发展。通过庆典活动,可以渲染气氛,强化组织的影响力;也可以广交朋友,广结良缘;成功的庆典活动还可能具有较高的新闻价值,从而进一步提高组织的知名度和美誉度。

案例分析1-1 徐特立的70大寿

1947年,胡宗南进攻延安在即,中央机关大部分都已疏散。此时,徐特立已遵照党中央的安排,带领中央宣传部教育研究室的部分人员从延安撤到了绥德,随时准备渡过黄河,延安只留下毛泽东和一个灵活精干的机关。

徐老到了绥德不久,突然一骑快马来到,请徐老回延安,党中央决定要为他的70大寿祝寿。徐老立刻意识到此举的意义,他说:"这是政治寿!"便立即返回延安。在寿辰前一天晚上,毛泽东、朱德等中央领导来到徐老住处,亲切地为他"暖寿",一起吃了长寿面。毛泽东还特意为徐老做了一个寿糕,并在寿糕盒子上写上"坚强的老战士"6个字,送到徐老手中,徐特立高兴地切开蛋糕和大家一起分享。

1947年1月10日,中共中央办公厅,陕甘宁边区政府在中央礼堂庆祝徐特立70大寿。寿堂设在延安大礼堂,挂满了祝词、颂诗、贺信、贺电及礼品。寿堂还悬挂了一幅有知名人士沈钧儒、李济深、黄炎培等许多人签名的大寿幛。祝寿会上，中共中央发表了贺信，朱德等先后登台致辞。在热烈而长久的掌声中，徐特立健步登台致谢辞，感谢党和同志们的盛意。致辞之后，中央管弦乐团演出《祝寿花鼓》《参军秧歌》；平剧院演出《独木关》等剧助兴。寿辰这天，延安《解放日报》出版了庆祝徐特立同志70大寿的特刊，刊登了党中央的贺信，毛泽东、周恩来、朱德、刘少奇、彭德怀等老一辈无产阶级革命家的题词。在延安举行庆寿活动的同时，上海许多进步人士也举行了祝寿宴会，制作了有不少知名人士签名的大寿幛。

新华通讯社的无线电波把这一喜讯传遍了全国。徐老桃李满天下，于是蒋管区和边区遥相呼应，一个规模巨大的祝寿活动在中华大地上涌起。

分析：特殊时期的庆典，有其特殊的目的和意义，有时可收到奇效。这次祝寿，是在中共中央撤离延安，转战陕北的前夕，国民党当局正调动大批军队准备进攻延安，形势极为紧张的时刻举行的。当时，毛主席留在陕北是为了吸引敌人的兵力以消灭之。可是敌人摸不清中共中央究竟还在不在陕北，举棋不定。毛主席为了帮助敌人下决心，需要告诉胡宗南："我在陕北，你来吧。"可是这句话怎样说法呢？他便想起了给徐老做寿。徐特立知道，在这样的时候来为他祝寿，正可以表示边区边民同仇敌忾，面对敌人的进犯边区军民从容不迫，充满信心。因此，这不是一般的祝寿，而是具有重要政治意义的活动。

1.2　庆典的基本概念和构成要素

1.2.1　庆典的基本概念

庆典对于我们来说并不陌生，我们平常所见所闻的庆典活动不胜枚举：大到世界性、国家性的庆典：如1942年纪念"联合国日"的庆典活动，推动了第二次世界大战胜利的进程，载入了第二次世界大战史册；为庆祝中华人民共和国成立35周年举行的国庆典礼，热烈而隆重，大大增强了中国人民的自豪感和自信心，提高了中华民族在世界的威望……小到社会组织、团体乃至家庭、个人举行的庆典活动：如公司、企业、商场、学校等的开业、落成典礼，周年纪念庆典以及婚庆和生日庆典活动等。

庆典，是各种庆祝仪式的统称。庆典活动是社会组织为了引起公众的关注,扩大自身的知名度,最终获得更大的经济效益和社会效益,围绕自身或社会环境中的有关重大事件、纪念日、节日等所举办的各种仪式、庆祝会和纪念活动的总称,包括节庆活动、纪念活动、典礼仪式和其他活动。通过庆典活动,可以渲染气氛,强化组织的影响力;也可以广交朋友,广结良缘;成功的庆典活动还可能具有较高的新闻价值,从而进一步提高组织的知名度和美誉度。

图1-3　庆典现场

图1-4　庆典现场

图1-5　庆典现场

1.2.2　庆典的构成要素

1)庆典目标

举行庆典是为了达到某种目的或完成某种任务。无论是远古时代的部落祭祀活动,还是当今社会的大型庆典活动,任何一种庆典都是基于一定的客观需要,为解决现实生活中一些具体问题、达到某种目的而举行的。因此,庆典自古以来就是一种目的性很强的社会交往活动。当今世界,各种名目的庆典活动层出不穷,已成为人类社会活动中不可缺少的一种交流方式。同时,庆典还必须有一定的组织和计划,只有这样,才能使庆典的各项内容顺利开展、各个项目有序进行,进而实现庆典的目标。

庆典目标是指通过举办本次活动所要实现的总体目的,庆典目标是庆典组织者的期望所在,是具体的庆典所要完成的具体任务。具体表现为:取得社会各界广泛的认同,扩大知名度,提高美誉度,树立良好的单位形象,为今后的生存发展创造一个良好的外部环境。只有目标清晰、任务明确,庆典才会发挥应有的作用。

2)主办者

庆典主办者是指决定和举行庆典的机关和组织。如果庆典跨地区、跨行业,那么庆典的主办者可能是地方(中央)各级领导机关或行业主管机关;如果庆典是综合性的,涉及多个部门(地区),庆典主办者就有多个。庆典主办者要负责庆典的领导、组织和管理工作,其主要任务是根据庆典的目标和规则制订具体的方案并加以实施,为庆典活动提供必要的场所、设施和服务,确保庆典正常进行。庆典的主办一般有以下几种情况:

①由相关领导机关主办,如市庆、厂庆等。

②由庆典的发起者主办。

③轮流主办。

④通过一定的申办程序确定。

一些重大的庆典活动,由于具有一定的政治、经济、文化等方面的影响,同时也为了提高庆典的质量和参与度,因此需要采取申办程序来确定主办者。申办程序和条件一般要在庆典规则中加以明确。

3)承办者

承办者是指具体落实庆典组织任务的机构或个人,可以是主办方内部或外部的人选。承办者要对主办者负责。如果一名内部承办者(主办庆典组织中的成员)受命承办庆典,他可能在筹备和庆典期间增加一个不同于本职的头衔。外部承办者通常是庆典或相关行业中的专业人士或组织,目前这种庆典承办服务公司如雨后春笋般茁壮成长起来。

4)参加者

参加者是庆典活动的主体,因而是庆典活动成功与否的重要因素。广义的参加者包括出席人员、主持人员、秘书人员、服务人员等。狭义的参加者一般仅指出席人员。参加的人数越多,庆典的规模越大。

邀请的来宾应具有一定的代表性。如邀请上级机关和政府主管部门,以便今后取得支持;邀请潜在的、预期的未来客户是企业经营的基础;邀请同行业人员,以便相互沟通合作。一般来宾组成:政府官员、地方实力人物、知名人士、新闻记者、社区公众代表、客户代表或特殊人物等。

5)庆典组织机构

举行庆典一经决定,应成立庆典活动领导机构,负责统领庆典活动全局,决定重大事项。庆典活动领导机构的主要职责:①负责庆典总体方案的策划、制订;②负责庆典筹备的组织、协调、联络和督办工作。

在确定相应的庆典承办者之后,需要在承办者内部成立一个工作机构,即对庆典全权负责并对庆典事务进行管理和服务的专门班子,如筹备组或指挥部。筹备组设立组长一人,副组长若干人,负责全程指挥与决策。工作职责:①全面负责庆典活动的组织协调工作;②组织召开各工作组组长会议,听取活动准备进展情况,并及时向组长通报庆典重要事项;③及时解决处理庆典过程中出现的问题。

庆典组织一般分为秘书和会务两大机构。秘书机构主要负责:记录、搜索、整理、撰写、送审、印制、分发庆典中形成的各种文字材料,安排和管理庆典现场以及庆典所用的器材等物品,各种文书方面的信息传递,互通情况等;以及辅助决策,综合协调,沟通信息,办文办会办事等。会务机构主要负责:安排与会人员的签到、接送,安排庆典期间参加人员的食宿、交通,组织参加人员业余时间的参观访问和娱乐活动,策划庆典费用,管理财务,接待来宾和来访者等。围绕上述职能,在庆典的筹备组之内,应根据具体的需要,下设若干精干的专项小组,在秘书、公关、礼宾、财务、会务等各方面"分兵把守",各管一段,以使责任更加明确。庆典组织机构属于临时机构,一般由有关方面临时抽调工作人员组成,各机构负责人由庆典领导机关临时委派。从事庆典组织工作的人员,应该具备相应的专业素质、业务水平和庆典工作经验,要有较高的工作热情和良好的服务态度,责任心要强,工作要周到、细致。一般各专项小组的分工和职责如下:

(1)秘书组:主要负责总体协调和活动组织

主要工作职责:①庆典工作议(流)程。②庆典相关的各种通知、文件、函件。③庆典的筹划及组织实施。④庆典活动的各种讲话稿及代理贺电贺词的撰写、修订。⑤庆典活动的协调、调配。⑥庆典活动的其他相关工作(礼品、纪念品的设计、制作、徽标的征集等)。

(2)会务组:主要负责活动会场布置及相关会务工作

此外,如需组织活动,工作职责还应包括:①庆典所用礼仪队成员的培训与管理。②庆典所用志愿者的培训与管理。③庆典文艺演出及其他活动的筹划、组织及实施等。

(3)对外联络组:主要负责来宾的邀请联络

主要工作职责:①联系参加庆典的主管部门领导。②联系参加庆典的兄弟单位代表。③联系参加庆典的地方政府官员。④联系参加庆典的合作伙伴(企事业单位)。⑤联系参加庆典的学术界、文学界的知名人士。⑥联系参加庆典的国外合作伙伴代表。⑦联系参加庆典的其他要人。⑧联系名人要人对庆典的题词等。

(4)接待组：主要负责来宾的接待

庆典的接待小组，原则上应由年轻、精干、身材与形象较好、口头表达能力和应变能力较强的男女青年组成。主要工作职责：①来宾的迎送。即在举行庆祝仪式的现场迎接或送别来宾。②来宾的引导。即由专人负责为来宾带路，将其送到既定的地点。③来宾的陪同。对于某些年事已高或非常重要的来宾，应安排专人陪同始终，以便关心与照顾。④来宾的招待。即指派专人为来宾送饮料、上点心以及提供其他方面的关照。

(5)财务组：主要负责捐赠资金、物品的接收以及活动所需经费的支付和管理

(6)交通组：主要负责活动所需车辆的组织与调度

(7)安全保卫组：主要负责保卫工作及车辆秩序等工作

主要工作职责：①庆典现场及周边环境治安的综合整治。②进出庆典现场的人员、车辆的检查和指挥。③庆祝活动期间的治安保卫工作。

(8)宣传组：主要负责现场宣传方案策划，联系媒体宣传，庆典环境装饰美化，照相、摄像等工作

主要工作职责：①撰写庆典新闻稿件。②庆典新闻工作者的邀请及接待。③庆典活动的环境布置。④宣传标语的拟定。⑤宣传方案的拟订和组织实施（如画册、书画摄影展、录像片、宣传橱窗及网页等）。

(9)医疗保障组：主要负责来宾和参加者的健康保障和活动突发卫生事件的处置

(10)后勤组：主要负责庆典现场清洁卫生、绿化美化、庆典活动用电保障、餐饮服务等工作

主要工作职责：①庆典大会的保障准备及实施。②会场、主席台的布置。③领导、来宾和工作人员的食宿安排。④筹备工作和庆典大会的交通保障。⑤庆典现场环境的整修和景观的实施。⑥庆祝活动的相关后勤保障工作。

上述庆典组织机构如图1-6所示。

案例分析1-2　×××学校校庆组织机构及工作职责（部分）

(一)领导小组：

设组长一人，副组长若干及成员若干。

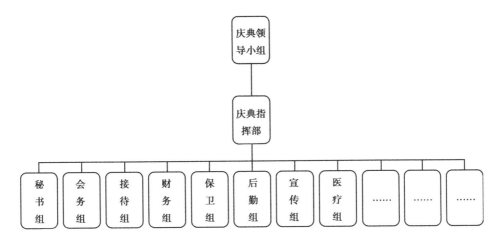

图 1-6　庆典组织机构图

(二)领导小组下设筹备指挥部:

设总指挥一人,副总指挥若干人,成员由各工作小组组长组成。授权"筹备指挥部"总指挥在领导小组确定的活动规则范围内全权指挥各项活动。

(三)筹备指挥部下设以下工作组:

1.秘书组:主要负责总体协调和活动组织。

2.会务组:主要负责活动会场布置及相关会务工作。

3.接待组:主要负责来宾的接待。

4.财务组:主要负责捐赠资金、物品的接收以及活动所需经费的支付和管理。

5.交通组:主要负责活动所需车辆的组织与调度。

6.保卫组:主要负责保卫工作及车辆秩序等工作。

7.宣传组:主要负责学校成果展示,联系媒体宣传,校园环境装饰美化,照相、摄像等工作。

8.医疗保障组:主要负责来宾和学生的健康保障和活动突发卫生事件的处置。

9.后勤组:主要负责校园清洁卫生、绿化美化、庆典活动用电保障、餐饮服务等工作。

分析:成立相应的庆典组织机构可以明确责任,保证相关工作的正常开展。

6)庆典主题

活动主题是指活动开展所围绕的中心思想,庆典的主题根据庆典目标确定,是庆典活动的必备要素。庆典主题需要经过主题词给予概括和凝练。主题词是对庆典主意、主旨、中心思想的创意提炼,提取其最主要的和最有代表性的内容。确定了主题词,庆典设计就有了明确的方向,庆典的安排就有了依据。主题词的作用体现在以下两个方面:一是突出重点。庆典需要传递的信息比较多,因此必须确立最中心的内容。有中心才能突出要点,避免信息众多而显得杂乱无章。二是统帅庆典。主题词一旦确定,庆典就要围绕它来安排材料、结构、语言、设计、制作。主题词犹如舰队中的旗舰,队伍前进中的大旗,起着提纲挈领的作用。中国古人常说的"意在笔先"中的"意"字,其道理就如庆典的主题词。

我们说确定主题并不难,难在创意主题词。虽然都是奠基典礼(主题),但企业的历史、背景、文化、宗旨和产品都有差异,一律使用"某某公司隆重奠基"难免显得平淡和缺乏个性。例如,某公司在奠基仪式上的主题词是"置地兴业",反映了企业"兴业"的特点,深层强化了企业的理念。主题词一般表现为几个并列的词语或句子,既要求短小有力,又要求形象鲜明,以便于给人留下深刻的印象。

案例分析1-3 "宾至如归,热情服务"

某酒店举行庆典,确定的主题词为"宾至如归,热情服务"。

分析:该酒店的庆典通过凝练的主题词,明确庆典主题,可以:

①通过舆论宣传,扩大酒店的知名度。

②向公众显示该酒店在饮食、娱乐、住宿、服务等方面有良好的配套设施和服务功能。

③通过邀请目标公众,争取确定良好合作关系,争取会议、接待、旅游等项目的承办权,并签订意向书,为占领市场铺平道路,为今后的发展打下坚实的基础。

7)庆典计划

好的庆典计划是庆典成功的必要前提。庆典计划大致可包括:

①庆典名称;

②庆典时间和地点;

③庆典领导机构和工作机构;

④参加人员名单;

⑤场地设置;

⑥主题、仪式及日程安排；

⑦庆典经费预算；

⑧邀请人员名单和分类（贵宾、嘉宾）；

⑨业余安排；

⑩其他活动安排。

制订计划，首先要认真考虑该庆典的宗旨和目的，考虑庆典与客观实际，与法律有关规章的相容性。其次，要对庆典时间精心选择，对时间严加限制。庆典计划制订后不宜轻易变更。

案例分析1-4　　××大酒店开业庆典计划书

一、总体设计

1. 庆典主题：××大酒店开业典礼。

2. 庆典时间：2010年××月××日（待定）。

3. 庆典地点：××大酒店广场。

4. 庆典规模：206人，其中贵宾50名、嘉宾150名，媒体记者6名。

5. 庆典宗旨：隆重热烈、喜庆祥和、高贵典雅。

6. 庆典目的：开业推广宣传、树立企业形象、酬谢各方嘉宾，实现营业。

二、庆典内容

1. 预备

时间：开业当日10:00—12:00；

地点：××大酒店广场；

内容：军乐队、威风锣鼓队交相演奏，营造气氛。

2. 迎宾

时间：9:30—12:00；

地点：

1）中西餐厅（1楼）；

2）多功能会议室（1楼）。

内容：

1）接待嘉宾、贵宾；

2）自由交流联谊；

3）参观酒店。

3. 庆典仪式

时间：11:30—12:00；

地点：××大酒店广场；

内容：举行开业庆典仪式。

4. 庆典午宴

时间：12：00—13：30；

地点：中餐厅；

内容：宴请贵宾、嘉宾、媒体记者。

5. 客房试住

时间：开业庆典当日至次日12：00；

地点：酒店客房；

内容：贵宾根据酒店免费券体验酒店服务品质，其他来宾需要住宿的，根据酒店开业优惠政策自行消费。

三、庆典程序

1. 准备

时间：9：30—12：00；

地点：××大酒店广场；

参加：

——军乐队（30名）；

——锣鼓队（30名）；

——舞狮队（2大4小）；

——礼仪队（60名，由酒店各部门提供）。

活动内容：

——军乐队、锣鼓队、舞狮队交相奏乐表演；

——礼仪队在酒店门口列队夹道迎宾。

2. 迎宾

时间：9：30—12：00；

地点：××大酒店广场；

活动内容：

——礼仪队在酒店大门两侧列队迎接来宾；

——签到处签名、题词、留名片，佩带胸花和形象标识贴；

——领取礼品；

——酒店中西餐厅休息，品尝特制饮品、点心；

——来宾自由交流联谊；

——引导来宾参观酒店（附参观项目导示图）；

——引导嘉宾在会议室休息,品尝酒店特制饮品、点心。

3. 庆典仪式

时间:11:30—12:00;

地点:××大酒店广场;

活动内容:领导和贵宾在主席台上就座,其他来宾就座嘉宾席。

1)介绍

——介绍主席台就座的领导、贵宾及祝贺单位,宣读贺信、贺电。

2)庆典致辞

——酒店总经理致欢迎词。

3)领导、嘉宾讲话

——集团公司董事长讲话;

——县领导讲话;

——州领导讲话;

——省领导讲话。

4)开业剪彩

——领导、贵宾为××大酒店隆重开业剪彩;

——礼花齐放、锣鼓齐鸣,军乐高奏。

5)吉庆舞狮

领导、贵宾为南狮点睛,点睛结束,两头南狮绕场一周,进行采青、上肩、过背、吐福等精彩表演。

6)仪式结束

——宣布庆典仪式圆满结束;

——宣布庆典系列活动安排;

——领导及嘉宾合影留念;

——贵宾、嘉宾、媒体记者由部门经理等人员陪同,前往午宴招待地点。

4. 午宴招待

时间:12:00—13:30;

地点:酒店中餐厅;

——安排二桌贵宾席位(桌中提供花盆,用豪华桌布、餐具)。

程序:

——介绍:介绍出席酒会的贵宾和各位来宾;

——致辞:集团董事长向来宾致欢迎辞;

——祝酒:集团董事长、酒店总经理共同举杯向来宾们祝酒并表示感谢;

——气氛:席间播放喜庆音乐。

5. 酒店试住

——当晚邀请部分贵宾试住酒店,体验酒店服务品质;

——试住贵宾人数及名单由总经理提供;

——试住嘉宾第二天早餐可以在中餐厅享用,早餐后酒店安排车辆送客,庆典活动结束。

四、出席人员

酒店庆典活动拟邀请出席来宾人数为206人,其中嘉宾50名、贵宾等来宾150名,媒体记者6名。

1. 政府领导(待定×名)

××省、州、县的政府领导。

2. 主管部门(待定×名)

工商、税务、卫生、公安、消防、旅游局等。

3. 集团公司(待定×名)

集团公司董事长及其他领导。

4. 新闻媒体(6名)

××省、州、县主流媒体,包括电视台、报社。

5. 其他单位

出席本次庆典的各个企事业单位负责人或代表。

五、统筹组织

为了确保酒店开业典礼筹备工作顺利进行,加强庆典工作的统筹管理,进一步明确责任,成立庆典领导小组,统一负责庆典专项工作。

1. 组织

组　　长:×××;

执行组长:×××;

成　　员:各部门负责人。

2. 职责

——酒店董事、总经理参与并主持酒店开业典礼的主要活动;

——酒店总经理、董事在仪式活动举行前,代表酒店接待前来参加庆典活动的嘉宾和贵宾;

——各部门负责人负责接待工作、组织好各项表演及作好营业准备;

——其他成员负责完成各自分工的庆典筹备及接待工作任务。

六、任务分配

1. 总经办

——负责庆典筹备的日常组织管理工作；

——负责庆典活动统筹策划；

——负责审批请柬的发放；

——具体落实庆典活动的内外环境的计划、组织和实施；

——负责庆典嘉宾、贵宾的接待工作；

——负责新闻报道宣传文稿；

——负责总经理欢迎辞和集团公司董事长讲话稿。

2. 销售部

——负责庆典活动现场布置和管理；

——执行媒体投放并征集庆贺单位；

——负责参观项目导示图的设计和制作；

——负责开业庆典的贺幅、仪式背景；

——负责来宾请柬、礼品袋等庆典物品的相关设计；

——负责媒体记者的邀请接待。

3. 保安部

——消防应急方面负责组织专人小组，做好安全巡视检查，预防安全隐患，随时采取有效的消防应急措施；

——安全保卫方面负责，维护活动现场秩序和保护好嘉宾、贵宾的安全，以确保活动过程中不出意外；

——负责疏导引导来宾停车。

4. 人力资源部

——负责庆典活动的签到处各项管理工作；

——负责落实医护人员的准备，保证及时处理庆典现场人员突发性疾病，做好庆典活动医务服务工作；

——负责庆典期间员工的生活保障工作。

5. 财务部

——负责庆典活动所发生的费用结算；

——负责庆典礼品和礼金的准备和发放；

——负责庆典当日的营业收入。

6. 房务部

——负责庆典活动的接待服务工作；

——在酒店大堂负责来宾的接待，引导并陪同来宾参观酒店；

——负责庆典试住嘉宾的房间安置及服务；

——负责安排接待来宾参观酒店公共场所；

——负责庆典场所以及公共区域的卫生；

——负责庆典活动场所的绿化园林布置；

——负责提供试住嘉宾的房间准备和服务。

7. 康乐部

——负责签到台签名、题词、佩带胸花和标识贴的服务工作；

——负责庆典期间来宾参观 KTV 及桑拿接待和服务工作；

——负责陪同来宾参观 KTV 及桑拿的服务设施和介绍服务内容；

——做好庆典期间营业服务工作。

8. 中西餐厅

——负责庆典仪式主会场的布置和席位安排、席位管理；

——负责招待特饮和点心；

——负责嘉宾休息厅接待服务,招待特饮和点心；

——负责中西餐厅的公共接待的服务；

——负责做好营业安排。

9. 采购部

——负责庆典活动礼品的提供。

10. 工程部

——负责庆典活动场所的空调、灯光、照明、音响、电梯；

——负责庆典活动的各项动力保障。

七、庆典准备

1. 宣传

1)××报在开业当日,套红三分之一版；

2)手机短信,开业前 10 天开始(发送数量和时间另定)。

2. 现场布置

开业庆典前 5 天：

——楼体喷绘条幅安装、活动场所背景安装。

开业庆典前 1 天：

——内部环境:主席台布置、签到处布置、会场布置、场所指示牌布置、音响和灯光调试；

——外围环境:路灯广告、彩旗、充气拱门、气球条幅。

开业庆典当日：

——上午:9:00 之前完成鲜花布置、音响和灯光调试检查；

——上午:9:00 前军乐队、锣鼓队、礼仪队、舞狮、主持人到位,准备工作就绪,军乐队、威风锣鼓队进行表演。

八、礼品、礼金

1.礼品(300份)

贵宾、嘉宾礼品

××大酒店开业庆典礼品组合:

——礼品袋、酒店宣传画册、酒店价目表、当日开业广告、礼品清酒(价值人民币×××元)。

2.礼金(略)

3.发放

庆典礼品、礼金发放由酒店财务部统一管理。

1)来宾礼品、记者礼金在酒店大堂总台凭票券领取;

2)员工开业利市于开业庆典当日发放。

九、费用预算

项目名称	规 格	数 量	单 价	合计/元
一、场景布置				
龙拱门	红色,跨度15米,含拱门金色字,租用	1座×3天	500元/座	1 500
彩旗	1.5米×0.5米,写真喷绘制作(含安装)	200面	10元/面	2 000
形象布幅	20米×2米,喷绘制作,悬挂主楼门口上方	1幅	10元/m²	400
贺幅1	15米×1米喷绘制作,悬挂于酒店附楼面街方向	8幅	10元/m²	1 200
贺幅2	10米×1米喷绘悬挂于酒店主楼2楼和3楼两侧	16幅	10元/m²	1 600
气球条幅	广场前10个	10个	150元/个	1 500
仪式背景	10米×3米,由钢架、组合板及喷绘组成	1个	3 000元/块	3 000
签到牌	1.5米×0.6米,喷绘制作	1块	20元/块	20
欢迎牌	1.5米×0.6米,喷绘制作	1块	20元/块	20
祝贺花篮	西式1层,插8种以上鲜花,带2条飘带	20个	100元/个	2 000

续表

项目名称	规 格	数量	单价	合计/元
一、场景布置				
祝贺花牌	1.8米×1.2米,上贴金字贺词,下部插鲜花	2个	200元/个	400
共 计				13 640
二、气氛营造				
军乐队	统一着装,包括各种乐器,演奏迎宾曲	30人	150元/人	4 500
锣鼓队	含道具、服装	30人	150元/人	4 500
舞狮队	包括点睛、采青、吐福等精彩表演	2对	1 500元/对	3 000
共 计				12 000
三、庆典用品				
胸花	由高档玫瑰制成,迎宾时为贵宾佩带	200套	10元/套	2 000
标识贴	直径8公分,迎宾时为嘉宾佩带	200套	3元/套	600
请柬	用于贵宾、嘉宾、媒体记者	200张	5元/张	1 000
剪彩用具	含花球、彩带、托盘、剪刀	6套	50元/套	300
签到用具	用于来宾签名提词,含签到簿、签到笔	2套	80元/套	160
共 计				4 060
四、礼品礼金				
礼品	集团公司礼品装酒	250瓶	680元/瓶	170 000
共 计				170 000
五、媒体广告				
报纸	套红三分之一版,16 cm×33 cm(普通版)	1次	25 700/次	25 700
电视台	16:30—23:30,每天两次,1个月	2×30次	200元/次	12 000
手机短信				3 000
共 计	报纸、电视广告均未记折扣			40 700
合计:人民币240 270				

预算说明:

本预算未含庆典午宴招待费用;

路灯广告、酒店宣传画册制作未进入本预算。

8) 庆典仪式的程序

依照常规,一次庆典大致上应包括下述几项程序:

预备:请来宾就座,出席者安静,介绍嘉宾。

第一项,宣布庆典正式开始,全体起立,奏国歌,唱本单位之歌。

第二项,本单位主要负责人致辞。其内容是,对来宾表示感谢,介绍此次庆典的缘由等,其重点应是报捷以及突出庆典的可"庆"之处。

第三项,邀请嘉宾讲话,大体上讲,出席此次的上级主要领导、协作单位及社区关系单位,均应有代表讲话或致贺词。不过应当提前约定好,不要当场当众推来推去。对外来的贺电、贺信等可不必一一宣读,但对其署名单位或个人应当公布。在进行公布时,可依照其"先来后到"为序,或是按照其具体名称的汉字笔画的多少进行排列。

第四项,安排文艺演出。这项程序可有可无,如果准备安排,应当慎选内容,注意不要有悖于庆典的主旨。

第五项,邀请来宾进行参观。如有可能,可安排来宾参观本单位的有关展览或车间等。当然,此项程序有时亦可省略。

在以上几项程序中,前三项必不可少,后两项则可以酌情省去。

9) 庆典时间

庆典时间是指庆典的起止时间和时间跨度。庆典是一种共时性活动,只有在同一时间内人们聚集才能举行庆典,因此庆典时间是一个影响庆典效果的重要因素,有时甚至是一个最主要因素。庆典选择时间应考虑的因素:

①关注天气预报,提前向气象部门咨询近期天气情况,选择阳光明媚的良辰吉日。

②活动场所的建设情况,各种配套设施的完工情况。

③选择主要嘉宾主要领导能够参加的时间,选择大多数目标公众能够参加的时间。

④考虑民众消费心理和习惯,善于利用节假日传播组织信息,比如各种传统的节日、近年来在国内兴起的国外的节日、农历的3、6、9等结婚较多的日子。借机发挥,大造声势。如果外宾为本次活动主要参与者,则更应注意各国不同节日的不同风俗习惯、民族审美趋向,切不可在外宾忌讳的日子里举办开业典礼。若来宾是印度或伊斯兰国家的人那则要更加留心,他们认为3和13是忌

数,当遇到 13 时要说 12 加 1,所以不能选择与 3 或 13 两个数字有关的开业日期和时间。

⑤考虑周围居民生活习惯,避免因过早或过晚而扰民,一般安排在上午 9:00—10:00 最恰当。

10)庆典地点

庆典地点是指举行庆典活动的场所,是庆典举行的空间条件。在选择具体地点时,应结合庆典的规模、影响力以及单位的实际情况来决定。本单位的礼堂、会议厅、内部或门前的广场,以及外借的大厅等,均可相机予以选择。不过在室外举行庆典时,切勿因地点选择不慎,从而制造噪声、妨碍交通或治安、顾此而失彼。一般庆典选择场地应考虑的因素:

①地点一般设在企业经营所在地、目标公众所在地或租用大型会议场所。
②场地是否够用,场内空间与场外空间的比例是否合适。
③交通是否便利,停车位是否足够。
④场地环境要精心布置,用彩带、气球、标语、祝贺单位条幅、花篮、牌匾等烘托喜庆热烈气氛。

11)庆典结果

庆典结果是庆典结束时实现目标的程度。庆典的结果是庆典的目标、主题、庆典的组织形态以及参加者之间的关系和力量对比等因素综合作用的产物。庆典活动受到诸多因素影响和制约,庆典结果可能同目的完全一致,也可能不完全一致,有的甚至同最初的目的完全背道而驰。庆典的结果通常以文件的形式记载下来,可以归档保存,也可以公布、传达。

12)庆典的财务管理

举办庆典通常都不是纯粹的商业活动,但是庆典运作的过程是一种经济活动,既需要筹措庆典经费,更需要按预算进行成本控制,尽量减少庆典的支出。因此,庆典的财务管理始终是庆典运作中最重要的环节之一。

13)庆典评估

庆典的评估是收集有关庆典目标实现情况的信息过程,它不是一项做给人看、例行公事的工作。有效的庆典评估不仅能获得已经结束庆典的质量信息,而且更重要的是可以通过已经结束的庆典的总结分析而获得经验教训,从而对

庆典的组织、服务的有关人员进行针对性的培训提高,使今后举办的庆典质量越来越高。庆典评估主要包括:

①通过实际费用结算:准确核算实际支出并与前期预算相对比,写出费用总结报告。

②庆典活动影响力调查:包括信息的收集、整理、反馈,为单位经营决策做好辅助工作。

③整理并保存资料:包括宣传画册、图片、光盘、方案设计、讲话稿、活动后的各种总结资料。

④写出效果评估报告:包括经济效益、社会效益、实际效益、潜在效益。

⑤提出经营建议。

1.3　庆典的类型和作用

1.3.1　庆典的类型

1)节庆活动

节庆是利用盛大节日或共同的喜事而举行的表示快乐或纪念的庆祝活动。不同国家甚至同一国家不同地区,都有自己独特的节日。节日又有官方节日和民间传统节日之分。常见的官方节日有元旦、妇女节、消费者权益保护日、国际劳动节、儿童节、国庆节、圣诞节、感恩节、复活节等,民间传统节日有春节、元宵节、清明节、端午节、中秋节等。还有些国家或地方根据自身文化传统、风俗习惯、土特产等,组织举办一些具有地方特色的节庆活动,如德国的啤酒节、北京地坛庙会、湖南的龙舟节、山东潍坊风筝节等。

节庆日是公共关系部门特别是酒店、宾馆等接待服务单位开展公共关系活动的绝好时机。所以,每年6月1日前后,大小商店都会在小孩商品上绞尽脑汁;中秋节前,则会爆发一轮又一轮的月饼大战;十一长假前夕,旅游胜地和饭店就会大张旗鼓地宣传和推介其优质的特色服务。

2)纪念活动

纪念活动是利用社会上或本行业、本组织具有纪念意义的日期而开展的公

图1-7　风筝节现场

图1-8　啤酒节现场

图1-9　北京庙会现场

图1-10　读书节暨图书馆开馆仪式

关活动。可供组织举办纪念活动的日期和时间有很多,如历史上的重要事件发生纪念日、本行业重大事件纪念日、社会名流和著名人士的诞辰或逝世纪念日;而本组织的周年纪念日、逢五逢十的纪念日及重大成就的纪念日,更是举办纪念活动的极好时机。通过举办这样的活动,可以传播组织的经营理念、经营哲学和价值观念,使社会公众了解、熟悉进而支持本组织。因此,举办纪念活动实际上又是在做一次极好的公关广告。

3)典礼仪式

典礼仪式包括各种典礼和仪式活动,如开幕典礼、开业典礼、项目竣工典礼、毕业典礼、颁奖典礼、就职仪式、授勋仪式、签字仪式、捐赠仪式等。在实际工作中,典礼仪式的形式多样,并无统一模式。有的仪式非常简单,如某个企业办公楼的开工典礼,放一挂鞭炮,企业老总喊一声"开工",仪式便宣告结束;有的仪式非常隆重、庄严,如英国女王登基、国外皇室婚礼及葬礼等,甚至还有一套严格的程序和繁文缛节。

【知识链接1-3】　庆典活动的分类之一

1.开业庆典:如茶楼开业、酒楼开业、礼仪传播公司开业、品牌服装商城开业庆典、物业管理公司挂牌、超市开业、电脑业综合卖场开业、汽车4S店开业、鲜花店开业、自行车专卖店开业、茶叶店开业、建筑工地开工、军民共建八一园林开工、奠基庆典、通车剪彩等。

2.成立周年庆典:通常,它都是逢五、逢十进行的。即在本单位成立五周年、十周年以及它们的倍数时进行,如校庆、市庆、厂庆等。也有较短的,如庆祝公司(商场)成立一周年。

3.节庆:如庆祝六一儿童节、庆祝教师节、十八岁成人宣誓、庆祝国际护士节、五四青年节军地联欢、纪念三八妇女节文艺晚会、庆祝老人节、八一建军节召开军民座谈会、军民共建五周年庆祝活动、学习雷锋活动报告会暨表彰会、庆祝抗战胜利60周年知识问答、国防教育日里话国防等。

4.婚庆:如现代婚礼、金婚庆典、温馨家庭庆祝金婚等。

5.寿庆:如家庭祝寿、为离退休老教师举办寿诞庆典等。

6.会展开幕式:如第十届鲁台经贸洽谈会、第五届中国(寿光)国际蔬菜科技博览会开幕式、潍坊(国际)风筝会开幕式、中国(青州)花卉博览会、潍坊现代生活方式展、第三届中国(昌乐)国际宝石节等。

7.本单位荣获某项荣誉的庆典。当单位本身荣获了某项荣誉称号、单位的"拳头产品"在国内外重大展评中获奖之后,这类庆典基本上均会举行。

8.本单位取得重大业绩的庆典。例如千日无生产事故、生产某种产品的数量突破10万台、经销某种商品的销售额达到1亿元等,这些来之不易的成绩,往往都是要庆祝的。

9.本单位取得显著发展的庆典。当本单位建立集团、确定新的合作伙伴、兼并其他单位、分公司或连锁店不断发展时,自然都值得庆祝一番。

1.3.2 庆典的作用

庆典活动的作用:可引起三大效应:

①引力效应:指组织通过庆典活动吸引公众的注意力。

②实力效应:指通过举办大型庆典,显示组织强大的实力,以增加公众对组织的信任感。

③合力效应:开展大型庆典,能增强组织内部职工、股东的向心力和凝聚力,提高公众对组织的信任感。

复习思考题

1. 试述庆典的概念。
2. 简述庆典的目的。
3. 简述庆典的构成要素。
4. 试述庆典的类型。
5. 简述庆典的作用。
6. 试述庆典时间、地点的选择。
7. 试着做一份庆典计划。

第2章
庆典的策划

【本章导读】

本章分析了庆典策划的基本概念与作用,主要介绍了庆典策划的操作,如庆典策划程序、庆典的规模、时机、场地策划等,以及庆典策划的技巧、庆典策划书的写作,并通过案例分析,使学习者全面把握庆典策划工作中所涉及的内容,使理论与实际紧密地结合起来。

【关键词汇】

庆典策划　概念　作用　操作　技巧

【引例】

从古典名著《红楼梦》看庆典策划

庆典策划很早以前便产生了。古代的人们如何进行庆典策划,我们不妨从古典文学名著《红楼梦》关于"元妃省亲"的庆典策划中窥豹一斑。

元妃省亲时,贾府上下举行了盛大的庆典活动。有关庆典的准备工作进行得很早,对省亲别墅殿宇的筹划起造由专人安插摆布、规划调度。当一切准备工作筹备完毕之后,选定正月十五上元之日,元妃省亲。

"展眼元宵在迩,自正月初八日,就有太监出来先看方向:何处更衣、何处燕坐(闲坐),何处受礼、何处开宴,何处退息。又有巡察地方总理关防太监等,带了许多小太监出来,各处关防,挡围幕;指示贾宅人员何处退、何处跪、何处进膳、何处启事,种种仪注不一。外面又有工部官员并五城兵备道、打扫街道,撵逐闲人。贾赦等督率匠人扎花灯、烟火之类,至十四日,俱已停妥。这一夜,上下通不曾睡。"

图 2-1　元妃省亲场景

到了十五这一天五鼓,自贾母等有爵者,皆按品服大妆。园内各处,帐舞蟠龙,帘飞彩凤,金银焕彩,珠宝争辉,鼎焚百合之香,瓶插长春之蕊,静悄无人咳嗽。

贾妃来时,太监们各自按方向站住。只见院内各色花灯闪烁,皆系纱绫扎成,精致非常。上面有一匾灯,写着"体仁沐德"四字。元春入室,更衣后复出,上舆进园。只见园内香烟缭绕,花彩缤纷,处处灯光相映,时时细乐声喧……

礼仪太监跪请升座受礼。礼仪形式完成之后,省亲车驾出园。此时筵宴齐备,请贵妃游幸,大开宴席,又请贵妃择几处最爱风景赐名。

此后由贾蔷带领戏班,呈献锦册花名,由太监代点四出戏供贵妃及众人

图2-2　元妃省亲礼仪

元春省亲示意图

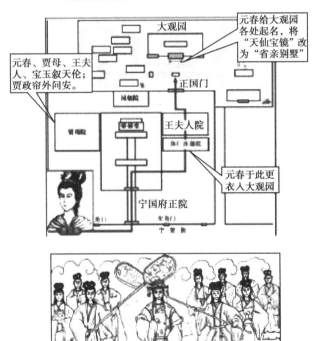

图2-3　元妃省亲示意图

观赏。

最后由贵妃向贾府上下发放赠物。

庆典结束后,又收拾了两三天,才一切妥当。

分析:从元妃省亲活动中,我们已能粗略地了解到古代庆典策划的大致情况,获得不少启示,比如及早做准备工作、周密筹划、秩序井然,环境的布置与安排、喜庆气氛的营造等策划上的长处,这些对于今天的社会组织筹划庆典活动仍具有启发意义。

庆典策划是晚于庆典产生的。庆典策划的大发展是在进入20世纪以后,随着商品经济的迅速发达,现代科技和文明的发展,民众文化、心理的不断拓展,庆典策划才有了巨大的飞跃。在国外,公共关系成为风靡一时的职业,出现了专门的公关公司和广告公司,各大企业、组织纷纷设立公关部、广告部……庆典策划也借此东风而勃兴。在当代中国,改革开放以来,随着商品经济、市场经济的确立和飞速发展,庆典策划也同其他新兴文化一道发展,列入各社会组织的议事日程,成为社会组织公关活动中的重要一笔。

庆典活动正迎合了社会组织立身扬名的需要,蓬勃发展起来,但也出现了不少问题,比如有些社会组织为举行庆典活动煞费苦心、不惜财力却收效甚微,甚至产生负面效果。而一些经过精心策划的成功庆典则给另一些社会组织带来了意外的收获。社会组织开始充分认识到庆典策划的重要性,有的还专门约请公关公司、广告公司协助策划庆典活动,专门的庆典企划公司也应运而生。鉴于此,我们有必要掌握一些庆典策划的知识、技巧,并从实际案例中汲取经验和教训。

2.1　庆典策划基本概念与作用

2.1.1　庆典策划的基本概念

策划即为行动谋划方案,是指根据已经掌握的相关信息,推测事物发展的趋势,分析需要解决的问题和主客观条件,在行动之前,对指导思想、目标、对象、方针、政策、战略、策略、途径、步骤、人员安排、时空利用、经费开支、方式方法等作出构思和设计,并形成系统、完整的方案。换言之,策划是找出事物的因果关系,衡量可采取的途径,作为目前决策的依据,即策划预先决定做什么、何时做、谁来做、如何做。策划如同一座桥,它连接着我们目前之地与我们未来要到达之处。

进行庆典活动,必须事先进行精心的谋划。庆典策划是指完整系统地对庆典活动的全过程进行筹划、组织和安排,以达到预期目的。也就是说在庆典开始之前,庆典的主办者或者承办者根据庆典的目标,对一个具体庆典的形式、规模、地点、时间、场地布置、程序、组织参加人员、合理安排庆典活动、财务开支等作出构想和设计,形成系统、完整的庆典活动方案。当总体构想完成,有了开始的"创意"之后,就应该有细化的庆典策划活动方案,并以庆典文案的书面形式完整地记录下来。庆典策划是对整个庆典活动的运筹规划,是一种先于庆典提出决策,实施庆典决策和检验庆典决策的设想,是对具体的庆典活动提出的基本原则和策略。

庆典策划具有目标性、系统性、灵活性、创造性和可行性等特点。

案例分析2-1　六·一儿童节有奖就餐活动

麦当劳北京王府井快餐厅由公关部邀请广告公司负责策划本餐厅的各类庆典活动。餐厅的开业庆典、周年庆典、节日庆典等活动,都经过公关部门和广告公司的精心策划。1994年六一儿童节来临之际,餐厅公关部又投入紧张的策划工作中。几个月前,餐厅就组织了由"三洋"公司赞助的有奖就餐活动,并把活动的高潮设计在"六一"这天。从5月初,公关部就频繁地召开紧急会议,策划节日庆典活动。

分析: 麦当劳快餐厅的上述行为,我们称之为庆典策划。

2.1.2　庆典策划的作用

为避免庆典活动零散、无序,缺乏系统、长远的规划,庆典活动必须预先设计好资金的数额和分配,推出时机,媒体的选择与搭配,主题的设计与使用,推出方式的选择等,而这一切都必须通过庆典策划来保证和实现。庆典策划的作用主要表现在以下几个方面:

1) 策划是庆典活动取得成功的保证

庆典活动是一项复杂的管理活动,涉及的问题是多方面的,只有事前进行认真的思考和准备,将每个方面的问题都想清、想透,谋定而动,庆典才可能取得成功。

2) 策划为庆典行动提供指南纲领

策划是一个思维与行动、主观与客观之间必不可少的联系环节,策划的过程,就是认识的过程,发挥人的主观能动性的过程。科学的策划,首先要求人的大脑能正确、全面地认识客观世界。其次,在准确反映客观情况的基础上,运用人脑的功能,进行判断、推理、联想、创意、想办法、拟方案等,创造性地提出认识市场、利用市场、创造利润的计划。建立在科学基础上的策划,使人的主观意志更加符合客观现实;同时,为人们的行动提供了一个指南和纲领,使人们的行动不再是盲目的,而是有计划、有步骤、有方法的。那么,企业的庆典活动在策划提供的纲领指引下,就将迈向成功。

3)策划为主办者提供新观念、新思路、新方法

创造性地开展活动,使每一次活动都能感染观众,使之采取相应的行动,可以说,这是庆典策划所追求的目标。通过策划,可以把企业各个领域的优势资源最大限度地表现出来,有效利用创造性思维,集思广益、激发创意,从而保证庆典活动给观者留下深刻的印象。

4)策划增强了主办者的竞争力

在策划过程中,主办者要对事物的发展趋势、自身的主观条件等进行分析,明确自己的努力方向和目标;要对各种有利因素加以组合运用,对各种不利因素进行回避和克服;要拟订一整套行为方案。这使行动有了动力、有了既定目的、有了具体的手段和方法。一个目标清晰、任务明确、计划周密的行动成功的可能性是极大的,它坚决而富有活力。另外,由于策划对各种有利因素、有利资源进行了优化组合,可以使这些因素、资源发挥更大的效用。策划具有点石成金的功能,可使行动增强竞争力。

5)策划可以改善管理,保证活动的最佳效果

竞争力是针对外部而言的。一个好的策划,对改善内部管理也能发挥积极的作用。策划的过程,是发现问题、寻找对策的过程,行动目标、战略、策略、途径、方法、计划等都在这一过程被提了出来,这些对加强和改善内部管理是很有帮助的。

2.2 庆典策划的操作

2.2.1 庆典策划程序

庆典策划的活动不是杂乱无章地进行的,而是按照一定的步骤、程式来完成的。庆典策划的程序,是指庆典策划工作进行的先后次序。我们并不排除一个成功的庆典策划受灵感及偶然因素的影响,但在具体落实时仍然要按部就班地完成,庆典策划的程序一般分如下几步:

1) 确定庆典活动的动机和主题

人们举办庆典就是为了达到某种目的或完成某个任务。明确庆典动机就是要解决为什么举办庆典这一最基本的问题。只有目标清晰、任务明确,庆典才能发挥应有的作用。

一个庆典活动的类别本身就已经给庆典活动限定了一定的主题意义,每次庆典活动似乎都因此有了名目,庆典策划的第一步,需要在明确形式主题(如周年纪念庆典)的前提下,根据组织的需要和公众的需要进行精心设计,最好有意识地做一些调查活动,了解组织的需要及公众的兴趣点,这样可以使庆典活动有一条主线贯穿。

庆典活动都具有庆祝纪念意义。古代庆典活动的动机基本上就是为了庆贺与纪念,而当代庆典活动的目的多不仅于此。比如一个公司的开业庆典,不仅以达到庆祝效果而满足,更重要的是借以扩大公司的社会影响,在开业第一天就给公众留下一个良好的印象,所以公司的开业庆典要尽量吸引公众注意,给公众留下至深的印象。庆典活动对社会组织的作用不可低估。

首先,可以利用庆典来渲染组织形象,扩大组织的知名度。例如宣传组织的性质、特点,宣传组织的历史和对社会的贡献,宣传组织的产品和服务等。由于庆典活动的喜庆气氛和主题特点,可以使这种宣传较为间接、隐蔽和巧妙,不易引起公众反感,于不知不觉中影响了公众。

案例分析2-2 日本××广告公司周年和乔迁庆典

日本××广告公司举行的一次庆典活动,以周年和乔迁为形式主题,实际动机是向新老朋友致意,表示友好并炫耀实力。日本××广告公司于1967年7月公司成立66周年纪念日这一天,由银座的旧址迁入筑地的新楼。当天清晨,两千名员工在公司总经理的率领下,举着"谢谢银座各界人士过去的照顾""欢迎筑地各界人士以后多赐教"的旗帜,浩浩荡荡地由银座向驻地行进。

分析: 沿街公众目睹了这一盛况,日本各大报纸和电视台也纷纷报道这一周年纪念庆典和乔迁之喜,使××公司闻名遐迩,给广大公众留下了美好的记忆。

其次,借助庆典广交朋友,化解积怨,为日后发展打下基础,也是庆典活动的动机与主题之一。组织的庆典活动一般都广邀各界朋友,在庆典活动中,来宾们受到一定的礼遇和尊敬,能感受到组织给他们的荣誉,再加上在欢乐气氛中开怀畅谈,能增加组织与各界人士的友谊。庆典活动为组织与各界的交往提供了一次良好的机会,因为人们都有在喜庆时不计前嫌和更易亲切的心理。

再次,借助庆典活动建立自己更完美的形象,提高组织的美誉度,也是庆典活动的动机和主题。

2)选择、设计庆典活动的内容和形式

在意义主题确定之后,再围绕主题来穿插有关活动内容和活动形式。庆典活动可供选择的形式很多,例如周年纪念庆典可举行职工大会、周年纪念酒会、表彰颁奖大会或联欢会,可组织文艺汇演或举办回顾展,等等。那么如何选择、设计庆典活动的内容和形式呢?

首先要围绕庆典的动机和主题来安排、设计庆典活动。例如组织的周年庆典如果重在表彰员工,增强组织内部的凝聚力,就适宜召开职工大会、表彰庆功会;如果期望增强组织与社会各界的交流,扩大在公众中的影响,那么举办回顾展览,向公众开放、宣传,则组织联欢会较为合适。

此外,庆典活动需要大胆的创意,不应一味墨守成规。因为,每个组织都在搞庆典活动,如果不构思出新意,就会落入俗套,无法引起公众的关注。因此,构思庆典活动首要的是创新。在使庆典活动有新意的同时,还要注意活动内容的多样化,如联欢会、宴会、招待会、职工大会、学术研讨会等,每种活动形式所侧重和适用的范围都是不同的,在庆典仪式之外,还应再配上各种丰富多彩的其他活动。

庆典活动的内容和形式是多种多样的,既可以从民族传统文化中汲取养分,又可以借鉴国外成功庆典的经验。只要庆典活动的策划者能够围绕主题精心设计、大胆创意,一定可以推出出色的庆典活动,赢得"大满贯,大满足",皆大

欢喜。

案例分析2-3 武汉某商场开业庆典方案

位于武汉闹市区的一家中型商场开业前,商场的公关部在讨论庆典活动应该如何进行时,众说纷纭,大家献计献策,出了不少点子,归纳起来,大致有三种庆典方案:第一种方案主张开业当天要把气氛营造得十分强烈,大造声势,敲锣打鼓,鸣放鞭炮;第二种方案除了同意开展第一方案建议举行的活动之外,认为还需要搞一个剪彩仪式,请有关领导同志剪彩。中午宴请有关部门和协作单位的领导,联络感情,为日后的合作作铺垫;第三种方案则同意举行隆重的开业典礼,典礼不放鞭炮,而是播放喜庆音乐,典礼时的剪彩者不事先确定,而是邀请第一个前来的顾客和当时到场的一位领导同志一起剪彩,然后邀请一部分顾客和领导一起召开座谈会。为商场出谋划策,中午便餐招待。整个活动始终有记者参加,会后迅速整理成文字资料,分送给各位记者和有关部门。三种方案送到商场总经理手中,总经理立刻选中了第三种方案,并指示相关部门组织实施。

分析:第一种方案注意到了庆典活动隆重、喜庆的气氛,注意到了通过热烈的庆祝活动来感染参加者和公众,它的不足之处在于这种方案没有挖掘庆典活动的真正动机和深刻主题,目光过于短浅。此外这种方案形式上过于陈旧,缺少强大的吸引力,公众和新闻媒介都不会过多予以注意。

第二种方案则意识到了庆典活动除了庆祝纪念意义之外,还是商场进行宣传、树立形象、扩大影响、沟通关系的好时机,还需要围绕这一主题来选择和设计活动。但是这一方案过于注意走"上层路线",只注意到沟通上级关系,而忽视了最重要的对象——社会公众和商场未来的顾客,这说明策划者在确定主题时考虑不周,主题的偏颇不可避免地影响了活动的选择。并且,第二种方案已被众多组织所使用,同样缺少新意。

第三种则与众不同,它在主题的确定上全面准确,有长远打算,商场的成功经营既需要疏通各个渠道,又需要广大顾客的信赖与支持。由一个良好的主题出发,第三种方案选择设计了富有新意的剪彩仪式,请顾客参加的座谈会,这样可以使顾客感到该商场真正本着顾客至上的原则。而请记者参加可以利用新闻媒介来扩大影响。事实也证明了第三种方案是绝妙的方案,该市场的开业庆典活动,一时间成为新闻,在传媒上予以报导,也成为人们交口称誉的热门话题,该商场不仅声名大震,而且赢得了公众的普遍好评。

3) 合理安排庆典活动的程序

在确定了庆典的主题、内容和形式之后,要想使盛大的活动有条不紊、忙而不乱,就要合理安排庆典活动的程序。一次庆典举行的成功与否,与其具体的程序不无关系。庆典无论大小,都需要明确进行的先后次序。仪式礼仪规定,拟定庆典的程序时,有两条原则必须坚持:第一,时间宜短不宜长。大体上讲,它应以一个小时为其极限。这既为了确保其效果良好,也是为了尊重全体出席者,尤其是为了尊重来宾。第二,程序宜少不宜多。程序过多,不仅会加长时间,而且还会分散出席者的注意力,并给人以庆典内容过于凌乱之感。总之,不要使庆典成为内容乱七八糟的"马拉松"。庆典活动的一般仪式分如下步骤:

第一,安排专门的主持人宣布庆典活动开始。一般负责这项工作的是组织的负责人,或者邀请知名人士或其他人士充当主持人、司仪。

第二,介绍重要来宾,由组织负责人讲话,由领导及重要来宾致简短贺词或讲话。

第三,有些活动需要安排剪彩和开放参观活动及来宾留言和题词等事宜。

第四,组织一些制造气氛和促进理解的活动,举行盛大的庆祝活动和娱乐活动。

第五,组织宴会、便餐、座谈会、参观组织设施及馈赠礼品等。

第六,进行新闻及传媒报导,扩大庆典活动的社会传播面及影响面。

第七,活动结束时,不可虎头蛇尾,做好来宾的送别和其他善后工作。

以上只是十分简单的庆典活动的一个流程,实际生活中的庆典活动越来越复杂多样。一般的庆典活动都要按照较为固定的既定程序进行,但在具体安排庆典活动时,不必过于拘泥,可以根据庆典活动的整体方案加以调整,使整个庆典成为一个融会贯通的整体。

4)拟订邀请来宾名单及各项工作负责人名单

(1)精心确定庆典的出席人员名单

拟订参加庆典活动人员的名单关系到组织的庆典活动能否取得完满的结局。如果一个企业或单位的庆典活动忽略了某一方面的宾客,比如合作伙伴,那么即使庆典本身搞得非常红火热闹、盛大隆重,也难以弥补日后由此带来的损失。

此外,庆典活动的目的是为了让更多的公众认识了解组织,扩大影响,所以在策划时必须抓住公众的心理,引人注意,在庆典活动中邀请知名人士参加能较好地引起公众的兴趣和注意。庆典的出席者不应当滥竽充数,或是让对方勉为其难,确定庆典的出席者名单时,始终应当以庆典的宗旨为指导思想。当然,由于种种原因的限制,庆典活动不可能面面俱到,所以选择邀请来宾也是一门学问,既要照顾到整体,尽可能八面玲珑,又要有轻重缓急和适当取舍。

一般来说,庆典的出席者通常应包括如下人士:

①上级领导。地方党政领导、上级主管部门的领导,大都对单位的发展给予过关心、指导。邀请他们参加,主要是为了表示感激之心,还可以提升庆典的档次和可信度,争取给予更多的支持。

②社会名流。根据公共关系学中的"名人效应"原理,社会各界的名人对于公众最有吸引力,能够请到他们,将有助于更好地提高本单位的知名度。

③大众传媒。在现代社会中,报纸、杂志、电视、广播等大众媒介,被称为仅次于立法、行政、司法三权的社会"第四权力"。邀请他们,并主动与他们合作,将有助于他们公正地介绍本单位的成就,进而有助于加深社会对本单位的了解和认同。

④合作伙伴。在商务活动中,合作伙伴经常是彼此同呼吸、共命运的。请他们来与自己一起分享成功的喜悦,是完全应该的,而且也是绝对必要的,也利于今后相互沟通合作。

⑤社区关系。它们是指那些与本单位共居于同一区域、对本单位具有种种制约作用的社会实体。例如,本单位周围的居民委员会、街道办事处、医院、学校、幼儿园、养老院、商店以及其他单位等。请它们参加本单位的庆典,会使对方进一步了解本单位、尊重本单位、支持本单位,或是给予本单位更多的方便。

⑥单位员工。员工是本单位的主人,本单位每一项成就的取得,都离不开他们的兢兢业业和努力奋斗。所以在组织庆典时,是不容许将他们完全"置之度外"的。

以上人员的具体名单一旦确定,就应尽早发出邀请或通知。鉴于庆典的出席人员甚多,牵涉面极广,故不到万不得已,均不许将庆典取消、改期或延期。

(2)邀请方式

拟订出邀请出席庆典活动的嘉宾之后,需准备印刷、填写精确无误的请柬,或以其他形式(如新闻媒介、广告宣传)邀请来宾,还有电话邀请、制作通知、发传真,更能够表明诚意与尊重的方法是发邀请函或派专人当面邀请。邀请工作应该提前一周完成,以便于被邀者及早安排和准备。重要来宾请柬发放后,组织者当天应电话致意,庆典前一晚再电话联系。

(3)拟订各项工作负责人名单

庆典活动一般都比较盛大,需要各部门有关人员密切配合,共同完成繁重的任务。所以要提前确定司仪人员,按照有关活动内容将任务落实到人。尤其是后勤工作和组织工作一定要有专人负责,如签到、接待、摄影、录像、音响、现场布置等。

5)对庆典活动作详细的准备工作

一个庆典活动的成功,要照顾到各个环节,任何一点细微的差错都可能引起全局的失败,"一着出错,满盘皆输"的警讯应该汲取。

比如一家商场的开业庆典,其他活动准备得很好,唯独音响出了毛病,事先没有调试,结果导致庆典难以顺利进行,延迟了时间,造成了不良影响。

再如,有一年山西某单位组织元宵节大型游园观灯庆祝活动,由于治安保卫工作不周,导致秩序混乱,拥挤不堪,出现了人员伤亡,造成了恶劣影响。

所以在庆典策划过程中切不可忽视细节,对于环境、场地、照明、音响、后勤、保卫、新闻媒介、来宾接待、签到、剪彩、休息、座谈……都应考虑周全。对庆典活动现场的音响设备、音像设备、文具、电源等都应提前测试安装,奠基活动要准备好奠基石及工具,剪彩活动要有彩绸带,需要宣传品、标语、灯笼、鞭炮、乐器乐队、礼品的,要提前准备好,需要各界协助的,要提前联系好……诸如此类的细节问题都要准备周密,确保万无一失。

对庆典活动的准备,最好组织专门的机构开会讨论,广泛听取各方面的意见。

6)制订应急措施

庆典活动的规模一般都比较盛大,在活动中随时都可能有意想不到的情况发生,所以庆典活动的全部方案应留有备用方案,以便应付临时事件的发生。比如万一邀请奠基、剪彩的嘉宾生病未到,应该如何应变等问题,要提前有所准备。

7)进行经济预算和效果预测

当一个庆典的基本内容策划完毕,还应进行经济预算,根据经济能力适当增删计划,调整庆典内容。庆典活动无论规模大小,都应避免浪费,应该使人力、财力、物力发挥最佳效果。庆典策划者还应在庆典活动进行之前,进行效果预测,并对既定方案作适当调整,有条件的还应进行一定范围的模拟演练。

2.2.2 庆典的规模策划

1)确定庆典规模的意义

庆典的准备工作首先要确定规模大小。庆典的规模是庆典大与小的量化,更是庆典单位实力和社会公众关系的证明,也是庆典需要把握的基本要点。参与庆典人数的多与少,对庆典中场地的划分、物品的使用、秩序的编排有着基础作用。

2)庆典规模的确定

确定庆典的规模也就是控制庆典出席人员的数量,包括邀请的来宾、工作人员、参加人员等。庆典规模的确定,主要根据庆典的需要精心拟订庆典人员的名单。邀请宾客应考虑周到,为使庆典仪式显得隆重,一般要特别邀请几位身份比较高的贵宾参加。邀请宾客的多少,应根据需要与可能,即经济力量、场地条件和接待能力等来确定。

【知识链接2-1】 庆典活动的规模划分

- 小型庆典 人数一般不会超过100人。
- 中型庆典 人数在100~1 000人。
- 大型庆典 人数在1 000人及以上。
- 特大型庆典 人数在数万人以上,如节日集会、庆祝大会。

3)确定庆典规模必须综合考虑的因素

（1）效率

庆典的规模直接制约庆典的效率。就一般而言,规模过大的庆典,效率会降低,因此要尽可能控制参加的人数。

（2）成本

庆典规模与庆典成本两者构成正比关系,规模越大,动用的人力、物力、财力就越多,庆典成本也就越高。在确定庆典规模时,先要考虑清楚预计的庆典成本,做到量力而行。除了考虑庆典的显性成本外,还要预算一下隐性成本。庆典的显性成本是指投入庆典的物力、人力、财力支出等直接在财务管理中显示的成本投入,而隐性成本是庆典的举办所带来的主办者、参加者和工作人员时间投入的机会成本,也称为无形的成本。

（3）效果

庆典的规模与庆典的效果密切相关。有的庆典要求造成声势,扩大影响,需要达到一定的规模才能产生效果,但需要注意的是盲目追求规模,有时反倒会产生不良的影响,而适得其反。

（4）场地

一般来说,规模决定场地,但由于场地的限制,规模必须受到相应的限制。因此,决定庆典规模之前应先考察场地条件。

案例分析2-4　庆典大挥霍

乾隆十六年,是皇太后的60寿辰。这时,由于乾隆皇帝的统治已经巩固,民殷国富,天下太平,这次庆典的规模非常盛大。这年春天,乾隆和皇太后等人还在南巡的途中,乾隆皇帝就命令各省的大官先期派人进京,准备好经坛、戏台。根据他的安排,从万寿山到西华门,被分成若干段,每个省负责其中一段的装饰和庆祝活动,一声令下,内务府和各省官员无不闻风而动,忙得不亦乐乎。

11月20日,乾隆皇帝和太后南巡回宫,一进西直门,进入各省负责布置的地段后,映入他们眼帘的是花的世界,人的海洋。一路上张灯结彩,花团锦簇,每隔几十步就搭有一个戏台,表演着各种各样的戏曲,令人目不暇接,热闹非凡。步入其中,仿佛进入了蓬莱仙岛、琼楼玉宇之中。有的省份用彩色绢布做成高山;有的省份用锡箔做成大海;还有的省份在台上矗立起一个有几间屋子大的祝寿蟠桃。广东省的官员在他们负责的地段用无数的孔雀毛建造了一个高达3丈(1丈=3.3333米)的翡翠亭;湖北省则是用玻璃砖建造了一座3层楼高的黄鹤楼;浙江省的官员更是别出心裁,竟用几万面镜子做成一个人造西湖,人走在上面,便会化作无数个化身,极为壮观。皇太后所到之处,所有人员全部跪倒,齐声恭祝太后万寿。御驾进宫以后,连着几天,大摆宴席,犒赏群臣。宫中宫外,戏剧、烟火一场接着一场,一连十几天,整个北京城都一直热闹非凡,沉浸在节日的气氛之中。如此阔绰铺张的庆祝活动,连皇太后都觉得过于浪费,后来在她的坚持下,这些活动才逐渐停止。然而此后皇太后的七旬、八旬万寿庆典规模却是一次比一次大,一次比一次铺张。

分析: 乾隆皇帝每次都将皇太后的万寿庆典办得异常风光,虽然讨得了皇太后的欢心,他也因此博得了一个"孝顺"的美名,但是,全国的老百姓却因此大倒其霉,因为庆典中所耗费的巨额钱财无一不是从老百姓身上盘剥而来的。在皇太后万寿庆典活动的鞭炮声中,不知有多少穷苦人家在忍饥挨饿,真是"朱门酒肉臭,路有冻死骨"。乾隆四十二年,86岁高龄的皇太后寿终正寝,全国人民长长地吁出了一口气。

2.2.3 庆典的时机策划

庆典活动的成功需要天时、地利、人和三方面的条件。所谓天时,也就是庆典活动的时机。在一般人看来是日复一日,年复一年的流逝光阴,其实是天天有新意、年年有奇想,大有文章可做的。实际上没有哪一天、一周、一月,一年是没有特殊事件可供纪念的,而历史上任何事件都有它的一周年、十周年……从这个角度讲,举办庆典活动的时机是很多的。但也正因为举办庆典活动的时机很多,我们才需要有所选择,在最佳时机推出庆典活动,以期取得最佳效果。

首先,一个组织的庆典活动不宜过于频繁,过于频繁的庆典活动不但消耗大量人力、物力、财力,而且容易引起组织内部员工和社会公众的反感,失去庆典活动的吸引力。即使一个组织频繁推出的每一台庆典活动都富有新意,精彩纷呈,也会因庆典活动的频率过高而失去光彩。组织应该切记,庆典活动宜少而精,这样可以保证庆典的吸引力。再好吃的东西顿顿吃,也会让人吃腻的:例如有的商场逢年过节便举行各种展销、酬宾、特价周及其他各种庆祝活动,结果不但未能吸引顾客,反而引起顾客反感,使商场的各项活动都失去了吸引力。

其次,庆典活动不宜"赶潮"、凑热闹。庆典活动是一种既古老又普遍的庆祝活动,如果只把它当做一个走过场的程序,那就失去了意义。当代的庆典活动对于沟通信息、联络感情、营销促销、扩大影响等具有不可小视的作用,所以应该发挥庆典活动的独特魅力。庆典活动应该热烈隆重又独具特色,当代庆典呼唤高雅情调和文化气氛,那种赶潮凑热闹的庆典活动不宜提倡。在庆典活动过于频繁的时间、地区,不宜举行庆典活动,而是应该在社区公众都感到"寂寞"的时候不失时机地推出独具特色的庆典活动,这样才会收到理想的效果。但实际上这方面的反例倒也不少。

案例分析2-5 适得其反的"凑热闹"

北京的一家商业大厦开张营业,庆典活动搞得热烈隆重,整个大厦被彩带包围住,充满喜庆气氛。一条街上的一家老商场认为这家新商场抢了它的生意,于是在新大厦开业这天,也推出一场庆典活动,全场员工及鼓乐队穿着制服,身披彩带,吹吹打打地游行庆祝,企图招徕顾客,结果适得其反,引起了公众的反感。有的顾客干脆说:"人家商场开业,你凑什么热闹?"除了这家商场之外,同一条街上的另外几家商场也纷纷进行装修改建并举办各种庆典活动,企图"分一杯羹",效果都很不好,既浪费了人力、财力,又未能收到预期效果。

分析:这家老商场在庆典的时机选择上出现了严重失误,反映了庆典策划者的目光短浅,不懂得大众心理。其实,在这种时刻,老商场倒不如送去致贺的彩色条幅或许更能博取公众好感。这几家商场应该请策划专家来为它们设计一些卓有成效的公关活动,由此也说明了策划活动对于当代社会组织的重要性。

再次,庆典活动要在有意义的时间举办,不应为庆典而庆典。那么,具体哪些时机适合呢?

【知识链接2-2】 推出庆典活动的一般时机

■ 组织开业或创办之机:组织在开业或创办之际举行庆典活动是必不可少的,"良好的开端等于成功的一半"。

■ 某工程奠基落成之时:组织在工程奠基、落成之时举行庆典,不仅表明组织对工程予以足够的关注和期望,同时也扩大了组织及工程的影响。

■ 组织的周年纪念日:组织的周年纪念日庆典可以协调组织内部、外部人际关系,是一个对外扩大影响,对内增强员工归属感和凝聚力的好机会。

■ 社会活动中的节日:节日庆典是庆典活动中十分普遍的一类。当代社会中由各类组织主办的节日庆典活动越来越多。

■ 新产品投产或新服务项目推出之际。

■ 组织的生产额或营销额达到一个大的整数时:如北京饭店在它的房客达到一亿人次时举行的庆典活动。

■ 组织更名、合并合资之际:如北京邮电学院更名北京邮电大学时举行的庆典。

■ 组织或个人获得荣誉之时:如美国 IBM 公司一年一度的"金环"的表彰庆典。

■ 生日,婚礼。

■ 社会重要活动举办之际:如 1994 年 6 月的纪念诺曼底登陆五十周年大规模庆典活动。

庆典策划时有一条很重要的技巧,就是利用名人效应来为庆典活动增光添彩。有时候名人可以提前邀请,有时则要靠机会。这样的机会比较难得,一倏即逝,这就需要庆典策划人员开动脑筋,抓住时机。

案例分析2-6　特殊时机的把握

北京长城饭店开业之前,该店经理和公关人员获悉了美国总统访华的大致安排。乍一看,饭店开业与美国总统访华是风马牛不相及的两件事,而长城饭店恰恰抓住了这样一个难得的机会,借此为里根总统举行告别宴会来扩大饭店开业的知名度。正因为长城饭店意识到了这是一次宣传形象的好机会,并经过不懈努力和反复磋商,才争取到这次送宾庆典。1984年4月29日,来自世界各地的五百名记者采访和报道了这一消息。于是,长城饭店的知名度一下传遍全世界。一时之间,长城饭店宾客络绎不绝。

分析:特殊时机的把握不像一般时机那样容易,需要庆典策划人员的思想活跃,有意识地将各类社会生活事件与庆典活动联系起来。

2.2.4　庆典的场地策划

庆典地点即庆典活动的地利,是指庆典活动的场地选择要利于庆典活动的举行。同时,在庆典策划的场地策划中还包括庆典活动的场地安排和场地布置。庆典活动的场地策划往往为人们所忽视。其实,场地安排对于庆典活动的效果有很大关系。这就好比一台戏,戏本身再精彩,没有一个适合的舞台,便不能得到充分展现。庆典活动的场地策划包括以下几个方面:

1) 场地的选择

一个组织的庆典活动在什么地方举行,这个问题常常被组织忽视。一般的组织都认为庆典活动理所当然地要在"家门口"举行。这并非没有道理,对于大多数组织的庆典活动,在"家"中举行便于安排管理,不必过分消耗精力。况且,像奠基典礼、开业典礼等是非在现场举办不可的。但是也有相当多的庆典活动是需要在场地的选择上动一番脑筋的,像节日庆典、迎宾庆典、婚庆等庆典活动,都需要对场地进行选择。

案例分析2-7　在人民大会堂举行的庆典

北京丹侬公司的成立与开业庆典,经过精心策划和安排,选择在人民大会堂举行。

分析:这反映了公司的场地选择意识,一个公司的庆典在人民大会堂举行至少可以产生两点效果:一点是让各界人士对公司产生信赖感,会让公众产生公司得到"上层"的肯定与支持的感觉;另一点是扩大了公司的影响,公司借助人民大会堂在各界人士心目中的地位来扩大公司自身的影响,这是具有现代意识的选择。当然,并非任何一个组织的庆典活动都可以到人民大会堂去举行,不但不可能而且没必要。但是组织对庆典活动的场地进行选择却大有必要。

在选择场地时,要考虑庆典活动的各项内容是否能在所选场地中顺利进行。比如婚庆活动,在确定了婚庆的具体形式之后,就要考虑在何处举行,是在家中还是到饭店?是在室内还是户外?婚庆中的各项活动分别在何处举行?这些都是不可小视的问题,否则"临时抱佛脚",往往使庆典活动庇漏很多,不尽如人意。关于庆典场地的大小,应当牢记并非越大越好。从理论上说,现场的大小应与出席者人数的多少成正比。也就是说场地的大小,应同出席者人数的多少相适应。人多地方小,拥挤不堪,会使人心烦意乱;人少地方大,则会让来宾对本单位产生"门前冷落车马稀"的感觉。

案例分析2-8 开国大典的场地选择

举世瞩目的中华人民共和国开国大典要举行阅兵式,关于阅兵式的地点,华北军区司令部拟订了两套阅兵方案,第一套方案是在天安门广场举行,受检阅部队成检阅式队列立于天安门东西两侧。第二套方案是在西苑机场阅兵。这里就存在着场地选择的问题。

分析:

1. 在天安门广场阅兵,优点较多。它地处市中心,领袖、军队和群众水乳交融,场面可以搞得轰轰烈烈。最主要的是阅兵台可以采用天然地形——天安门城楼,而且天安门周围公路四通八达,便于集中分散。但是,在天安门广场阅兵的缺陷也是难于弥补的,当日的交通要中断4小时以上。当时的长安街远没有现在这样宽阔,根本不能按照正规阅兵进行分列式。

2. 在西苑机场阅兵可以避开天安门广场的缺陷,那里跑道很宽,没有阻断交通的后顾之忧。并且西苑机场得天独厚的条件还在于它已经有过一次阅兵经验了。但在此阅兵也有不妥之处,这里没有检阅台,应付临时性的小场面检阅还可以,要举行开国盛典就必须搭两三个高大坚固的看台,工程大,花钱多不说,场面无论如何赶不上天安门壮观。此外,西苑机场距市区较远,数十万群众来回困难,不易参加。从阅兵部队来说,只有一条跑道可以进退,极不方便。

3. 在开国大典的场地选择这个问题上,确实令人煞费苦心,华北军区的阅兵方案在党中央的办公桌上度过了17天。开国大典的日子一天天接近,周恩来总理权衡再三,终于下定决心,选择了天安门广场。事实也证明了这一方案

图 2-4 开国大典阅兵队列　　　图 2-5 开国大典阅兵仪式

确实取得了令全国人民满意的效果。由此我们可以看出庆典活动的场地选择对于庆典的成败至关重要。

　　在选择场地时,除了确保各项活动能否顺利完成之外,还要照顾到公众。庆典活动通常是要有公众参加的,很多庆典活动都希望吸引众多的大众参加,那么在选择场地时就要充分考虑到是否有利于公众参加。例如北京的城郊经常在正月十五元宵节举办花会,花会是在公园中举行还是在主干道上? 在公园举行,环境较拥挤,指挥调度存在诸多不便,而且较偏僻,不易吸引更多观众,所以花会一般选在宽阔的主干道上举行,这样可以吸引更多观众,又不至于过于拥挤混乱。

　　庆典活动的场地选择还应注意到水源、电源、治安、交通及各项设施是否便利齐全,同时还应考虑到是否有利于新闻媒介的报导。例如有些工厂举行的庆典活动,就应该尽量避免在工作地点举行庆典活动,而应选择易于营造喜庆气氛,给参加者以舒适优雅感受的地点举行。

　　2) 场地的安排布置

　　在选择了适当的场地之后,就需要对场地进行安排布置。庆典仪式现场是庆典活动的中心地点,对它的安排、布置是否恰如其分,往往会直接关系到庆典留给全体出席者的印象的好坏。

　　场地的安排,主要是指从功能上对场地进行分配,如何处招待来宾,何处剪彩,何处举行座谈会等项内容。场地的安排要井井有条,一定要提前安排,早做打算,不要临时安排。场地的安排要尽可能合理,庆典的各项活动在何处进行,应作合理安排,既保证场地的充分利用,又不造成冲撞。

　　场地的布置,主要是指对场地进行庆典气氛营造,对场地的装饰,即为营造庆典活动的喜庆气氛,对整个现场内外的形象设计及各种装饰,如贺联的悬挂、花篮的摆放、彩旗的安插等项内容。庆典的场地布置应注意以下几个问题:

（1）场地的布置应围绕一定的主题

当代的庆典活动纷繁复杂，各类组织都十分重视庆典活动，有很多组织愿意在庆典的场地、环境布置上花费大量财力、物力和人力，有很多庆典确实充满了喜庆气氛，令参加者眼花缭乱。但这未必是成功的策划，没有主题的场地布置会造成人、财、物力的浪费。无论是开张庆典、周年纪念庆典，还是节日庆典、婚庆……都不应只图一时热闹，而应选择一定的主题。围绕主题进行场地布置的方法之一就是设立庆典活动的标志、徽记，并通过雕塑、旗帜及其他物品反映出来。场地布置过于凌乱会引起公众的厌倦及视觉疲劳，而围绕一定主题对庆典场地进行"众星捧月"式的布置往往能收到良好效果。

（2）场地的布置应有统一的风格

一个组织需要有自己的风格、特色，同样，庆典场地的布置也应有自己的风格。庆典的风格应进行提前设计，或热情大方，或高贵典雅，或清新活泼，或浓重深情，应根据主题及社会取向选定庆典的风格。

例如一家火锅城的开业庆典，就适宜突出民族风格，以彩旗、大红灯笼、红色装饰物及富有民族特色的摆设进行布置比较适宜。因为火锅本身代表的是民族特色，庆典的场地布置"欧化"会给人不伦不类的感觉，引起公众反感。

相反，若是西式快餐厅的开业庆典，就应该大胆借鉴西方庆典布置的经验，以欧陆风格的场地布置为宜。

场地布置的风格应与庆典活动的主题、气氛相统一。

（3）场地布置应注意视觉效果

场地布置应具有整体效果，忌条块分割。人们往往容易受色彩的感染，为突出庆典活动的热闹、喜庆气氛，宜选用暖色调。中国人以红色、黄色表示喜庆、吉祥和幸福的传统由来已久，所以在庆典布置时可以充分利用其视觉效果。此外，为塑造浪漫梦幻的气氛，也可利用紫色、粉色、橙色、蓝色等颜色。尤其是较有现代感的庆典，更需要充分利用色彩的搭配来表现风格。

（4）场地布置应具有现代感

随着时代的发展，人们的审美取向发生了很大变化，那些保守的、流俗的场地布置已经不再吸引公众，这就对当代庆典的场地布置提出新的要求。当代庆典除了在形式上不断推陈出新之外，在场地的布置上也要体现出时代感。

2.3 庆典策划的技巧

2.3.1 要作长远打算

很多人认为庆典就是一个仪式,仪式完毕庆典也就结束了。其实,真正有影响的庆典活动,绝不仅仅是功在当时,它可以给人留下深刻的印象。从庆典策划的角度出发,不应把庆典活动只搞成一场热热闹闹、轰轰烈烈的仪式,而应该"从长计议",想办法将庆典活动搞得意味深长,余音渺渺,给人回味无穷,意犹未尽的感觉。这就需要庆典策划者精心构思,充分发挥想象力。

庆典策划要作长远打算是由举行庆典活动的目的、动机决定的,庆典策划者不能以将庆典活动搞得热闹非凡为满足,仅仅塑造出喜庆气氛还远远不够,还要实现庆典活动的深层目的,如宣传和树立组织形象,扩大组织的影响,提高组织的威望,等等。使庆典活动意味深长的方法之一就是设计有延续性的庆典活动,为庆典活动埋下伏笔。

案例分析2-9 同庆"生日"

中日合资上海三菱电梯有限公司的周年庆典可以说是好戏连台、余味无穷。庆典的策划者能够高瞻远瞩,出迹不群,该公司成立于1987年1月1日,在公司成立周年之际,公司邀请公关专家策划了一次别具匠心的庆典活动,由于策划者目光长远,构思精妙,这次庆典活动余波渺渺,好戏层叠不穷。

首先,在新年之夜,公司与上海电视台联合举办了小型文艺晚会,在收视率很高的黄金节目"大舞台"中播出,节目的主持人由公司的文艺骨干与特邀专业主持人担任,观众则是一年来对公司有较大贡献的职工。在晚会即将结束之前,公司的经理出面向电视观众致谢,同时宣布了一条消息:为了感谢上海各界一年来对公司的关怀,公司邀请上海市与公司同年同月同日诞生的小婴儿来公司同庆生日。

分析:这场庆典活动中至少有两点值得我们借鉴。

第一点,公司的晚会不是请的各级领导、各界嘉宾来参加,而是本公司有较大贡献的职工,这体现了策划者的长远打算。公司搞周年纪念,往往是请各界领导宾客前来,并设宴款待,形式上司空见惯,收效不大。该公司大胆突破一般庆典的俗套,而是在大众传媒中亮相,既扩大了影响,又增加了职工的荣誉感和责任心,为职工将来更好地为公司工作打下基础,这体现了公司目光长远。

第二点,公司决定在上海请与公司同一天"生日"的婴儿来同庆生日,也体现了策划者的长远目光,公司注意到了博得大众的好感,获得稳定的社区地位对公司今后顺利发展的重要性。从以上两点看,"上海三菱电梯"的庆典是具有长远打算的庆典活动。

但公司庆典活动到此仍没有结束,好戏还在后头呢。当公司宣布与上海婴儿同庆生日之后,第二天,三菱公司格外热闹,家长怀抱着婴儿前来参加庆典,新闻记者也闻风而动来探个究竟,公司总经理看望了"同龄人"并向他们赠送了礼物。之后,公司又宣布了第二条消息,公司将在三周年时,为这些三龄儿童举办智力竞赛。今后,这些"同龄人"上学、就业将始终得到公司的关怀。

公司的上述庆典活动可以说是锦上添花,富于时代感,具有长远打算。很多组织往往不惜人、财、物力,将庆典的规模搞得十分盛大,甚至将大量财力用于铺排上,如举行大型宴会,造成较大的浪费。不仅好钢没用在刀刃上,而且缺乏现代意识,没有长远打算。宴会往往是一时热闹,树倒猢狲散,过后便失去了意义。"三菱"则懂得"智力投资",公司将同样的钱花在与公司似乎并无关系的"同龄人"身上,好像没有道理,其实这样做意义深远,公司在一次庆典活动中的投资可以获得长期的效益,可谓高瞻远瞩。

"三菱"使庆典活动具有长远打算的方法,首先是在选定庆典主题及形式上下工夫,在形式上勇于开拓,采用接力赛式的方式,将活动一步步延续下去,让庆典的火炬长明不熄。"三菱"的周年庆典活动不是一次性的,而是立意深远,高潮迭起。由于策划者的精心构思,目光长远,庆典活动没有落入俗套。公司在庆典活动中发布的消息可以不断引发新的高潮,为公司将来成功地举行庆祝活动打下了基础,并为三菱电梯在上海地区树立了"大众情人"的形象,博得了大众的普遍好感,稳定了在社区的地位。该公司的庆典活动能够将眼前利益与长远利益结合起来,不愧是目标长远的庆典策划。

案例分析2-10　以小失换大得

深圳亚洲大酒店在1983年开始筹建。酒店的经营者在创业之初就开始为酒店的公关活动寻找机会了。他们利用的第一个机会便是奠基庆典。奠基庆典这一天,酒店邀请了社会各界公众数百人参加庆典活动,客人们到场之后,受到了热情的接待,并由庆典组织者们发给每人一个印有"亚洲大酒店开工纪念"字样的小手包。奠基庆典搞得热烈而庄重,宾客们笑语欢声,主持人介绍了大酒店的建设规模、未来发展和酒店经营的目标之后,由筹建大酒店的负责人向所有客人宣布:"两年后,亚洲大酒店建成之时,凡持有纪念包的客人住店,均享受八折优待。"语音刚落,便立刻赢得了宾客们的满堂喝彩。

分析:亚洲大酒店的奠基庆典可谓组织得有声有色、意义深远,在工程动工之前就开始为两年后的经营而招徕顾客,既为日后的经济效益进行了铺垫,又不失奠基典礼的热情、自然,是富有创意的庆典活动。乍一看,组织向来宾赠送纪念包,并对他们八折优待,好像组织有所失,实际上却是"大得"。这里也可以看出庆典策划者的眼光,他们的庆典与一般庆典的不同之处在于能够把眼前的庆典同组织的利益结合起来,既吸引了公众,活跃了气氛,又间接进行宣传。应该提醒庆典策划者注意的是,通过庆典活动进行宣传,应间接、隐蔽,而不宜过于直接、露骨。因为庆典毕竟是一种喜庆的庆祝活动,而非广告,否则容易引起公众反感。

现在,有些组织在举行庆典活动时常常发愁,不是发愁搞不起,而是发愁庆典活动总也逃不脱欢迎来宾、领导讲话、举行座谈等一系列的俗套,不能引起人们的兴趣,庆典活动是搞了,效果却不好,浮华的热闹过去,反而是加倍的冷清。其实,策划者不妨跳出思维定式,站得高一些,想得远一点,这样往往可以策划出成功的庆典活动。

2.3.2　营造热烈隆重的气氛

庆典是盛大隆重的庆祝典礼活动,所以营造热烈气氛对于庆典活动来说十分重要。营造热烈隆重的气氛是庆典活动吸引公众、扩大影响的重要方法。如果庆典活动搞得冷冷清清,悄无声息,不但会失去庆典活动的意义,还会损害组织的形象,令公众敬而远之,宣传效果更无从谈起。

如何营造热烈隆重的气氛呢? 首先,可以充分利用具有喜庆和热烈气氛的装饰物来增添庆典活动的气氛。例如公司的开业庆典可以运用彩球、彩带、灯笼、花篮、宣传条幅、鞭炮、焰火等来营造节日喜庆的气氛;其次,可以播放富有喜庆气氛的音乐,请鼓号队及乐队来助威,有条件的还可以请歌唱演员来作为特邀嘉宾;第三,参加庆典的人员穿戴干净整齐,服务人员及各专职人员应着富有喜庆气氛的节日盛装;再次,可以邀请知名度较高的社会名流、演员、歌手等来增加喜庆气氛;此外,可树立庆典活动的标志物、馈赠纪念品、举行增添喜庆气氛的娱乐活动……方法很多,关键是要策划者开动脑筋。

案例分析2-11　美的庆典

　　广东"美的"工业城的开城庆典就十分注意营造热烈隆重的气氛,以此来吸引人,感染人。广东美的工业电器集团定于1992年11月29日举行"美的"工业城开城庆典。消息传出后,广东和港澳的公关界、广告界竞相向美的集团送上庆典策划方案以求中标,这些均被"美的"婉言谢绝了。"美的"决定由"美的"人自己来承担工业城的庆典策划。"美的"是如何营造庆典活动热烈隆重的气氛的呢?庆典这天早晨,通向工业城的道路被上万面小彩旗遮天蔽日地装饰着,千面"美的"广告旗飘扬在道路的两边,"美的"广场上飘浮着30组七彩气球。在"美的"工业城西门,少年鼓乐队方阵、儿童彩花环长蛇阵、广州空军军乐团方阵及香港醒狮队呈梅花状分布,330个特大号鲜花花篮众星捧月般地簇拥着MD的不锈钢标志,20名身着国际职业公关服的公关小姐列队迎接来自国内外的嘉宾。会场中,两台34英寸(1英寸=2.54厘米)的大屏幕彩电播放着著名影星巩俐为"美的"所做的广告。来宾们在生产基地看到的是工人们在流水线上的熟练操作。当夜幕低垂,欢乐的一天就要结束时,整个工业城忽然万灯齐明,一个梦幻般的不夜城呈现在来宾面前,一台丰富、欢快、高质量的晚会——《美的之夜》将一天的欢乐气氛推到了高潮。此情此景使一位在场的日本贵宾啧啧称赞:"中国,了不起!"

　　分析:美的公司的庆典活动的确是盛况空前,在喜庆气氛上具有浓重的感染力,这样一场盛大隆重的庆典,能够令公众久久不忘。美的庆典的成功之处主要是通过热烈隆重的气氛感染人。美的庆典首先通过彩旗、广告旗、气球等装饰物来塑造气氛,还通过鼓乐队、军队团等在音响上营造气氛,通过舞狮、晚会等具有节庆气氛的娱乐活动来烘托气氛。整个庆典活动偏重于中国传统色彩,这也同美的庆典的对象相呼应。

　　庆典活动营造热烈气氛,不仅体现在以上各方面,庆典活动的组织者面带微笑,充满活力,机智幽默地处理各种问题也是庆典活动塑造喜庆气氛的重要环节。"美的"的成功也同其热情迎嘉宾有关。

　　美的庆典是规模较大的庆典活动。但并不是每个组织都有精力和财力搞如此盛大的庆典。但这并不意味着规模较小的庆典就难以营造热烈的气氛来感染公众。庆典活动无论规模大小,都可以营造十分热烈的气氛。小型庆典活动在营造气氛时不必面面俱到,而应该着重在一两个方面下工夫,注意突出风格和特色。

案例分析2-12 火锅城开业庆典

北京一家火锅城开业时,将火锅城盛装打扮,用对中国人来说十分具有感染力的数百个大红灯笼将开业庆典的气氛渲染得分外热闹,再加上服务员个个穿着色彩鲜艳、具有民族特色的旗袍,使得庆典活动的气氛同样热闹非凡。

分析: 由上例可见,只要策划者巧用心机,庆典活动无论巨细,都可能营造出热烈隆重的气氛。

2.3.3 让庆典富有人情味

一般地,庆典策划时往往只注意把庆典活动的程序及内容安排提上议程,而不能很好地考虑到"人情"。当代社会生活节奏加快,人们普遍感到人情淡薄。在这种情况下,如果庆典活动能充分照顾到"人情",以情动人,将会收到良好效果。

怎样使庆典富有人情味呢? 首先要消除庆典组织者与参加者之间的距离感,让庆典活动参加者有宾至如归的感觉,还可以反客为主,令宾客感到自己是庆典活动的主人,这样的庆典会博取公众好感,庆典活动还可以搞一些人情味十足的活动,庆典的安排管理应生动活泼,不要过于死板。

案例分析2-13 充满人情味的"金环"庆典

美国IBM(国际商用机器公司)一年一度的"金环"庆典十分讲人情。美国IBM公司每年都要举行一次规模隆重的庆功会,对那些在一年中作出突出贡献的企业员工进行表彰。这一对百分之三作出了突出贡献的人所进行的表彰,被称作"金环庆典"。在庆典中,IBM公司的最高层管理人员始终在场,并主持盛大、庄重的颁奖酒宴,然后放映由公司自己制作的,表现那些作出了突出贡献的员工的工作情况、家庭生活,乃至业余爱好的影片。在被邀请参加庆典活动的人中,不仅有股东代表、工人代表、社会名流,还有那些作出了突出贡献的销售人员的家属和亲友。整个庆典活动,自始至终都被录制成电视或电影,然后拿到IBM公司的每一个单位去放映。IBM公司每年一度的"金环庆典"活动,一方面是为了表彰有功人员,另一方面也是同企业职工联络感情,增进友情的一种手段。在这一庆典活动中,公司的主管同那些常年忙碌、难得一见的销售人员聚集在一起,彼此无拘无束地谈天说地,在交流时无形中加深了心灵的沟通。尤其是公司主管那些表示关心的语言,常常能使那些在第一线工作的销售人员

"受宠若惊",正是在这个过程中,企业员工更增强了对企业的亲密感和责任感。

分析:IBM 公司的"金环庆典之所以声名远扬,在于它的充满人情味的气氛,公司的领导与职工共聚一堂,通过各种充满人情味的活动,消除了距离感,给人暖意融融的感觉。IBM 公司的"金环庆典"可谓情意深长,公司的表彰庆典活动能够同庆典的主人紧密结合起来,人情味十足。由此也让人想到有些组织的表彰庆典活动,按照宣布开始、各位领导讲话、领导人向先进分子或先进组织授奖、先进分子讲话这样的传统样式进行。这样的庆典往往只完成了一种仪式,上下层之间存在着较大的距离感,尽管是表彰庆典,却不能给人亲切感,相反给人一种居高临下的感觉。而 IBM 公司的庆典能够抓住人心,在人情上大做文章。也许一次领导与职工共同垂钓的活动比举行一场正规的授奖会产生更好的效果。

让庆典富有人情味并不是一件令人绞尽脑汁的事情,只要策划者开动脑筋,调动参加者的积极性,让参与者感受到自己是庆典活动的主人,并且设计一些调动参与者感情、情绪,生动活泼的活动,就可以策划出具有深厚的人情味的庆典活动来。

2.3.4　借冕增誉,利用名人效应

什么样的庆典活动是成功的呢？一是要热烈而隆重,具有庆典气氛;二是要通过庆典活动间接地实现各种既定的主题和目标。要成功地举行庆典活动,可以利用多种技巧。利用名人效应进行宣传,扩大影响是庆典策划的重要方法之一。

名人效应被广泛地运用到各种公关、宣传广告中。所谓名人效应,也就是名人在公众中的地位和影响,名人的思想、行动、言语等往往可以在公众中造成轰动性影响,具有较强的号召力和感染力。组织利用公众对名人的崇敬感和追随感来为庆典活动增辉,借以实现树立组织形象、扩大组织影响、提高组织的知名度和美誉度等目的,往往具有特别出色的效果。

在如何利用名人效应的问题上,也大有文章可做。当代,随着组织公关活动的空前活跃,各社会组织已将名人效应广泛用到各种广告、宣传、专题活动中,也广泛应用到庆典活动中。由于名人效应的应用过于频繁,它的效果已不如初始时期,这就要求组织在将名人效应运用到庆典策划中,要想方设法发挥名人的最大"效应"。如何最大限度地发挥名人效应呢？

首先,要对名人有所选择。有一定影响范围的名人很多,但并不是任何一

位名人都可以给庆典活动带来极大的影响。一般来说,应选择那些最有影响力的名人。

其次,在选择名人时应与庆典活动的主题和内容联系起来,例如一个主要对象群是京剧爱好者的庆典活动请来著名京剧演员做庆典活动的嘉宾是适宜的,可以取得良好效果,而对于一个主要对象群是青少年摇滚乐爱好者的庆典活动就不合适。再如,一般工程项目奠基或剪彩活动,就适于请与组织有一定关联的领导参与,而请文艺界名人就会给人不够庄重的感觉。

组织在请名人参加庆典活动时,不应只把名人当摆设,不参与庆典的具体活动,这样往往分散大众精力,而掩盖了庆典活动的意义,应该让名人参与到庆典活动中来,最好能和公众有较密切的接触,消除距离感。

利用"名人效应"还应照顾大众热点,把握恰当的时机。在同一庆典活动中不宜请过多名人,避免喧宾夺主。下面我们来看一看"名人效应"在庆典活动中的具体运用。

案例分析2-14 巧借名人

杭州西子湖畔的"皇宫"酒店的开业庆典就是一则借冕增誉、扩大影响的成功庆典。1992年5月18日,在一般人眼中不过是一个普通的日子,但这个日子对西子湖畔的"皇宫"酒店来说却不一般,酒店的全体人员都焦急地等待着这一天的来到。因为5月18日是酒店精心挑选的开张喜庆之日。"皇宫"为何不早不晚偏偏要选中5月18日开张呢? 这是酒店总经理精心策划的。

"皇宫"酒店的开张日期原定于5月上旬,一个偶然的机会,总经理从一位记者朋友口中得知:5月18日,台湾著名女作家琼瑶女士偕丈夫要来杭州。说者无意,听者有心,这一消息引起了总经理的极大兴趣,她的脑海里突然产生了这样一个念头:女作家琼瑶在大陆有着众多的读者和较高的声誉,如果借助琼瑶女士的知名度来为自己的酒店开张,岂不是一举两得? 主意一定,总经理进行了周密的策划并立即付诸行动。

她先与负责接待琼瑶的有关方面取得了联系,表示5月18日琼瑶到杭后,"皇宫"酒店愿意负责精心安排洗尘宴会,所有的费用由酒店负责。经过一番周折,终于取得了有关方面的同意。接着,总经理和她的助手又一一拨通了多家新闻单位的电话,将这条信息通报给新闻界。

"皇宫"的员工们紧张而又兴奋地忙碌着,准备迎接开张喜庆之日的到来,万事齐备,5月18日下午4:30,琼瑶及丈夫一下飞机便被接到了"皇宫"。"皇宫"立即成为杭州的一处热点。记者们云集在一起争先恐后地抢着镜头,书迷们则纷纷要求签名,争睹芳姿。琼瑶昨夜在"皇宫"的消息,一时间传遍了杭州,"皇宫"酒店因此而声名大震。

分析: "皇宫"酒店的开业庆典巧借名人的声誉来引人注意,取得了很好的效果。"皇宫"酒店在利用"名人效应"时,注意到了对名人的选择,"名人"很多,但哪些名人的知名度更高? 更受公众欢迎? "皇宫"的庆典活动本来也可以请领导来参加、剪彩,但这样的方式已司空见惯,不易吸引公众。"皇宫"也可以专门请名人来参加,但是与酒店的活动没有直接关联,显得牵强。请赴大陆女作家琼瑶来为庆典活动增辉,可以与庆典活动相联系,而且更容易造成轰动,事实证明,"皇宫"的选择是正确的!

庆典活动在选择名人时,还应注意,当代社会,文艺界名人更受公众欢迎,更容易活跃庆典气氛,但是一些较庄重的活动在选择名人还是应该与庆典气氛相适宜。

2.3.5 庆典活动要具体化,切忌空洞

有时,庆典活动容易被架空,徒有空洞的形式,只是走过场,过后无论对组织还是对公众都不会留下什么印象,也不会产生更大的影响。所以庆典的组织者应该想方设法令庆典活动具体实在,这样才容易感染参加者。庆典活动的终极对象是人,而非活动本身,这是庆典策划者应该注意的问题。从这一观点出发,庆典策划的意义并非只关注活动的程序、组织、安排等,而要从参加者出发。

让我们看一看在 1991 年莫扎特逝世两百周年之际,各社会组织是怎样在全球性的莫扎特文化庆典活动中八仙过海、各显神通,化抽象的纪念活动为具体实在的样式的。

案例分析2-15 全球性的莫扎特文化庆典活动

1991 年莫扎特逝世两百周年,这样的庆典活动,很容易搞成音乐人范围内的庆典,而将众多的社会大众拒之门外,也容易搞成莫扎特音乐欣赏的形式,因此同样只面对少数人。但是聪明的商人却让这位一生悲悯绝望的音乐家及其作品,变成充满了浪漫欢乐色彩的节庆商品。1991 年的 12 月 5 日,全球都在疯狂地庆祝莫扎特逝世两百周年纪念日。从维也纳到巴黎,从纽约到东京,无数各式各样的纪念活动、音乐会热烈地举行着。

在这场大型的庆祝活动中,人们将抽象的音乐化为具体的形象。节日气氛被琳琅满目的纪念商品烘托起来。印有莫扎特头像的运动衫、印有 K525 小夜

曲乐谱的手帕、会演奏莫扎特音乐的日本清酒、K金的莫扎特桥牌,甚至还有会播放出莫扎特音乐的胸罩……数不尽的"莫扎特"营造出节庆气氛。

当然,还有音乐本身:飞利浦公司出了一套45张CD的莫扎特全集,这套被列入吉尼斯纪录大全的"莫扎特百科全书"共长一百八十三小时五十五分又二十三秒。它的创纪录不是因为它的品质,而是长度。在庆典活动中,它卖了4万套,180万张。这样的策划是既大胆而又具体实在的,并且创造了吉尼斯世界纪录,它将抽象的音乐化为具体的形式。

纽约的林肯中心花300万美金举行了五百场各类音乐会、纪念会及研讨会:他们似乎想借着密集的教育,让世人在一年之内认识莫扎特的伟大,了解他的音乐。这样的莫扎特庆典既陶冶了众多的听众,也考验了演奏家。

分析:音乐的特殊性在于它不透过视觉来传递意义,它的形式和情感的均衡展现在非视觉的音乐中。而莫扎特庆典,就是要让音乐看得见:透过莫扎特的头像,透过列入"吉尼斯纪录"这个象征,透过五百场音乐会这个事实,透过拥有那些莫扎特商品来表达出人们正在"听"莫扎特。将庆典活动具象化从而打动公众,这正是我们所称道的,是庆典策划中值得借鉴的方法。

2.3.6 小礼物,好效果

庆典活动要搞得生动、活泼,富于喜庆气氛,并博取公众好感,有时候制作并赠送一些小礼物给庆典活动的参加者,会收到意想不到的效果。有一句话:"送人玫瑰之手,历久犹有余香",对庆典活动来说正是如此。庆典活动向参加者赠送的礼物不在贵重,而在其纪念意义,在于它给公众带来的惊喜和欢乐。

配合庆典活动的赠物,要与庆典宣传活动相联系,应有纪念标志和组织标志,由此还可以进行更广泛的宣传,庆典赠物应该精巧美观,便于活跃庆典气氛。

组织在举行庆典活动时,量力而行,制作一些带有纪念标志的小礼物馈赠公众,可以使庆典活动闹得"满城风雨",无形之中增加了庆典活动的气氛,扩大了组织影响,也能充分博取大众好感。像深圳亚洲大酒店的奠基庆典中向来宾赠送纪念包、上海三菱电梯公司请"同龄人"共庆生日,并向他们赠送小礼物,均收到了良好的效果。

案例分析2-16 小礼物的大用场

前门文化用品商场于1992年重建完成后,决定择吉日举行开业庆典。正值暑期即将结束,学校即将开学之时,怎样将公众吸引到商场来呢？文化用品商场的主要顾客是从事文化教育的工作人员、办公室人员、广大师生。前门文化用品商场策划了一场别开生面的开业庆典活动,商场在《北京晚报》等传媒上登上广告,决定在开业当天,向顾客中的前一百名教师和前一百名学生赠送"派克"笔。

分析: 这一举动将庆典活动的气氛制造得十分隆重,又在全市公众心目中留下尊师助学的良好形象,在全市师生当中树立了良好的声誉。从案例中我们可以看出,组织赠送的礼物不须十分贵重、应该精巧而有意义,并且赠物应该与组织的经营、销售、宣传等活动相联系,并与庆典活动的内容相统一。组织在举办庆典活动时,可不要小看了小礼物的作用啊。

2.3.7 抓住机会

我们在庆典时机策划部分,已经探讨了这个问题,这里再赘述几句。

举行庆典的机会有些是比较普遍的,有些却是突发的,需要组织者去寻觅,去捕捉,去把握。机不可失,时不再来,放过绝好的机会,无形中造成了损失。

如何才能把握一倏即逝的机会呢？这就要求庆典策划者眼观六路、耳听八方、头脑敏锐,密切注视着各种社会活动的信息、动态。并要善于联想,将组织的庆典活动与社会生活联系起来,选取那些最能树立形象、吸引公众的机会。

作为商业组织,容易给人唯利是图的商人形象。而仪式庆典活动则可以使公众全面地了解组织的各种活动,而组织在庆典活动中也可以塑造自己的社会性、公益性、娱乐性等方面的形象。组织如能捕捉住一些良好的时机举行庆典活动来自我表现,往往可以给公众留下更完整更美好的印象。

案例分析2-17 第一个"母亲节"

广州××酒店十分善于发现和捕捉时机,为了达到宣传企业形象的目的,在酒店周年庆典时首次将西方的"母亲节"介绍到广州,与广州妇联联合举办"母亲节征文比赛"和"表扬模范母亲活动"。

分析: 广州花园酒店根据中国改革开放以后人们在思想意识、精神观念上的转变以及对于人间真情的渴望,周年庆典选取了大陆第一个"母亲节"。这样一个独特的机会举行庆典活动,比单纯的周年庆典活动效果更好,给公众留下了酒店热心推动精神文明建设,热衷于中西方文化交流事业的良好形象。

2.3.8 注意利用新闻媒介

报刊、广播、电视、网络等各种新闻媒介越来越深入到当代人的生活当中，与大众的生活息息相关，密不可分。大众通过各种新闻媒介获取各种信息，了解社会动态。新闻媒介是连接大众与社会政治、经济、科学、文化、娱乐等的重要纽带。新闻媒介几乎成为当代人与社会沟通的最重要的工具。

利用新闻媒介对庆典活动进行宣传、介绍以至直接参与庆典活动，可以说是当代庆典活动得天独厚的条件。新闻媒介大大加快了信息的传播节奏，扩展了信息的覆盖面。当代较有影响的庆典活动几乎离不开新闻媒介的宣传。新闻媒介对于增加庆典活动的气氛，实现庆典活动的主题，扩大庆典组织者的影响，起到了推波助澜的作用。

庆典活动怎样利用新闻传媒呢？首先，在庆典活动举办之前，可以通过新闻传媒获取对庆典活动有价值的信息；其次，在庆典活动确定之后，可以通过新闻传媒进行预告；第三，可以通过新闻传媒对庆典活动进行现场报导或实况报导；第四，可以制作一些通过新闻媒介与受众沟通的庆典专题节目，作为庆典活动的组成部分。可以充分利用多种传媒，发挥各自优势，从不同角度感染受众，扩大宣传，增加影响。

在举办庆典活动前应与新闻传播机构，如电视台、广播电台、报社等进行联系，邀请记者参与到活动中来，应向新闻传媒详细介绍庆典活动的来龙去脉，以便新闻传媒有重点有计划地进行传播报导。

当代庆典活动利用新闻传媒有很多优势：可以有多种媒体供选择，可以制作出具有出色视听效果的专题节目，可以及时地追踪报导……这些优势为组织举行庆典活动提供了传播上的巨大方便。

除了利用新闻媒介进行宣传外，庆典活动中还可以利用传单、出版物、礼品袋、幻灯片等各种传播媒体进行宣传。

2.3.9 大胆创意、出奇制胜

策划活动是一种智力竞技，策划者的具体任务是负责活动的创新与安排。庆典策划的生命力来源于创造，需要策划者运用创造性思维，大胆独创，凭借丰富的想象力，对信息、环境、公众兴趣的敏感，运用综合、灵活的方法策划出富有新意的庆典活动。庆典活动只有通过新鲜招数，抓住公众的好奇心理，才能刺激参与者的兴趣，实现庆典活动的深层意义。

要使庆典活动具有新意,出奇制胜,需要庆典组织者积极地参与、投入,做充分的准备。

案例分析2-18　可口——可乐

1986年5月8日美国可口可乐公司迎来了它的一百周年纪念日。为了策划好这次专题活动,可口可乐公司使出了所有的解数。4天的时间里,可口可乐公司用最盛大最壮观的庆祝活动来装点总部的所在地亚特兰大。14 000名工作人员从办理可口可乐业务的155个国家和地区,前往亚特兰大。全国各地50辆以可口可乐为主题的彩车和30个行进乐队迂回取道开进城里:公司以免费的可口可乐招待着夹道欢迎的30万名群众,只要他们的胃口足够大。亚特兰大市长安德鲁·扬和可口可乐公司总裁戈伊祖艾塔一起亲自引导游行队伍,其后是一万人的合唱团和60种乐器的交响乐队,演奏、演唱振奋人心的可口可乐传统颂歌——"我愿给这世界买一大杯可口可乐"。

节日典礼最精彩的场面是在半个地球之遥的伦敦。为了响应可口可乐最新广告口号"跟上浪潮",典礼策划者准备一次推倒60万张多米诺骨牌。这一活动把亚特兰大、伦敦、里约热内卢、内罗毕、悉尼和东京连接起来,各个地点通过卫星相互联系。在亚特兰大市洞穴状的奥姆尼中心的四周,竖起了巨大的电视屏幕,当多米诺骨牌天衣无缝地一浪一浪倒下去,并在伦敦到达终点时,一个巨大的百事可乐罐出现了,多米诺骨牌推到最后一次斜坡,引发了一次小型爆炸,百事可乐罐被炸得粉碎,顿时,全世界可口可乐公司雇员都欢呼起来。这一精彩的庆典给人以津津乐道的长久话题。

分析:庆典活动具有悠久的历史,随着时代的发展,人们对典礼不断加以改造,提出新的要求:庆典活动在一定的历史阶段,都有一定的仪式、程序,如果每个组织都墨守成规,就会使庆典活动失去新意,所以庆典策划者应该在创意上下工夫,把眼光投向新的领域。

2.3.10　突出特色

人们大概会注意到这样一个事实:那些有个性的人、有个性的商品、有特色的活动往往备受青睐。庆典活动也不例外,那些个性独具、富有特色的庆典活动尤其惹人注目。所以在策划庆典活动时,既要考虑到符合庆典活动的特性,又要注意突出特色。

当代结婚庆典的发展尤其体现人们对于富有特色的庆典活动情有独钟。

1990年7月,我国第一家婚庆服务业——"紫房子"在京城王府井诞生。短短几年,婚庆服务业已粗具规模。

时代的发展,观念的更新,越来越多的青年人希望自己的婚礼有更丰富、更深刻的内涵。"久吃大喝""大操办"的现象正在减少。有些婚庆服务机构瞄准这一点,不失时机地推出一系列的特色服务,如"水上婚姻""古装婚姻"等,追求一种浓厚的文化内蕴,既继承发扬传统婚姻文化中积极向上的一面,又充分地汲取国外婚姻文化的精华,创造出一种既富时代精神,又有民族特色的崭新形式,吸引着越来越多的青年人。

"92北京长城结婚庆典""93金秋颐和园水上婚礼""情深意浓,此景易逝,此情难忘",给人留下深刻的全新感受。

南京秦淮区夫子庙街道办事处充分利用了夜泊秦淮的桨声灯影,雄伟的中华门城堡,仿明清居家式的宾馆,以及新颖别致的大型音乐,灯光喷泉,推出"夜泊秦淮的水上婚礼、中华门城堡的荧离婚礼、秦淮人家的仿古婚礼"等富有特色的婚礼服务。

特色婚庆正以强劲的势头发展着好戏连台、特色各具的局面正逐渐形成。

案例分析2-19　苍天在上,长城作证

"92北京长城结婚庆典"是北京紫房子、上海步步高婚礼服务公司和香港百年结婚服务公司联手推出的一大杰作。"苍天在上,长城作证",参加这次庆典的有来自香港、上海、沈阳、北京的新婚伴侣和纪念婚姻恩爱的夫妻。在婚庆服务内容上,它集传统与现代于一体,古为今用,洋为中用。香港的一对新人,在一队身着古装的乐师吹吹打打声中,坐着花轿上长城拜天地。许多新闻记者蜂拥而至,拍下这富有象征意义的珍贵镜头。

分析:如何创立一种既方便经济,又高雅隆重的婚庆形式,是许多人梦寐以求的。紫房子正是看准了这一点,搞适合中国国情的婚庆社会化服务,把婚礼和婚姻文化结合起来,提倡文明、节俭、高雅、喜庆、隆重、温馨,创造了各种既有民族特色,又有时代精神的婚礼仪式。

2.4 庆典策划书

2.4.1 庆典策划书的撰写

一项策划虽然有可能仅仅存在于策划人自己的脑海中而不为其他人所知,但是,就大多数策划而言,它们最终表现为策划书的形式。庆典策划书作为策划的物质载体,是策划文字化、语言化的表现,它使策划者的策划方案为他人所知晓、所接受,让策划由思想一步步地变成现实。

1)策划书的一般内容

策划书可以有很多的内容,而且不同类别的策划书其目标、要求各不相同,在内容上自然也千差万别。但是,就庆典策划而言,一般情况下应包括以下基本内容,策划学者将其概括为"5W3H",即

What(什么)——策划的目标内容;

Who(谁)——策划相关人员;

Where(何处)——策划场地;

When(何时)——策划的日期时间;

Why(为什么)——策划的原因;

How(怎样)——策划的方法和整体系统运转;

How(怎样)——策划的表现形式;

How(多少)——策划的预算。

策划是一项复杂的系统工程,它需要一定的人力、物力和财力的投入。同其他投资一样,策划的预算同其最终的收益也要有一个适当的比率,这项策划才具有其实施的可行性和合理性。而且,策划预算做得越周密,费用预算划分得越明细,越具有科学性和说服力。

2)策划书的结构(格式)

策划书的撰写,其内容、格式等不可能千篇一律,策划人员可根据庆典的具体需要进行参考。这里所指的策划书的结构与格式,只是目前较为常见、策划者较多使用的结构和格式,一般可分为下列10项:

（1）封面

策划书的封面虽不需要特别精美，但所用纸张的厚度要比内文的纸厚些，上面应注明下列5点：

①策划的主题。

②策划的主体（策划者及所在公司或部门）。

③策划完成的日期。

④策划书的编号。另外，还可考虑在封面简洁地附加兼有说明的内文简介，但不宜过长。

⑤对策划者权利的声明。如：某某公司或某某人保有版权等。

（2）摘要

这是把策划书所讲的概要加以整理的结果，其内容应简明扼要，字数在三四百字为宜，让人一目了然。

（3）目录

策划书的目录与一般书籍的目录起相同作用，涵盖全书的主体内容，读过后应能使人对策划的全貌、策划人的思路、策划书的整体结构有一个大体的了解。目录实际上就是策划书的简要提纲，具有与标题相同的作用，策划者应认真编写。

（4）导言

导言是策划的大纲，提领全文。其内容应包括策划的宗旨、策划的背景、策划的必要性及可行性和意义等。

（5）主体内容

主体内容是策划书最主要的部分，是全案的核心所在。在这一部分里，应写明策划的目的、方式、原因、方法及相关人员等各项内容。主体内容的表述应根据策划种类的不同及阅者的不同而调整，但都应坚持一目了然的原则，切忌冗长烦琐。

（6）费用预算

费用预算是策划书必不可少的一部分，费用应尽可能详尽周密。预算费用要分类细化、准确，真实反映策划案实施的投入大小；同时要将各项费用控制在最小规模上，以求获得最优的经济效益和社会效益。

在预算经费时，最好绘出表格，列出总目和分目的支出内容，既方便核算，又便于以后查对。

（7）策划实施的进度表

这是策划得以实施的必要保证。正如任何工作都需有计划指导一样，策划实施的进度通过拟定策划实施过程的时间表，明确标示何时要做什么，由何人负责，需要何种方式的协助，需要什么样的布置等，使策划活动由单纯的构想一步步地付诸实施，并作为检查策划进行的标准。进度表在策划实施过程中应具有一定的稳定性，但并非不可变动。

（8）有关人员职责分配表

此项在庆典策划书中也非常重要，因为人员职责分配明确，在处理具体事务中责权分明，才能保证策划实施顺利、有序进行，避免人浮于事、相互推诿。职责分配的另一个目的是保障各个环节互相协调、彼此配合。

（9）策划所需物品及场地

要考虑在何时、何地提供何种方式的协助，需要办理哪些手续，如市政部门的批复、庆典场地的电源、安全保卫，庆典媒体的租用，舞台何时搭建等。该项目也要详细安排，以免贻误时机。

（10）附加说明及效果预测

策划书中尚需说明的内容，应在这部分加以简要地说明。对策划书相关内容有重要参考价值或作为重要证据的资料，应附在策划书后面。效果预测主要说明在组织、企业同意照计划实施的前提下，预计可达到的目标。这一目标应包括经济效果预测、本身效果预测和社会效果预测。

2.4.2 庆典策划书的写作要求

1）策划书的写作程序

在策划过程中，的确需要策划者有异想天开式的创造性构思，但一旦形成策划书则不能再显得那么凌乱无序。所以在动笔写策划书之前，应该先对构思进行仔细地研究，彻底检查策划的内容及各细节部分的作业。这样，当构思显得更为明晰之后，才能开始着手策划书的写作。在写作时，也别一提笔就想长篇大论，应先对检查的结果作个整理，在草稿上写出要点，然后按从概要到实体的过程完成策划书的写作。其概要写作顺序是：

①首先撰写整个策划书的大纲；

②列出大纲中各章的大致内容；

③检查协调全书的整体结构;

④确定各章节的具体内容,字数的分配;

⑤将各章节所需资料索引附在各自提纲上。

这样,策划书的概要就出来了,接着就要统一策划书的形式和语气,特别是在多人合作完成策划书时,这项工作显得更加重要。然后就可以动笔写作了,其顺序如下:

①制作封面;

②编写目录;

③写出构想内容;

④完成剩下的工作。

2) 策划书的写作方法

策划书的表述方法直接影响到策划书的精彩与否,也影响到能否被接受采用。好的策划书必须有好的、准确的表述,同时又必须能吸引人。

(1) 借鉴剧本的写作方法

一台好戏,必须有生动有趣的情节,但是如果剧本拙劣苦涩,演员们又如何能真正把戏演好呢! 策划中的策划书正如演戏的剧本,唯有形象生动,才能吸引更多人的参与和支持,同时实施起来也会更流畅,取得更好的效果。

为了使读者一开始就进入入迷的状况,剧本常常以一个悬念或一件读者感兴趣的事件开头,接着慢慢展开故事情节,将剧情蕴含的意义及主题传达给读者和观众。这种技巧同样也可在策划书的写作中应用。

①首先设定状况。

无论是什么主题的策划,都必须考虑条件的限制,对环境进行分析。这正如剧本多会在剧情中交代故事背景一样。此外,还要研究策划的程序,这也是在构想展开前必须先做好的工作。

②中心构想突出。

较为大型的策划,都是由许许多多的构想共同组成的,但这些构想一般都围绕一个中心构想——策划主题而展开。这个中心构想是最为重要的,它就像是剧本的高潮情节一样,因此应生动形象且详尽地描写这一策划主题,使之对读者充满吸引力。

③策划主题的展开。

在策划活动中,有一个中心构想,但同时必然有一系列围绕中心构想展开的其他构想。整体策划中不能忽略其中的细节部分。策划书的枝节正如戏剧里的配角,少了它们,故事情节就难以发展下去。

④说明解决问题的构想。

此阶段主要是对逻辑进行验证,说明各种逻辑结构,对原始构想提出证明资料等,以使对方信任所提出的策划书,这好比是剧本取材的艺术真实性要求以及剧情组织的合理性要求。

(2)简单明了,不苛求文笔

策划书虽说要注意生动形象性,但它不像散文或其他文学作品那样要求好的文笔,而只要简单明了地将内容表达出来即可。策划书如果长篇大论、文辞过于优美,反而会在阅读上造成困难,使人不易抓住策划书的主要内容。

(3)增强视觉化,使内容更易懂

策划书的目的是让他人了解策划的内容。因此,策划书写作过程中应做到使策划书更"易懂"。要达到易懂的目的,除了使用简单明了的语句外,增强内容的视觉化也是简单有效的方法。把策划内容视觉化就是策划者把自己脑中的策划形象生动地描绘出来,让对方仿佛已经看到策划实行的具体形象,以加深对方的记忆。视觉化常用方法有两种:第一,把策划实行的内容做成流程图,用图解的方式来说明策划。第二,把策划实行的成果做成效果图或样本。通常可以把实施情况先绘成想象图,再辅以图解内容。这类图示化的说明不但使人一目了然,还可以清楚地看出各部分的逻辑关系,可谓一举多得。

在实际使用图示法时,为了避免策划的制作者和接受者双方对图表产生不同理解,造成理解上的困难,可以在图表旁边加上适当的文字说明,以弥补图表的不足。

3)策划书的内外差别性(保密性)

同样的情节可以写出好几种不同的剧本,同一个策划书也可依如何使用、给谁看、何种目的而有不同的形式,尤其是针对不同的对象,策划书应有不同的内容。一般而言,按机密程度划分,可分为内部策划书和外部策划书。

内部策划书是绝密的,仅供高层决策者参考,其形式可与前面所述的大纲相同,但在以下七个对策中应有详细的说明(这七个项目应对外保密)。

①策划实施上的人际关系对策;

②策划实施上的相关组织和竞争对手的对策;

③策划实施中的资金对策;

④策划实施中对大众传播媒体关系的对策;

⑤策划实施上的障碍因素及消除对策；

⑥与策划实施有关的政府机构对策；

⑦与策划实施有关的法律问题。

外部策划书则是供策划的外部参与人员参考的非绝密文件（但对一般公众仍旧保密），写作时应注意：

①把握好保密的"度"，在外部策划书中不能透露策划的核心机密，但又必须让这些外围参与者对策划产生兴趣，明确自己在此项活动中的职责与行动方案。

②站在对方的立场上拟写，语气、思路都要让对方满意。如尽量逻辑鲜明，采用提纲式撰写；尽量逐条分列，重点排列；不使用对方不理解的言辞；对需要特意诉求的部分进行深入详细的记述等。

③以"互惠"的态度，写明策划与对方的好处及相关利益。

复习思考题

1.什么是庆典策划？

2.简述庆典策划的作用。

3.庆典策划的程序一般分哪几步？

4.确定庆典规模必须综合考虑的因素有哪些？

5.举行庆典活动的一般时机有哪些？

6.庆典活动的场地策划包括哪几方面？

7.简述庆典策划的技巧。

8.结合本章学习，请回答庆典策划书的撰写要求有哪些？

第3章
庆典财务管理

【本章导读】

　　庆典虽不以赢利为主要目的,但不可否认的是庆典活动既需要筹措庆典资金,更需要按预算进行成本控制,尽量减少庆典的支出。因此,庆典财务管理始终是庆典运作中最重要的环节之一。通过本章的学习,读者能够了解庆典财务管理的基本概念,进行庆典预测、编制庆典预算、计算注册费、庆典资金管理等基本问题以及对于庆典成本控制、庆典赞助等相关问题,并能够运用财务管理的观念、方法对庆典运作进行经济的分析、控制。

【关键词汇】

　　庆典财务管理的基本概念　庆典预算　庆典资金管理　庆典成本控制　庆典赞助

【引例】

上海世博会赢利已无悬念

从开幕最初几天遇冷,到日前游客人数突破4 000万大关,上海世博会的表现走出了一条低开高走的上升曲线。如果说刚开幕时,人们对上海世博会的赢利能力尚存一丝疑虑的话,在当下世博日程过半之际,这个答案已经揭晓——如无意外,本届世博会将以赢利告终。唯一的悬念在于,上海世博会能否打破大阪世博会155亿日元(约1.46亿美元)的赢利纪录。

上海世博会的成本是多少?如不计算世博园区以外配套工程的投入,据官方公布,世博园区内的建设费用为180亿元,运营费用为106亿元。考虑到部分数字未来可能出现修正,整个世博会成本约在300亿元。

而在收入方面,将主要由门票收入、赞助和特许产品的销售构成。目前,这三大主要项目带来的收入,或已经超过了整个世博园区内的建设费用和运营费用。

首先是门票收入。上海世博局宣布,到8月14日为止,上海世博会游客总人数突破4 000万人次。以160元一张门票的官方价格来计算,仅门票就为世博带来了64亿元的收入。

其次,赞助费用在世博会开始之后就不再变化。上海世博局一位市场部人士告诉记者,这一项收入被定格在70亿元。

第三项是世博特许商品的销售。据上海市商务委7月初的数据,全国31个省区市5 500多个世博特许商品销售店的总销售额已达到215亿元,提前数月完成了原定的销售目标。综上,世博收入迄今或已超过300亿元。

一位世博局知情人士向记者表示,"由于特许商品种类繁多,利润率不一,且特许商品的收入各方还要再分摊。因此很难准确给出一个具体的利润率。不过,应该还是很可观的。"

官方的预测是,本届世博会游客将达到7 000万人次、世博特许商品营销收入将达到200亿元。而今,世博特许商品销售早已突破200亿元大关,同时,截至目前,世博参观人次每天平均为37.7万,如果按照184天的世博总天数来计算,最终世博参观总人次将约等于预期的7 000万人次的目标。在依然有两个月的情况下,上海世博会赢利已无悬念。

分析:为办好世博会,早在2009年3月,组委会就制订了财务预算,在后续活动中,世博会在保证成功的基础之上例行节约,最终超越了之前提出的"持平,不赔不赚"的财务目标,获得了赢利。世博会的赢利告诉大家在庆典活动中要加强财务管理,通过多种方式筹措经费,做好开源节流。

图 3-1　世博会门票

图 3-2　世博会特许商品

3.1　庆典财务管理的基本概念

庆典活动的运行需要大量的资金,这就要求庆典活动组织者一方面要有较强的经济实力,保证有充足的资金经营庆典活动,另一方面需要对庆典活动资金的筹集、投放和分配等进行有效的管理。

3.1.1　庆典财务管理的基本概念

庆典财务管理是利用价值形式对庆典财务活动的管理。庆典财务管理的本质就是对庆典资金的管理,其主要内容是研究庆典运作时资金活动的过程及其规律。庆典资金活动主要包括筹集资金、运用和分配资金。庆典要努力开辟资金渠道,合理分配和使用资金,在资金管理方面保证庆典获取成功。

3.1.2　庆典的财务目标

在庆典的策划准备阶段,必须制订庆典财务目标,庆典财务目标是指庆典主办方组织财务活动,处理财务关系所要达到的最终目的。庆典财务目标分为营利性和非营利性两种。目前,在我国举办的大多数庆典一般都不是纯粹的商业活动,财务目标大都是非营利性的,因此,厉行节约,从严控制经费支出,这也应该是目前我国举办的大多数庆典的财务目标。由于庆典的财务目标是非营利性的,许多庆典甚至做不到收支平衡,需要考虑从其他渠道获取一些庆典经费,才能保证庆典的顺利召开。

3.1.3 庆典财务经费管理

在庆典策划与准备阶段,成立相应的庆典组织机构,明确人员组织与分工,往往要确定一位庆典领导人负责庆典全部支出,他要非常熟悉庆典的预算,明确每一项支出的标准和使用的权限和范围,得不到他的批准将不得进行任何支出,实行"一支笔"签字的原则。这位领导人通常是由庆典组织机构的负责人担任。在庆典财务经费管理过程中,一般不能轻易改变财务管理的授权人和其权限范围,不能轻易改变授权人的财务决定,以免引起混乱。但在实际筹备过程中,有时也会出现不能严格按照庆典预算的标准进行支出的项目,遇到这种情况时要有充分的理由,并经庆典组织委员会或庆典最高领导机构批准,集体决策,防止出现一个人说了算的现象。

3.1.4 庆典财务预测

庆典财务管理中很重要的内容是庆典财务预测。庆典主办者要依据庆典活动的客观发展规律,利用已经掌握的财务知识和手段,对庆典未来的财务状况作出推测和判断,保证顺利实现庆典财务管理的最终目标。根据预测得到的数据编织庆典财务预算。庆典财务预测是编制庆典预算的基础,其基本方法是依靠知识、经验和综合分析能力来判断未来庆典可能出现的财务状况,运用过去和现在的大量的庆典资料作定量化分析,把定性转化为定量信息,作为判断的手段。经常采用的具体手段有专家调查法、报表调查法、历史类比法和集合意见法等。

预测的基本内容包括:

1) 庆典规模的预测

庆典预算是以庆典规模,也就是参加庆典的人数为最主要数据编制的。在庆典筹备初期,庆典人数带有很大的不确定性,给编制庆典预算带来了很大的难度,就只能根据财务预测的各种基本原理预测出庆典规模这个最基本的数据。可采用历史类比法对数据进行判断,估算出本届庆典的人数。一般可参考前三届庆典的人数,推算出本届的庆典代表人数。

2) 庆典固定支出的预测

庆典支出分为两类:固定支出和可变支出。固定支出是不随庆典人数的变化而变化的支出,即使将来庆典的实际收入少于预期收入,通常固定支出也不会有很大的变动。例如,庆典早期筹备时最多的固定支出是印刷和邮寄费,都是在庆典举行之前就发生,和庆典人数没有直接关系。庆典的可变支出是会随着庆典人数的变化而变化,例如,庆典期间的餐费。在对庆典规模进行预测之后,应尽快根据预测的数据对庆典固定支出进行预测。由于庆典的许多固定支出都是在庆典筹备的前期,需要由庆典的启动资金支出。因此,预测出庆典固定支出的金额对筹集庆典启动资金也有指导意义。

3)庆典收入的预测

庆典活动的某些收入,在不同的庆典中会有很大的差别。例如,国际庆典收入中的旅游收入、赞助费也是庆典的主要收入,许多庆典的盈亏最终取决于赞助费的多少。因此,对赞助费的预测也是至关紧要。

3.2　编制庆典预算

3.2.1　编制庆典预算

在庆典财务预测的基础上,编制庆典预算能够提供出一个定量的庆典财务计划,既反映出庆典固定支出和可变支出是多少,也估算了庆典收入是多少,通过预算还可以清楚地了解庆典启动资金需要的金额,避免出现由于启动资金不足而影响了庆典的正常筹备。同时庆典预算要经过庆典组织结构和领导的审核通过后,方可执行。庆典预算主要是由庆典收入和支出两部分组成。

3.2.2　庆典收入

庆典活动由于通常不以赢利为目的,主办者只要把预算额全部合理支出即可。收入项目的管理,能够帮助组织者冲销费用,对整个庆典活动进行全面把握。收入项目主要有:

1)主办单位的自有资金

庆典活动是单位的一种自主行为,所以活动费用需要主办单位从本单位自有资金中进行开支。

2）社会捐款

如校庆中往往友邻单位、校友会等会对校庆方进行捐款以示祝贺。

3）广告、赞助

广告、赞助收入是庆典筹备资金的一项重要来源，庆典主办方要通过各种渠道使相关行业的企业了解庆典情况，邀请其参加，对知名、大型企业要特别关注，以争取它们对庆典赞助和在活动中投放广告。

3.2.3　庆典支出

通常而言，庆典支出包括以下几个方面：

1）交通费用

交通费用可以细分为：庆典活动期间的交通费（包括住宿地至庆典场地的交通、庆典场地到餐饮地的交通、考察交通以及其他可能使用的预定交通费用）；接送来宾交通费用（机场、车站接至住宿地以及返程）。

2）场地、设施租用费用

庆典活动场地、设施租用费用可细分为：庆典场地租金（如桌椅、音响、主席台等）；庆典设施租赁费用（如投影仪、笔记本电脑、同声翻译系统、摄录设备等）；其他支持费用（礼仪、秘书服务、运输与保管、娱乐保健、媒介等），当然如果主办方实用自己的场地、设施则可省下不少的费用。

3）住宿费用

如果庆典活动来宾的住宿费由庆典组织方来承担的话，住宿费可能是主要的开支之一，正常的住宿费除与酒店星级标准、房型等因素有关以外，还与客房内开放的服务项目有关，如长途通信、洗换、互联网、水果提供等服务，庆典承办方应明确酒店应当关闭或开放的服务项目及范围。

4）餐饮费用

主要包括以下几种：

（1）早餐

通常是自助餐,当然也可以采取围桌式就餐,费用按人数计算即可。

（2）午餐及晚餐

可以采取人数预算的自助餐形式或按桌预算的围桌式形式。如果主办方希望自带酒水的话,餐馆可能会收取一定的服务费。

（3）酒水及服务费

按照惯例,晚餐往往需准备相应的酒水,高级宾馆,一般是谢绝自带酒水的,如允许自带,通常在基本消费水准的基础上加收 15% 左右的服务费。酒水可使用本地产的,既体现了特色,又经济实惠。

（4）茶歇

一些庆典活动会包含相应的会议,有必要准备茶歇,此项费用基本是按照人数预算的。通常情况下,茶歇的种类可分为中式和西式两种:中式的以水果、点心、咖啡为主,西式以咖啡、西式点心、水果为主。

5）庆典纪念品

庆典往往都会为来宾准备纪念品,纪念品的选择要与庆典主题相关,同时体现当地特点,费用一般不宜太高,但一定要有纪念意义。

【知识链接3-1】 礼品的选择

会议、庆典活动礼品除既要经济实惠又有纪念意义外,不同的会议类型应该选择不同的礼品:

1. 庆典会议和表彰会议

选择标准:保存时间长,适合在桌子上或墙上进行陈列,有一定的价值或使用价值,最好有一定的象征与关联意义。

建议:有象征意义的奖杯或奖台,金质或银质纪念币,有一定象征意义适合桌子上摆设的工艺品,高档的饮水杯,金箔画等。

2. 重要培训、交流、总结的会议

选择标准:以有实用价值,使用时间长,会议参加者喜欢为主要标准,合适的书写、文化用品也是一种选择。

建议:ZIPO 打火机,瑞士军刀,777 美容套装,派克笔,电磁炉,电热水壶,名牌旅行包等。

3. 以福利、节假日慰问为主要目的的会议

选择标准:有一定价值,适合家庭和个人使用,最好是家庭和个人需要而没有的耐用礼品。

建议:家庭药箱,家庭工具箱,空气加湿器(北方冬天适合),电子体温计,ZIPO 打火机,瑞士军刀,777 美容套装,电磁炉,健康体重秤,电热水壶等。

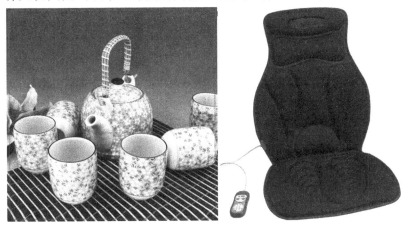

图 3-3　礼品组图:实用的茶具、按摩靠垫

6) 工作人员劳务费

为方便来宾,许多庆典活动往往会选择节假日举行,可参照劳动法关于加班的报酬标准给工作人员发放一定的劳务费。

7) 预计外支出

这是指庆典过程中一些临时性安排产生的费用,包括各类文秘、礼仪、司仪、勤杂、临时采购、临时司乘、向导打印、临时运输及装卸、临时道具、传真及其他通信、快递服务、临时保健、翻译、临时商务用车、汇兑、会议过程中的点心、水果及调制色酒等。这些服务通常是临时或者按时提供的,这些费用的预算很难计划,在预算时通常按类别笼统计算,也可以按不可预计费用或者按其他类别计算。

作为庆典活动的组织者,庆典场地租用费、来宾住宿费、餐饮费是主要的开支,因此在预订时要注意:场地租用费如何计算,是否有淡季折扣,工作日和双休日是否有区别,是否需要押金,有哪些附加费用,客房的价格是否稳定,是否有免费使用的房间,是否可以用信用卡,是否要求保险。同时在安排就餐时尽

量落实人数,坐满(桌餐每座 10 人),以免造成浪费。预算要列明开支项目、预算额、实际开支额。细致周密的预算可以提高工作质量和效益并成为以后举办类似活动的参照样本。

案例分析 3-1　　2004 年职业教育国际研讨会(昆明)费用预算

根据中德五个主办单位(机构)关于召开 2004 年职业教育国际研讨会(昆明)筹备工作会的精神和确定的有关原则,承办方昆明×××专科学校对会议场所及其费用进行了勘查和测算,初步意见会议:地点拟订昆明世博花园酒店(该酒店为四星级宾馆,位于昆明市北区,紧邻世博园,交通便利,与昆明同等级宾馆相比,各种收费偏低,标准间 250 元/间,单人小商务房 220 元/间,服务周到、热情),会议费用预算如下:

一、会议室租用费:

1.5 月 12 日全天大会,大会议室 1 个 2 000 元;

2.5 月 13 日全天分会场,中会议室 5 个,5×800 元=4 000 元;

3.5 月 14 日半天大会,大会议室 1 个,2 000 元;

4. 多媒体投影服务,600 元/场×7 场=4 200 元;

5. 同声翻译服务,300 元/人·天×10 人×1 天=3 000 元。

以上五项小计为:15 200 元。

二、住宿费(会议接待特邀嘉宾费用,其余代表自费)

250 元/标准套·人·天×20 人×4 天=20 000 元。

三、餐费

1. 开幕式酒会:50 元/人×250 人=12 500 元;

2. 会间午、晚餐:60 元/人·天×250 人×2.5 天=37 500 元;

3. 会间茶点:20 元/人·次×5 次×180 人(优惠人数)=18 000 元。

以上四项小计为:68 000 元。

四、车辆租用费:(机场接送、市区用车)40 元/人×250 人=10 000 元。

五、资料费:(会议代表所用通讯录、笔、本、包、胸牌等)40 元/人×250 人=10 000 元。

六、宣传费(邀请媒体报道等)2 000 元。

七、代表合影照相费:30 元/人×250 人=7 500 元。

八、不可预计费:132 700 元×10%=13 270 元。

以上费用合计 145 970 元(不含论文集编印费),请审核。

昆明××××专科学校

二〇〇四年三月二十五日

分析:费用预算要按照筹备工作会的精神和原则来确定,要尽量做到详细、周全,在预算中还需酌情预留不可预算费用。

3.2.4　庆典预算的组成

庆典预算主要是由庆典收入和支出两部分组成,支出部分又分为固定支出和可变支出两大部分。固定支出和可变支出两者之间并没有一个统一的划分标准,只要便于在今后的庆典筹备中能够随时掌握和调整庆典预算即可。庆典财务预测提供了编制预算的许多关键数据,根据庆典举办地的各种价格和庆典的主要支出的项目就能很容易地编制庆典预算。

表 3-1　庆典预算

序号	项　目	预算金额	实际金额
1	主办方财政补贴		
2	社会捐助		
3	广告、赞助		
4	其他		
收入合计			

序号	支出	项　目	预算金额	实际金额
1		场地、设施租用费		
2	固定支出	基本办公费用		
3		特邀报告人费用		
4		工作人员劳务费用		
5		庆典纪念品费用		

续表

序号	支出	项　目	预算金额	实际金额
6	可变支出	餐饮费		
7		印刷费		
8		邮寄费		
9		住宿费		
10		代表用品		
11		交通租车费		
支出合计				

3.3　庆典资金管理

由于庆典财务管理的核心问题就是对庆典资金的管理,在庆典运作的过程中,既包括资金的流入活动,也包括资金的流出活动。分析资金流入活动的特点,掌握资金流入活动的规律,使得在庆典运作的各个阶段,都能够保证有充足的资金使用。

3.3.1　筹集庆典启动资金

筹集庆典启动资金是庆典全部资金活动的第一个阶段,也是最重要的阶段,正所谓"万事开头难"。从庆典最初酝酿和策划时就开始有了资金支出,在较长的庆典筹备期间,必须要寻求到筹备庆典的启动资金。根据庆典规模的大小不等,需要的启动资金也相差很大,举办中小型庆典时,几万元的启动资金就很容易解决。如果庆典规模达到过千人,筹备时间半年以上,整个筹备期间要使用几十万元甚至上百万元的启动资金,能否筹集到这样大量的启动资金将是庆典能否顺利进行筹备的首要问题了。

1) 筹集庆典启动资金的原则

筹集庆典启动资金应当遵循下列原则:

（1）满足筹备工作的需要

满足庆典筹备工作的需要是筹集庆典启动资金的重要原则。启动资金数额不足会影响庆典的筹备；而启动资金筹集的过多，超出筹备活动的需要也会造成资金的浪费。满足庆典筹备资金除了有数量的需求，还有资金供应的时间问题。因此，什么时间供应多少资金是决定资金筹集的前提条件。

（2）选择资金成本低的筹资渠道

举办庆典除了使用单位的自有资金外，从其他渠道筹集的资金都是要求有一定回报。庆典要选择回报率低的资金使用，通常庆典筹备资金少，使用的时间短，借用行政事业费则是最好的资金筹措渠道；但是如果使用资金多，几十万元甚至上百万元，庆典的筹备时间又相对较长，最好的方式就是选择专业庆典管理机构合作来解决资金问题。

2）筹集庆典启动资金的渠道

目前在我国举办庆典时，庆典启动资金通常从下列渠道筹集。

（1）行政事业费

若庆典规模不大，筹备期间垫支经费不多的情况下，可向所在的主管单位提出申请，经批准后主办单位用行政事业费垫支，待庆典结束后偿还即可。目前，在我国举办的大多数庆典都是采取这种方法解决庆典启动资金的。

（2）专业庆典管理机构垫支

若是筹备几千人的大型庆典，一般都会选择一个专业庆典管理机构来承办庆典。在选择专业庆典管理机构的一个重要条件就是资金垫支能力。当然垫支的金额、用途、使用方式和还款的时间，双方都要经过认真的商谈，并要签订书面合同。专业庆典管理机构可以给庆典在整个筹备期间提供充足的启动资金，通常不计利息，因而在举办大型国际庆典时，是首选的集资方式。

（3）企业的自有资金

目前，企业举办的各种庆典，包括客户联谊会、产品介绍会、技术座谈会以及表彰奖励等方面的庆典使用的资金，主要是来自企业的自有资金，是从企业税后利润中提取的。

（4）企业的资助

庆典的启动资金也可选择企业赞助的方式。但这种方式比较适合于筹备期比较短的庆典，很难想象一个企业在五六年前就开始给某一个庆典提供大量的赞助。目前,在我国许多医学方面的庆典经常采用这种方式获取庆典启动资金。

(5)银行贷款

国外许多庆典选择向银行贷款的方式解决庆典的启动资金。由于是商业贷,将来还款时要支付一部分利息。目前,在我国这种方式还不太普遍。

3.3.2 庆典收入管理

在庆典临近召开的前几个月中,是庆典收入的主要阶段,在这期间庆典收到全部或部分收入。这就涉及庆典收入的管理问题。庆典收入的构成主要由:主办单位拨款的收入、社会捐助的收入、广告赞助费的收入和其他收入构成。

除主办单位拨款的收入能及时到位外,其他收入都存在较大的变数,如广告赞助费的收入,因为通常能为庆典提供赞助费的企业规模较大,企业机构管理层次相当复杂,因此需要反复催促,赞助款项才能到位。

3.4 庆典的成本控制

举办一个庆典可以简单地分为两大部分,前半部分是庆典的筹备阶段,后半部分是庆典的举行阶段。在这两个阶段中,对成本的控制内容也不完全相同。

3.4.1 筹备期间的成本控制

筹备期间发生的成本主要都是庆典的固定支出,因而这一期间的成本控制也主要表现在对固定支出的控制。在漫长的庆典筹备期间,支持庆典能够顺利筹备的经费只有庆典启动资金。因此,对启动资金的支出必须要严格控制,尽量降低庆典成本是庆典财务管理的工作重点。筹备期间产生的庆典成本有礼品费用、活动费用(印刷费、邮寄费等)、人工费用和管理费用,财务管理人员要与庆典工作人员密切配合,开拓思路、积极尝试,尽量控制和减少印刷和邮寄费用来降低庆典成本。

3.4.2 举行期间的成本控制

庆典举行期间的资金支出的比重最大,占到了庆典总资金支出的70%左右。许多庆典在运作过程中,在庆典筹备期对资金支出控制得非常严格,而到了庆典召开期间,由于各个方面的事物繁杂,往往开始忽视庆典财务的管理,缺乏必要的成本控制,庆典结束后才发现白白浪费了许多资金。在庆典举行期间,特别是大型庆典举行期间只要对某些项目稍加留意,几万元甚至十几万元的经费就会被节省。庆典期间的支出是以可变支出为主,支出是与人数成正比的,由于各种原因在庆典期间举办的各种活动,人数变化大多数是遵循递减的规律,即实际参加活动的人数总是会比预定的人数减少一些,庆典财务管理人员要有强烈的责任心和预见性,根据以往的庆典运作的实际经验,及时作出调整,这是实行成本控制最好的途径。以下是最有可能调整的几个项目:

1)餐饮费

餐饮费是庆典举行期间一项最大的支出,通常占到庆典总支出的30%。餐饮费又是庆典可变支出的主要部分,庆典期间餐饮费的成本控制是最重要的环节。

(1)闭幕宴会

通常闭幕宴会是安排在庆典的最后一天。许多代表由于各种原因可能会提前离会;为表示谢意而邀请的主管部门领导和合作机构的负责人通常也不会前来参加这种宴会,因此一定要作好参加人数的判断,避免出现浪费。

(2)茶歇和午餐

由于庆典遵循递减的规律,即参会的人数一般会越来越少,参加下午庆典的人数会比参加上午庆典的人数少一些;参加分组会的人数比参加大报告会的人数又要少一些。根据这种规律可适当对每次茶歇和午餐的预定人数也递减。

2)会场和设备

庆典举行期间由于参加庆典的人数越来越少,对会场和设备的及时调控也是成本控制的一项措施。

(1)会场的调整

由于每天参加庆典人数的递减,有时庆典还要将原预订的大会场改为小会场,或将原预定的比较多的分会场减少几个,这样的做法并不仅仅只是为了减少一些开支,主要是也要考虑到交流的效果,试想一个很大的会场只有几个人开会气氛是不会很好的。

（2）影像设备

为了增加庆典的交流效果,庆典经常会使用大量的影像设备,包括多媒体投影仪、光学投影仪、幻灯机和录像机。具体到某一个环节到底需要选择哪些影像设备需要认真地加以调查研究,选择不当也将会造成浪费。

3）工作人员的管理

庆典业界人士经常会感到在庆典召开最初的两三天内,有多少工作人员也不够用,但是随着开幕式等重要活动完成后,对工作人员的需要就会越来越少。庆典要根据实际情况不断减少庆典工作人员,这样可以有效地减少人员成本;庆典也要尽量不安排工作人员的住宿,因为交通费比房费要便宜得多。庆典日程要安排紧凑,进驻时间和撤离时间尽可能压缩,这都是减少工作人员和租用办公室费用的经验。

当然,庆典期间的控制成本还有许多办法,庆典组织者要有责任心,要善于总结经验。如果各个项目的成本都能做到良好的控制,可节省10%左右的庆典经费。

3.5 庆典赞助

庆典的主要收入来源于主办单位的财政投入,而庆典的企业赞助往往可弥补庆典经费的不足,庆典主办者应该对赞助给予高度重视,并安排专人负责。寻求庆典赞助的方式多种多样,有的品牌庆典或影响力较大的庆典,自然会有赞助商找上门主动要求赞助,而大多数庆典需要主办单位主动通过各方面的资源寻找赞助商。

案例分析 3-2 北京 2008 年奥运会赞助企业名单

北京 2008 年奥运会共有 63 家赞助企业,分为五个类别,分别是奥运会全球合作伙伴（12 个）、奥运会合作伙伴（11 个）、奥运会赞助商（10 个）、奥运会独家供应商（15 个）、奥运会供应商（15 个）。

北京 2008 年奥运会全球合作伙伴有可口可乐、Atos Origin、GE、强生、柯达、联想、Manulife、麦当劳、欧米茄、Panasonic、三星以及 VISA。

北京 2008 年奥运会合作伙伴有中国银行、中国网通、中国石化、中国石油、中国移动、大众汽车、adidas、强生、中国国际航空公司、中国人保财险和国家电网。

北京 2008 年奥运会赞助商有 UPS、Haier、百威啤酒、搜狐、伊利、青岛啤酒、燕京啤酒、必和必拓、恒源祥、统一方便面。

北京 2008 年奥运会独家供应商有长城葡萄酒、金龙鱼、歌华特玛捷票务有限公司、梦娜、贝发文具、华帝、亚都、士力架巧克力、千喜鹤、思念食品、Techno-gym（泰诺建）、皇朝家私、Staples（史泰博）、Aggreko、SCHENKER。

北京 2008 年奥运会供应商有泰山、英孚、爱国者理想飞扬、水晶石科技、元培翻译、奥康、立白、普华永道、大运、首都信息、优派克、微软（中国）、国誉、新奥特、盟多。

世界上最大的电梯制造商奥的斯，虽然不是奥运会的赞助商，但是可以看成是一个隐性技术提供商，截至去年年底，这家美国企业已经签订了总价值超过 1 亿美元的奥运生意，其中包括北京新地铁站内的自动扶梯和电梯设备。正如奥的斯 CEO 鲍斯比勃所说，奥运会只是中国长期发展和公司 25 年远景规划的序幕而已。

分析：北京奥运会赞助收入约为 1.5 亿美元，仅次于电视转播收入成为第二大收入。

3.5.1　庆典赞助的方式

赞助形式分为经费赞助和项目赞助两大类。

1）经费赞助

经费赞助是指企业赞助庆典一笔固定的费用，但不用指明费用的具体用途，由庆典组织者全权支配。根据庆典可能获得赞助的具体情况，可确定固定赞助费用的金额，有时还可设置不同金额的赞助标准，根据赞助费用的多少，分别命名为金、银和铜牌的赞助或钻石级、白金级、黄金级、最佳等荣誉称号。作为对赞助企业的回报，庆典主办方要在庆典的筹备和举办期间，提供给赞助企业各种活动机会，来宣传他们的产品，扩大企业的影响，如庆典期间作新技术报告、演讲、提供免费展台、提供专业资料在会上散发等。

2）项目赞助

项目赞助是指企业对庆典的某项活动或庆典的某个用品提供专项的赞助。赞助的庆典活动可以包括庆典的开幕式、招待会、文艺演出以及宴会等主要活动，赞助金额既可以是该活动的全部费用，也可以是部分费用。所赞助的活动可以冠以赞助企业的名称命名，列入××之夜或××活动等。赞助庆典的某项用品包括庆典的资料包、庆典论文集、参会指南等，甚至是庆典使用的圆珠笔、饮料等。赞助的形式既可以是费用的赞助，也可以是实物的赞助，不管是哪种形式，赞助商都可以将自己的企业名称印制其上，宣传和扩大企业的影响力。

案例分析3-3　　2006中俄贸易与投资洽谈会赞助计划

赞助标准：

钻石级赞助商（仅限一家）：赞助伍拾（50）万元人民币

白金级赞助商（仅限二家）：赞助叁拾（30）万元人民币

黄金级赞助商（仅限三家）：赞助贰拾（20）万元人民币

协办支持单位（仅限十家）：赞助壹拾（10）万元人民币

其他合作另行商议

钻石级赞助商主要权益

项目说明：本次大会"钻石赞助商"

获益说明：

1. 在大会相关媒体（包括平面媒体、电视媒体、网络媒体的硬性广告及宣传报道）报道（软性宣传和硬性广告）显要位置出现赞助单位名称及logo；

2. 可获得10位以上的参会名额，大会所设展位位置优先挑选，并提供标准展位（3 m×2 m）两个；

3. 获赠2个页面的《2006中俄贸易与投资洽谈会》会刊广告（其中有一个封底）；

4. 可获赠《2006中俄贸易与投资洽谈会企业信息会刊》50本，峰会组委会可按其要求定向发行；

5. 可获得5位赴俄罗斯商务考察名额；

6. 钻石赞助商高层领导可作为组委会执行主席身份参加活动，并安排在峰会开幕式上致辞3~5分钟；

7. 公司领导优先被介绍给峰会的重要嘉宾，优先享受庆典提供的各种重要资源，优先利用庆典创造的各种商机；

8. 庆典背版显要位置显示赞助商名称,并资料袋上印有企业名称或标识;

9. 茶歇期间播放企业宣传片不少于 10 分钟。

赞助金额:50 万元人民币

赞助名额:1 名

白金级赞助商主要权益

项目说明:本届大会的"白金级赞助商"

获益说明:

1. 白金赞助商名称在庆典签到处、自助晚宴、大会演讲台、庆典的背景板显著位置出现,版标面积 15 cm×5 cm,并在上述位置摆放易拉宝广告;

2. 获赠 2 个页面的《2006 中俄贸易与投资洽谈会》会刊广告;

3. 白金级赞助商高层领导安排在峰会上演讲 30 分钟;

4. 茶歇期间播放企业宣传片不少于 5 分钟;

5. 可获得 3 名赴俄经贸交流考察名额;

6. 提供标准展位(3 m×2 m)两个;

7. 公司领导优先被推介给大会的重要嘉宾,优先享受峰会提供的各种重要资源,优先利用峰会创造的各种商机;

8. 在大会对俄的相关媒体报道(软性宣传和硬性广告)显要位置出现赞助单位名称及 logo;

9. 庆典背版显要位置显示赞助商名称。

赞助金额:30 万元人民币

赞助名额:仅限两家

黄金级赞助商主要权益

项目说明:本届大会的"黄金级赞助商"

获益说明:

1. 可获赠《2006 中俄贸易与投资洽谈会会刊》20 本,庆典组委会可按其要求定向发行;

2. 免费获得 5 名参会人员名额;

3. 公司领导优先被推介给大会的重要嘉宾,优先享受峰会提供的各种重要资源,优先利用峰会创造的各种商机;

4. 可获得 2 名赴俄经贸交流考察名额;

5. 公司成为中俄经贸交流俱乐部战略伙伴和调研基地;

6. 提供标准展位(3 m×2 m)两个;

7. 庆典背版显要位置显示赞助商名称,并资料袋上印有企业名称或标识。

赞助金额:20 万人民币

赞助名额:仅限三家

协办支持单位主要权益

赞助说明:本次大会"协办支持单位"

获益说明:

1. 庆典的背景板显著位置出现协办单位名称;

2. 单位或公司材料优先发放在显要位置;

3. 可以获得40名参会的名额;

4. 单位或公司领导可在大会主题论坛演讲3~5分钟;

5. 庆典背版显要位置显示赞助商名称;

6. 提供标准展位(3 m×2 m)三个。

赞助金额:拾万元人民币

赞助名额:仅限十家

附录一:实物赞助单位种类

酒　店:大酒店

服　装:大会指定专用服装

汽　车:大会指定专用车

交　通:航空公司特别赞助

食　品:大会指定专用红酒等

饮　料:大会指定专用矿泉水等

摄影器材:照相机、数码相机、数码打印机、数码摄像机、胶卷、电池

大会礼品:名表、酒、香水、雪茄、太阳镜、会员卡、旅游、手机、MP3等

大会组委会联系方式:

我们诚邀贵公司参与本次大会赞助,请对以上赞助项目予以确认。具体合作事宜,请联系大会组委会,谢谢!

"2006中俄贸易与投资洽谈会"组委会联系方式:

电　话:××××××××××××

传　真:××××××××××××

电子邮件:××××× @ sohu.com

联系人:×××

分析:本次庆典是一次双边的国际性的研讨庆典,庆典的档次和级别较高。在整个赞助计划中,对不同庆典赞助项目等级、种类和内容作了清楚的说明,唯一不足之处是对于赞助企业未有明确的时间要求,这不利于鼓励赞助企业在一定时间内进行分析、判断,与主办者取得联系。

3.5.2 落实赞助项目

当庆典主办方与庆典赞助企业签订赞助合同后,作为庆典的主办者,除了按合同规定的时间收取赞助款,同时也需要主办方落实企业赞助项目,避免在庆典进行中出现纠纷。

1)落实赞助企业,刊登相关信息

一般而言,赞助企业的信息会刊登在庆典刊物上,而庆典刊物的印刷都需要一定的时间,不能拖期,但是经常由于赞助企业的广告内容迟迟不能按时提交,致使整个刊物的印刷都会被延期,出现这种现象的原因经常是由于赞助企业内部沟通的问题,因而庆典的工作人员要提前落实。

2)落实免费人员的名单

要求赞助企业按期提交享受庆典正式代表全部待遇的人员名单也是一件不容易做的工作,这些人员有的是赞助企业本身的工作人员,有的是赞助企业要请的客户,名单经常变来变去。因此,尽快落实名单有利于庆典接待工作顺利进行。

3)落实宣传资料

来宾到达庆典会场签到时,庆典的工作人员要为赞助企业免费发放他们的宣传材料,一般都是要求赞助企业在规定的时间送到规定的地点,同时也需要庆典的工作人员不断地重复提醒。

4)落实实物赞助

实物赞助包括两种情况。第一种是由赞助单位制作,在规定时间送到指定地点。一定要注意的是赞助实物上印制的庆典名称、时间和地点不能出现错误,否则很难有时间重新制作;同时也要求庆典赞助企业一定要按时送交,对于这两点,庆典工作人员要不断提醒。第二种情况是赞助单位委托庆典主办方制作,问题就简单多了,只要双方与制造商共同商谈后,确定基本的款式、价格和数量,赞助企业直接付款给制造商,制造商将物品直接提供给庆典主办方。

5)落实其他的赞助活动

在庆典进行的过程中,根据赞助合同,赞助企业可能安排了其他活动,要求庆典主办方协助完成,作为主办方要积极协助,使赞助承诺得以顺利履行,如相关推介活动、技术研讨等。

3.5.3　对赞助企业的感谢

赞助企业是在庆典经费最困难的时候向庆典提供经费支持,同时许多庆典也是由于有了赞助费用才能保证庆典不会出现亏损。因此,庆典要努力创造尽可能多的机会来表示对赞助企业的感谢。

1) 庆典文件

通常在庆典的所有主要文件上刊登对赞助企业的感谢,这些文件包括庆典邀请书、庆典程序手册、庆典指南以及庆典的专刊等,可将全部赞助企业列出,按赞助金额的多少排序,一般刊登在封三或封底的位置。

图 3-4　第八届世界华人保险大会刊发赞助企业名单

2) 会场内外

可在庆典主要入口处搭建展板,在上面列出所有赞助单位进行感谢。有的庆典将主要赞助单位的徽标印制在大会会场主席台上的背景版上,达到了进一步增强感谢的效果。

3）庆典活动

可以利用开幕式、开幕招待会、闭幕式或闭幕宴会等庆典活动的机会,由庆典活动机构的主要领导进行口头答谢。

4）颁发纪念品

对于主要赞助者还可以颁发纪念品,庆典组织者可根据庆典涉及的领域和主题制作有特殊意义的纪念品。

复习思考题

1. 在庆典财务管理中,控制庆典成本主要从哪几个方面入手?
2. 庆典财务预测中,庆典主办者主要完成哪些内容的预测?
3. 对赞助企业有哪些方式?

第2编　庆典活动准备

第4章
庆典文案准备

【本章导读】

庆典文案的准备是主办单位礼仪形象的体现，是庆典活动成功举办的必要条件。本章主要介绍了根据庆典的实际需要，在庆典前拟写、制订、下发庆典通知、请柬、文件及各种相关的庆典证件、表单等，以保证庆典活动的顺利进行。

【关键词汇】

庆典通知　庆典请柬　庆典文件　证件　拟订下发

【引例】

（1）请柬引出的问题

某单位为销售额突破百万元举行庆功联谊会,给一些兄弟公司发送了请柬,邀请大家参加,并准备了精美的礼品,用来感谢平时对自己公司的帮助。结果有些公司没有参加,活动不太成功。公司主要领导很困惑,经和有关人士接触,方知所送请柬有问题。

分析:此请柬存在两个问题:①落款时间用阿拉伯数字写,中间用顿号来代替年、月、日的汉字,给人以活动不正式、主人本身就不够重视的感觉;②请柬中的事由没有表示清楚,使人误以为是该公司的内部活动,别人可有可无,当然就不肯应邀前来了。所以写请柬一定要庄重而诚恳。

（2）一字之改见真情

著名的大数学家苏步青先生收到邀请出席某位教授教学五十年纪念会的函件,因为工作繁忙,实在没有时间赴会,于是请秘书拟一份谢绝电文。秘书起草的电文是:"欣闻某某先生教学五十周年纪念会召开,特驰电祝贺。因事不能前往,请谅解。"苏先生修改为:"欣闻某某先生教学五十周年纪念会召开,特驰电祝贺。因事未能躬临盛会为歉。"

分析:苏先生将"因事不能"改成"未能",体现了本来想去,但未能如愿的心情;将"请谅解"改成"为歉",就由要求对方原谅理解变成了自己向对方致歉。几个字的修改,表现了苏步青先生敬人谦己的社交原则理念。

4.1 庆典通知准备

一旦庆典时间、地点、人员确定,筹备人员就需要做周密的准备工作。参加庆典人员确定之后,便要拟发庆典通知。

4.1.1 庆典通知的概念及作用

通知是一种在实际生活和工作中应用范围极为广泛的公文。通知是上级对下级、组织对成员或平行单位之间部署工作、传达事情或召开会议等所使用的应用文书。庆典通知是向参加者传递庆典信息的载体,是庆典组织者和参加者沟通的重要渠道。庆典通知的作用:

①传递有关庆典信息,以便参加者做好充分的准备。

②收集信息,进一步完善庆典方案。

③向庆典组织者反馈参加者的有关信息,如姓名、职务、人数等,为接待工作作准备。

4.1.2 庆典通知的特点

1)适用范围的广泛性

在所有的公文中,庆典通知的适用范围最为广泛,上至高层机关,下至基层单位都可以用通知行文。

2)文种使用的晓谕性

庆典通知总是有所告晓,有所要求,即包括"晓"和"谕"两重功用,或告诉人有关事项,或要求办理,遵守执行。

3)知照事项的时间性

在所有公文中,庆典通知的时间性最强,告知事项或要求办理的事情,往往都有很强的时间要求。

4)发布形式的灵活性

庆典通知可以以文件的形式发布,也可以在报纸、广播、电视等媒体上发布,发布形式灵活而多样。

4.1.3 庆典通知的内容

①写明庆典名称,庆典的目的,并将庆典日程、内容一一列举附在后面;

②写明庆典组织单位,报到时间、地点等;

③写明庆典期限,庆典时间(最好能精确到分)、地点(具体到哪个房间)、要求等;

④写明应做准备事项,包括人和物品及相关资料准备等;

⑤其他参加者的名单,包括姓名,联系方式等。

庆典通知须经庆典负责人批准后方可发出。

4.1.4 庆典通知的写作格式

庆典通知一般由标题、主送机关名称、正文、落款发文机关、日期组成。

1)标题

一般由(发文机关)+事项+文种三部分组成,有的根据具体情况写明"联合通知""重要通知"等。

2)主送机关名称

庆典通知的正文,开头是受文单位,顶格列出;其次是发文目的;再次是通知事项。会议通知的具体事项可分条陈述。

3)正文

正文由以下几部分组成:

(1)前言

庆典目的。用"现就有关问题通知如下"过渡。

(2)主体

具体事项,包括会议的时间和地点、主要议题、出席对象及出席者要求、需携带的材料、联系方式等。

(3)结尾

提出要求。常用"特此通知"等惯用语(有时省去结尾)。正文要具体全面,要求以及其简短的文字写清通知事项。

4)落款发文机关、日期

庆典通知的内容是庆典前受文单位需要准备的事项,庆典的程序和内容不应列入,未列入的内容应在正文结束处用"将另行通知"字样交代清楚。如《登记表》《名额分配表》之类的附件材料,也应在正文中有所交代,附在通知后面。如果事情重大、时间紧迫,可发"紧急通知"。

案例分析4-1　关于举办全国少年儿童古筝教育学术交流活动的通知

各会员单位：

为了落实分会工作部署，交流少年儿童古筝教育经验，推动艺术教育事业发展，为弘扬民族文化作贡献，在有关单位的支持下，分会决定依托研修基地和江苏省扬州市有关单位，举办"全国少年儿童古筝教育学术交流活动"。现将具体事宜通知如下：

一、主办单位　中国教育学会少年儿童校外教育分会

江苏省扬州市广陵区人民政府

二、承办单位　中国教育学会少年儿童校外教育分会研修基地

江苏省教育学会校外教育专业委员会

江苏省扬州市广陵区教育局

江苏省扬州市少年宫

三、活动时间：

2009年8月21—24日

四、活动地点

江苏省扬州市

五、参与人员

（一）各少年宫、家、站、活动中心等校外教育机构从事古筝教学和研究的专业老师；

（二）各少年宫、家、站、活动中心等校外教育机构优秀学员代表；

（三）特邀国内有影响的古筝教育专家、演奏家。

六、活动内容

（一）专题论坛　请与会专业教师围绕新世纪少年儿童古筝教育、教学内容，尤其是校外教育阵地、古筝基础训练等议题，撰写2 000字以内的论文、教案交活动办公室。主办单位将邀请专家对论文和教案进行评比，为优秀论文和教案作者颁发获奖证书，还将选择有代表性的论文和教案分专题参加论坛。

（二）教学展示和交流　每位与会教师可带1～3名学员以1个节目的形式参加活动。主办单位将结合论坛，举办古筝教学成果展示活动，邀请专家对节目进行评比，并为节目表演者颁发获奖证书。

（三）专家讲座　主办单位邀请国内有影响的古筝教育和演奏专家作专题讲座。

七、参加办法

(一)全国少年儿童古筝教育学术交流活动由主办单位领导,承办单位成立活动办公室,具体负责实施工作。活动办公室设在江苏省扬州市少年宫。

(二)各单位可选派1~2名同志参加活动。请务必于2005年7月20日前向活动办公室报名,并将参评论文、教案和展示节目按要求报活动办公室。

(三)参加活动人员每人须交会议资料、食宿、活动交通等费用1 100元(未成年与会学员800元)。往返交通费自理。活动其他费用由承办单位负担。

附件

1. 全国少年儿童古筝教育学术交流活动日程安排(略)

2. 全国少年儿童古筝教育学术交流活动报名表(略)

联系方式:

地址:江苏省扬州市×××街×××号

邮编:225001

电话:(0514)××××××××

传真:(0514)××××××××

联络人:×××

电子邮件:××××@yahoo.com.cn

中国教育学会少年儿童校外教育分会秘书处

2009 年 4 月 25 日

分析:这是一则活动通知,在日常工作中经常使用。文中将活动的主办单位、活动时间、地点、内容、参与人员等相关事项逐项列出,并将活动日程安排、活动报名表以附件的形式一并发出,通知的内容清楚、明确,格式规范。

4.1.5 庆典通知的形式

庆典通知要求适当的提前发文。最好是在庆典前一个星期寄到参加者手中,在庆典前两三天设法再向参加者提醒庆典时间。常见的庆典通知主要有:口头通知、电话(传真)通知、书面通知、电子邮件。

1)口头通知

口头通知最突出的优点就是快捷、便利,适合于参加人员较少的小型庆典。

但口头通知是以声音为媒介进行的,不易保存;比较正式的庆典一般都不采取口头通知的方式。

2)电话(传真)通知

以电话(传真)为媒介传递信息,快捷、准确、到位。目前大多数庆典都采用这种方式通知。

3)书面通知

书面通知适合于大型庆典,是一种传统的方式。如果庆典所涉及的面广、人员多,那么最理想的方式就是书面通知。但书面通知在传递的过程中需要一定的时间,所以要提前准备,如果在预定的时间内,对方没有收到,还需要及时采取措施作相应地补发等工作,让对方尽快知道参加庆典的事宜,以便作相应准备工作。

4)电子邮件和网络平台

它综合了上述三种方式的优点,并且大大降低信息传递中的损失,及时、快速,能够在第一时间完成信息的传递。它是在信息高度发展的今天产生的,是目前最常用的告知方式。

庆典通知又有预告通知和正式通知两种。预告通知是在发出正式通知之前,为了让参加人员作好充分的准备,提前发出的预告性通知。正式通知属于公务文书,要按公务文书的要求书写,按公文处理程序处理;预告通知,它经常以便条形式出现,其载体,或是纸质、或写在单位的公告栏内。庆典时间较长的通常需要发预告通知,有些预告通知要附回执,方便统计参加人员的相关信息。

4.1.6　庆典通知的发放

一般来说,规模较大、较为重要的庆典都应以书面形式通知,发给参加庆典人员或其所在单位。重要庆典在通知发出之后,还要跟踪落实,取得相关的收讫证明(例如签收、收据、挂号信单据等),以保证庆典顺利进行。有时还可在报上刊登公告。一般的庆典只发一次正式通知,如果需参加者做大量庆典前准备工作的,如准备发言材料或方案的,则需要发预备性通知。庆典期间的通知最好在会上宣布或在饭前通知,否则,很难通知到所有参加者或有关人员。

如果以信件的方式发送庆典通知,要写清接收单位的地址和单位全称(单位名称不要任意简化),有时还要写收信人姓名。发放前将名单与信封核对,防止遗漏或重复。需要安排参加人员食宿和回程的,还要在发送庆典通知的同时附上庆典通知回执,以便会务人员安排接站和订购车票、机票。庆典通知写好经主管领导确认无误并签发后,方可送到复印室复印。并要统计复印的数量,留足备份,以备不时之需。

××省××中学六十周年校庆公告

岁月如歌,盛世相约。2010 年,××省××中学(原××县××中学)将迎来建校 60 周年。为总结办学成就,凝练××精神,联络校友情谊,开创崭新未来,学校将于 2010 年 11 月 6 日,隆重举行庆祝建校 60 周年庆典大会。

目前,校庆筹备工作已全面启动,恳请历届校友、在我校工作过的教职员工及关心支持我校发展的各级领导、友好单位、各界人士,提供图片、资料、证书等历史资料,并诚邀届时拨冗莅临,同庆华诞。

竭诚欢迎新老校友、各界人士和友好单位,登陆××中学校庆网站,登记校友信息,发送贺电、贺词,畅叙友情,共襄盛典!

特此公告,敬祈周知。

联系电话:0511-×××××　　0511-×××××　　0511-×××××

电子信箱:×××@jsmail.com.cn

校庆网:www.××××.cn

通信地址:××省××市×××路 108 号　　　　邮政编码:××××××

【知识链接4-1】 函柬称谓

在函柬制作中,适当掌握和恰当运用一些文言书信中保留的常用语,能够达到凝练雅致的效果。常用的有:

1. 信首称谓后可用提称和照语,是表示请求对方查阅的尊贵用语,其使用应视对方的身份、职衔等确定。对尊者常用均鉴、大鉴等,如"××部长均鉴""××教授大鉴",对平辈、同事常用台鉴、雅鉴等,如"××先生台鉴""××仁兄雅鉴",对女性常用慧鉴、芳鉴等,如"××女士慧鉴"。

2. 信尾具名。为表示礼貌,给尊长者写信,具名后可加敬辞,如谨上、谨启、呈上等。

3. 信封上收信人姓名后不能写具有亲属关系的称呼,如"二姐",而常用"先生""女士"等,或用"××经理"收等。因为信封是给邮递员看的。称谓后除写"收"外也可写"启""展",为了表示尊敬也可写"钧启""台启"等。

4.2 庆典请柬

4.2.1 请柬

请柬是用于邀约的一种社交信函。请柬是人们举行庆典时,为表示对客人的尊重,专门向邀请对象发出的邀请文书。一般用于联谊会、与友好交往的各种纪念活动、婚宴、诞辰或重要庆典等,发送请柬是为了表示举行的隆重,也便于参加者做好各类准备工作。请柬既是我国的传统礼仪文书,也是国际通用的商务社交文书。请柬一般内容较简单,但措辞要诚恳,受到邀请的人无论应邀与否,都要及时回复。请柬最好亲笔写明请帖内容,这样可以表达自己的最大诚意。

4.2.2 请柬的形式

请柬的礼仪是非常重要的。请柬又称请帖,不管是购买印刷好的成品,还是自行制作,在格式上行文上,都应当遵守成规。请柬的形式有:

1)折叠式

折叠式请柬一般为一方纸的对折,对折后形成四面,封面印一些适当的图案,并印请柬二字,封底连封面印图或素白,内面则写请柬的具体内容。

图 4-1 庆典请柬样式

2）正反式

正反式是比较简朴的一种请柬,形同一张卡片,正面写"请柬"二字,背面则是请柬的具体内容。这种简朴的请柬现在较少使用。

3）竖式、横式

从书写或印刷格式看,请柬又可分为竖式和横式。竖式是传统的,与传统的竖行书写方法相应;横式则与横行写的方式相应。虽然现在横、竖两种形式已经通用,但也要适当做一些选择。从邀请对象考虑,邀请港台朋友,则以竖式为妥,而一般大众化的,尤其是以集体名义发出的,则以横式为佳;传统、民族特色浓的活动可用竖式,现代、西方特色浓的活动可用横式;若是纯外文(除日文等)或中外文并用的,则以横式为宜。

【知识链接4-2】 请柬的由来

请柬也称请帖。请柬的"柬"字,本为"简",原是指一种将竹或木材加工后制成的狭长的小片。在造纸术发明之前,"简"一直是较普遍的书写材料。随着社会的发展,人类生活方式的改变,有些词义也发生了变化。到了魏晋时代,"简"就发展成专指一种短小的信札,并一直沿用至今。在现代,请柬实际上是单位或个人向对方单位或个人发出邀请时使用的一种专用函件。

4.2.3 请柬的设计

从内容上看请柬,作为书信的一种,又有其特殊的格式要求。请柬由标题、称呼、正文、结尾、落款五部分构成。

1）批量印制的统一格式请柬和市场销售的统一格式请柬

这种请柬应当有信封,请柬行文一般不用标点,也不提邀请对象姓名,而是将其姓名写在信封上,最后写主办单位的名称,也可由主人签名。

2）专门拟稿后打印出的请柬

(1)标题
仅写"请柬"二字,居中,不能写"关于××××的请柬"。
(2)称呼
这是对请柬收受人的称呼。要顶格写全称、尊称、不能写简称。

（3）正文

写明庆典活动的目的、内容、形式、时间、地点等。如果是请人看表演还应将入场券附上。若有其他要求也需注明，如"请准备发言""请准备节目"等。如要确切掌握出席情况，可在请柬下方注上"请答复"的字样，并注明回电号码，也可在请柬发出后，电话询问能否出席。

（4）结尾

要写上礼节性问候语或恭候语，如"致以—敬礼""顺致—崇高的敬意""敬请光临"等，在古代这叫作"具礼"。

（5）落款

署上邀请者（单位或个人）的名称和发柬日期。以单位名义邀请的署单位名称并加盖单位公章，以示郑重。以领导名义发出的请柬，由领导人签署，以表诚意。请柬语言上除要求简洁、明确外，还要措词文雅、大方和热情。请柬正文的用纸，大都比较考究。它多用厚纸对折而成。以横式请柬为例，对折后的左面外侧多为封面，右面内侧则为正文的行文之处。封面通常讲究采用红色，并标有"请柬"二字。请柬内侧，可以同为红色，也可采用其他颜色。在请柬上亲笔书写正文时，应采用钢笔或毛笔，并选择黑色、蓝色的墨水或墨水汁。目前，在商务交往中所采用的请柬，基本上都是横式请柬。横式的请柬它的行文，是自左向右，自上而下地横写的。

案例分析4-2 横式庆典请柬打印格式

请　柬

××先生（小姐）：

×月×日为××××公司开业一周年纪念之期，兹定于同日下午六时举行庆祝晚宴。

敬请届时光临

地址：××路××号××酒店

电话：×××××××

董事长：×××谨启
××××年×月×日

分析：这则例文符合请柬的常规写作格式和要求。从格式上说，包含了标题、称谓、正文、敬语、落款五个部分,标题醒目;开首的称谓和后面的敬语,恰当地表达出对他人的尊敬和自己的诚意;正文部分内容表达简明准确、一目了然。

竖式请柬一般都用比较文雅的语言。根据请客来的不同目的,也可以有不同的用语。如请人前来叫"敬请光临",如果是请人为自己办某些事情,则用"指教"等。它的行文,则是自上而下的,自右而左地竖写的。作为中国传统文化的一种形式,竖式请柬多用于民间的传统性交际应酬。

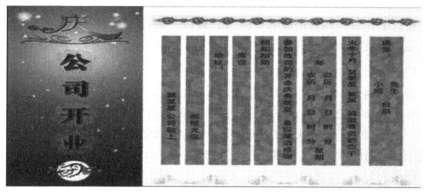

图 4-2　竖式庆典请柬格式

案例分析 4-3　竖式庆典请柬打印格式

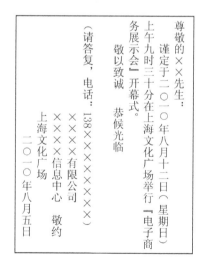

分析:这是一封竖式写法的请柬,符合中国文化传统,时间、地点和具体内容在一句话中全部表达出来,简洁明快,典雅不俗,很好地体现了请柬的特点。

参加婚庆舞会应附舞会入场券,音乐会、报告会等一类活动的请柬,如能同时附上节目单、报告目录或其他资料,当最为妥帖,因为这样可以给人更明确的信息,以供人选择是来还是不来。有的请柬除了写清地址之外,还需附一张路线图,这对于难找的地址或方便来客来说,也是必要的。请柬是邀请宾客用的,所以在款式设计上,要注意其艺术性,一帧精美的请柬会使人感到快乐和亲切。选用市场上的各种专用请柬时,要根据实际需要选购合适的类别、色彩、图案。

4.2.4 其他应当注意的问题

1) 口头方式邀请

若以这种方式邀请,主人最好不要在第三者面前邀请客人,这样会伤害他人的自尊心。身为客人,收到请柬之后,不要到处炫耀。

2) 有的请柬只能在对方同意应邀的前提下才能发出

比如,请人做某行业方面的知识、技术讲授,作报告或为自己做其他事情等,请柬在征得对方同意的前提下发出。否则就是“先斩后奏”,就可能违背别人的意愿,显然,这些都是不礼貌的。同样是这种情况,征得了对方同意,但也应将请柬及时送上,否则也是不礼貌的。

3) 无论是递交还是寄交,都应该把握请柬发出的时间

寄交的则必须估计到足够的邮递时间,否则就可能使被邀人接到请柬时,活动已经开始了,或是根本来不及准备。对于有回执的请柬来说,发出时间更应该提前,给被邀人留出足够的回复时间来。需要对方准备的邀请,也应如此。

4) 一般的请柬都应该加封,寄出的尤应如此,递交的则可不封口

这方面草率了,就会给人家不那么郑重其事的感觉。

5) 请柬不同于一般书信,即使被请者近在咫尺,也须送请柬

这是表示对客人的尊敬,也表明邀请者对此事的郑重态度。

案例分析4-4 恭贺霓华集团公司成立五周年

霓华集团公司西安分公司定于2007年2月6日上午8时30分在开元宾馆

花雨厅举办霓华化妆品、服饰系列订货会。

总经理李明率全体员工敬请各商业团体届时光临。

凡在 2007 年 2 月 8 日—5 月 8 日购买霓华化妆品、服装系列者一律九折优惠,同时参加抽奖活动。

地址:西安市××路世贸商城二楼霓华经营部

电话垂询:027-×××××××

分析:这是近两年在报刊上出现的一种请柬形式——请柬与广告结合。这种请柬是以广告的形式刊登在报刊上,它是面向社会和公众的。这则请柬有显著的广告特点。标题没有出现"请柬"字样,而以"恭贺……"为题,暗含了两点意思:1. 交代邀请参加的订货会召开背景;2. 透露出优惠购物的信息。正文后半部分的文字富有诱惑,激发公众对霓华产品的关注和购买;从总体来看,仍然具有一定的请柬性质,这从正文前半部分可以看出,与请柬通常格式略有不同的是:由于是面向公众,称谓在此略去;因是刊登于报刊,报刊本身有详细的日期显示,故落款中略去时间。

4.3　庆典邀请函

邀请函是为了增进友谊,发展业务,郑重邀请客人参加庆典、会议及各种活动而发出的函件。具有礼节性,是在现代活动中常见的一种××文案,一般用于横向的庆典活动,发送对象广泛。撰拟邀请函格式:

1)标题

由庆典名称和"邀请函"组成。

2)称谓

要有礼貌。

3)正文

表述庆典目的、时间、地点和活动内容、邀请原因等,参加活动的细节安排。

4)落款

联系人、电话、地址。

5）日期

填写邀请日期。

要求文字写作得体，制作正规，发送及时。如果内容、份数较多时，最好用打印方式。

请柬虽然印制精美，作为对客人发出邀请的一种专用函件，显得规格颇高，但也有缺陷，即其内页篇幅有限，所以正文部分除写明邀请的意向、会议（或活动、宴请）的内容、时间、地点以及提请被邀请者注意的有关事项外，不可能对庆典或活动的内容作进一步的介绍。

图4-3　庆典邀请函样图

邀请函是邀请个人或单位参加有关活动的一种书信文体。邀请函最大的优点是：它有足够的篇幅，可对一次庆典的背景情况、具体内容以及规模和形式等方面作较为详尽的介绍和说明，从而引起被邀请者的关注，激发被邀请者的兴趣。

案例分析4-5　　庆典邀请函

××大学二十周年庆典邀请函

亲爱的校友：

数十年辛勤耕耘，几十载春华秋实。××年金秋时节，迎来了××大学二十华诞庆祝大典。值此之际，谨向海内外的××大学人致以最诚挚的问候和最崇高的敬意！

二十佳庆，机会难得。亲爱的校友，母校正式邀请您出席××学校二十周年庆典。我们殷切盼望您的归来，届时让我们欢聚一堂，畅叙往日情怀，抒发豪情壮志，共绘××大学美好的明天。

有关××大学二十周年庆典活动具体事宜通知如下：

1.9月9日报到,10日举行庆祝大会。9月11日以学院为单位举行庆祝活动；

2.报到时间:2010年9月9日全天；

3.报到地点:×××大学校庆办公室（××市南岗区西大直街5号,××校区教学楼213房间）；

4.除庆典宴会外,其他费用自理或由各学院自定；

5.外地来××大学校友,可从××火车站乘1路、98路、146路到××站下车;乘出租车者到××正门下车;乘飞机来××者,请乘机场大巴到××下车；

6.需要预定返程火车票、飞机票的校友,请将要求填入回执中；

7.其他事项详见××大学网站"××大学二十周年庆典公告"及有关庆典活动的具体通知。

母校殷切盼望您的到来!

联系电话:×××××××

传　真:×××××××

地　址:×××××××××××

联　系　人:×××　　　×××

E-mail:×××××××××

××大学

二×××年×月×日

分析:这是一篇庆典活动邀请函。开头部分交代了活动的目的及活动的意义,然后发出邀请,接着介绍了时间、地点等相关事宜,内容具体详尽,有利于受邀者提前准备,有备而来。

【知识链接4-3】　函柬称谓顺序

在礼仪致函中对相关人士的称呼要注意先后顺序的排列。

一般情况下,应按照来宾的尊贵级别由高到低由特殊到一般的原则来排列。比如外面邀请来的贵宾姓名在前,本单位的在后;德高望重或尊贵显要人士的姓名在前,一般人士在后;同等人员称呼则具体人物在前,泛称在后。

4.4　庆典文件准备

庆典文件根据庆典议题来准备,这是筹备组在庆典前准备阶段中要进行的最主要工作。

4.4.1　庆典文件

庆典文件的准备,是庆典顺利进行的重要前提。庆典文件是提请庆典筹备会讨论和审议事项的文书材料。它是一种正式文件,有些是供庆典筹备会讨论审议的,有些是庆典进程中形成的,有些是为保证庆典顺利进行而制作的。

4.4.2　庆典文件准备

大多数庆典正式文件在会议召开之前就形成了,文件由庆典专设的文件筹备机构准备;庆典过程中形成的文件,由庆典秘书机构负责。庆典前准备的正式文件,一般有以下几种情形:重要文稿由专门的写作班子起草,准备时间较长;一般庆典文件由庆典临时筹备机构和秘书部门负责;专业性和涉及部门业务工作的文件由职能业务部门负责;发言稿和各类交流材料由发言单位或个人准备。

1)文件撰写要求

(1)准确体现庆典的目标和宗旨

庆典文件是为实现庆典目标,宣传和贯彻庆典精神服务的,这就要求文件的内容必须准确体现庆典的目标和宗旨,要认真起草,严格审查,仔细校对,把好质量关。

(2)全面真实反映客观实际

庆典文件作为庆典信息的重要载体,应坚持实事求是的态度,这样有利于与会者之间的交流和沟通,从而推进实际工作。

（3）文件撰写要符合庆典程序和规则

文件撰写应符合庆典程序和规则。

2）文件审核

庆典文件的审核是确保文件质量和合法化的重要一环。庆典主旨文件应由领导审定；其他庆典文件由庆典秘书长或秘书部门负责人审核；有些涉及职能部门业务内容的，则由有关部门负责人审核，审核的重点是：

①内容是否符合党和国家的有关政策、法规。文件的审核把关，最重要的是把住方针、政策关。把关中要进行全方位的认真核对。

②全局性和重要文件是否广泛征求意见并加以修改。

③涉及不同地区、部门的文件，事前是否进行了沟通。

④所用材料、数据是否真实、准确。

⑤文件格式是否统一规范。文字表达是否准确、简练字迹必须工整，格式必须正确，文件的行文一定要平实，要注意语体。文字修改一定要尊重原文，要尽可能保留文件原来的风格。同时还要检查把关文件的附件是否齐全（如附表、附转文件等）。

3）文件整理

庆典开始前，要印制讲话稿、庆典日程安排表、庆典指示图、相关文件等并装订成册。印制这些文件要注意留出足够的份数，以备与会人员遗失文件时用。文件通常在第一页左上角写上庆典名称，一般称"××庆典文件"。文件较多的庆典，还应对文件进行编号，编号按庆典顺序编定。

4）文件的印制和分发

文件印制要做到及时、统一、美观。"及时"是时间上的要求。随着庆典进程的推进，相关文件要提前准备，留出足够时间校核、印制。"统一"是格式上的要求。庆典文件要统一体式，统一标识，统一字体字号。"美观"是版式上的要求。版式设计既要与庆典性质相符，又要美观大方。庆典文件的发放要做到准时、准确、分步。庆典文件要在庆典前印制好，装入庆典文件袋，在参加庆典人员报到时分发。

4.5 请柬的回执与庆典报名申请表

很多时候,接到请柬的人并不一定都来,活动的组织者对此也要有一定的准备,应多发一些请柬,以邀请到预计的人数。不过,为了更准确地把握来客情况,有的请柬应请被邀请人回复某些情况,即回执。回执是作为活动通知和邀请函一起发出,要求参加者填写并寄回主办机构,以便收集参加者信息、预计参加人数、确定与会资格的文书。××回执可以让庆典主办者明确请柬对方已经收到。庆典主办方发庆典请柬给预备参加者时,其中将附庆典回执或庆典报名申请表。

表4-1　××庆典回执样表

姓　名		性别		职务(职称)	
单位					
联系电话		手机		邮编	
通讯地址、邮编				E-mail	
到达日期		航班号 (车次)			
是否需要订票		返程日期			
是否需要住宿		单间或标间			

注:此表于×月×日前返回

回执和庆典报名申请表应写清参加对象的基本情况(地址、电话号码、传真或联系人的姓名、邮箱);抵离情况(到达和离开时间、方式等);参加庆典活动的议题和内容;庆典的费用说明等内容。

回执的要求是被邀请人明确是否光临,有的则还要求回答其他情况,外地来的客人是否要求解决住宿问题等。回执可以是另外印制附于请柬的,也有是请柬自带的。接到带回执的请柬,应将回执填好传真或者寄回,或者打电话回复有关情况。

表 4-2 报名申请表

姓　名：				先生/女士
机　构		职　位		
地　址		邮　编		
电　话		手　机		
电子邮件		传　真		
分组会议	共计五场分论坛,请选择(请按照您所从事的工作选择,只可选择一场,名称前画"√") □　展览活动的策划与创新 □　城市会展业发展的难点与解决之道 □　展览搭建企业评级标准的核定与推广 □　海外市场——展品运输业的增长点 □　会展人才需求与培养体系创新 是否希望在分组会议上发言(不收费,但须围绕主题): 发言的题目是: ＿＿＿＿＿＿＿＿＿＿＿＿＿＿＿＿＿＿＿＿＿＿＿ 是否选送文艺节目在"会展人之夜"晚会上演出 节目名称:＿＿＿＿＿＿＿＿＿＿＿＿＿＿＿＿＿ 表演者:＿＿＿＿＿＿＿＿ (推荐节目并获准演出的单位,主持人将在节目演出前对推荐单位作简要介绍)			
住　宿	会议指定酒店:××宾馆　　预定: □单间(是否携家属:□ 是,姓名:＿＿＿＿＿＿＿＿□ 否), 　　　入住时间:□ 10 日　□ 11 日　备注:＿＿＿＿ □标间　入住时间:□ 10 日　□ 11 日　备注:＿＿＿＿			
代表签名				
20××年×月×日				

收费标准(包括接送费、资料费、礼品费、餐费、住宿费、×××游览费等):

标间:3 000 元/人　　　　单间:3 500 元/人(另加 800 元即可带一名家属参加全部活动)

特别优惠:

1.同一单位有两人交费参会,可免费在商务休闲广场摆放宣传展板(客户提供素材,组委会免费制作);

2.同一单位有三人交费参会,可在会刊刊登半页企业介绍;

账户信息:

开户名:×××上传媒有限公司

开户行:中国银行××路支行

账　　号:×××××××××××

中国国际会展文化节组委会秘书处

×××先生　电话:0086-10-×××××××

×××女士　电话:0086-10-×××××××

×××先生　电话:0086-21-×××××××

24 小时传真:0086-10-×××××××

会展文化节网址:www.××××.com

4.6　庆典相关证件的准备

庆典相关证件可以起到证明身份、维持会场秩序、维持参加者安全的作用。庆典相关证件的制作:不同身份的证件,可以用不同颜色加以区分。一般证件正面写明庆典名称(必须写全称。法定性会议通常使用比较庄重的字体,如黑体、宋体等。如果是非法定性会议,字体设计可以艺术化。);证件种类(即标明"出席证""工作证"等);贴本人照片(一寸免冠照片,并加盖庆典秘书处的钢印);庆典标志(庆典如有标志,可将其印在会议证件上)。证件背面写姓名、单位、席次、编号、庆典日期、持证须知(例如"不得转借""涂改无效"等)。证件的设计风格要与庆典的性质和气氛一致。涉外庆典证件应用中文和所涉及国家的语言文字或英文制作,外文在中文下方。庆典证件的佩带和佩挂要方便、牢固、不易脱落。

庆典证件分为三种:一是证明参加人员身份,如出席证、列席证、来宾证。二是标明工作人员身份的,如工作证、记者证。三是车证和司机证。制发证件要根据具体情况来定。有的庆典无须证件,如在单位、公司内部召开的庆典;有的庆典只需发入场券性质的证件。

庆典证件的式样通常设计成长方形的胸卡或襟牌,横式、竖式均可,随着现代科学技术的发展,IC 卡也开始使用,可采用最先进的带芯片的证件和非接触

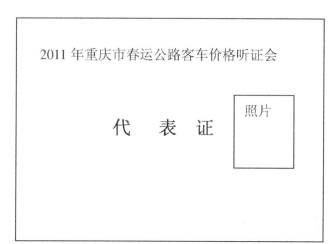

图 4-4　庆典证件打印样图

性识别系统。

物证:为庆典专用物品配备或加印专门的标记,其目的是方便会议组织人员管理。车证:为庆典专用车辆配发的专用证件。车牌:为庆典专用车辆制发临时车辆牌照。

图 4-5　庆典证件样图

复习思考题

1. 撰写一份正式的庆典通知,并为出席庆典的嘉宾设计请柬。

2. 为参加庆典代表设计代表证,要求美观大方并能体现出本次庆典大会的特点。

3. 2011 年 5 月 8 日是方圆海产品加工公司成立纪念日,作为公关部经理,请你向有关人士发出邀请。

4. 在学校的公告栏或其他地方搜集至少 5 份会议通知,一一分析这些通知写作上的优缺点。

第5章
庆典场地与会场布置准备

【本章导读】

庆典场地与会场布置是庆典活动的重要组成部分,既专业又琐碎,庆典场地的选择、会场布置的优劣与庆典活动的效果息息相关。本章结合工作实践,从场地选择、营造气氛、会场的相关设施与设备准备、会场的布置与座次布置和安排等会场布置工作进行了阐述。

【关键词汇】

庆典场地　会场设施　会场布置和安排　座次布置

【引例】

狂欢节的悲剧

7月26日电 据香港《文汇报》网站26日报道,德国一年一度的"爱的大游行"(Love Parade)电子音乐节25日在杜伊斯堡举行,当天发生群众在狭窄隧道入口拥挤踩踏事故。主办单位其后表示,音乐节将永久停止举行。据报道,"爱的大游行"音乐狂欢节1989年首次在柏林举行,其目的是继承柏林围墙倒下的精神,透过爱与音乐实践和平。1999年最高峰时,曾创下150万人同时入场的纪录,号称全球最大的露天音乐会。此次发生如此严重的"人踩人"惨剧,可谓非常讽刺。由于柏林围墙在1989年至1990年间迅速被拆除,柏林顿失最重要的"观光景点"。在政府把首都迁回柏林前,"爱的大游行"成为当地旅游业的救星。音乐会几乎每年都在柏林举行,但柏林市议会于2007年拒绝音乐会举办申请,主办方唯有改往西部鲁尔区不同城镇举行。报道分析称,7月25日音乐会现场之所以发生严重踩踏事故,导致19人丧生、342人受伤,是因为以下四大原因:

一、场地"超载"

音乐会现场最多只能容纳80万人,却有140万人到场。

音乐会举办地杜伊斯堡人口只有50万人,令人怀疑能否承办如此大型的活动。音乐会以前在柏林举办时,人群可分散至附近的公园和其他场地,避免过度拥挤。

二、出口狭窄,逃生无门

如此多人进场,唯一的入口只是一条仅200米×30米宽的隧道。

人群滞留在隧道中,有人爬上墙或紧急扶梯跌下来,被指是触发人群惊恐、互相践踏的主因。人踩人发生后,很多人仍困在隧道难以脱身,阻碍救援人员进去救人。

三、现场参与者吸毒饮酒

不少观众受毒品或酒精影响,精神亢奋,意外时晕倒不省人事,更添混乱。

四、警方办事不力

有人质疑警方在意外发生前,早已料到会出现过度拥挤的现象,但未能及时在隧道前截断人流,意外发生后亦未实时中断音乐会,因而导致更多人员伤亡。

分析:从以上案例可以看出庆典场地选择的重要性,在庆典场地的选择中除考虑其他因素外更要考虑安全的因素,如消防安全、保卫安全,在场地布置中

图 5-1　狂欢节的混乱现场

要查看是否有安全隐患,并要建立庆典活动应急处理预案。忽视安全因素极易引发安全事故。

5.1　庆典场地的选择

5.1.1　庆典场地的类型

1) 室内场所

室内场所是指庆典活动选择在固定的建筑物内举办,如各类庆典中心、大小庆典室(礼堂)、展览中心或展览馆、体育中心或体育馆,还包括音乐厅、剧院、电影院、宴会厅、活动室等,这种场地往往是永久性多功能的,经过装饰和调整一般可适合举办不同的活动。

2) 室外场地(露天场地)

室外场地是无建筑物设施阻挡,有一定范围的草坪、运动场、广场或其他较为平坦的开阔区。较大规模庆典活动场地的选择最好是在平坦开阔的空间,此类场地受限制的庆典用品少,视野好,更容易营造喜庆气氛和达到宣传效果。

不过在室外举行庆典时,要具备良好的天气条件同时切勿因地点选择不慎,制造噪声、妨碍交通或治安,顾此而失彼。

图 5-2　室内庆典

图 5-3　室外庆典

5.1.2　庆典场地的选择

1) 要考虑活动的性质

选择何种场地来实施庆典活动,要根据活动的性质来确定,如花车大游行只能在马路上进行,颁奖典礼一般在室内进行,狂欢节、啤酒节往往也会选择在室外。对于展示性的庆典,有确定的展示主体的,如校庆、厂庆活动,最好就选择在本单位举行,若受条件限制,也可选择在当地的公共场所来举办;无确定的展示主体,可根据庆典所需条件进行选择,如 99 世界园艺博览会,从园艺的角度举办,许多植物,园艺受气候的限制,举办者选择在昆明召开就是主要考虑四季如春的气候最佳条件,若在其他城市举办,则有可能增加投资和加大运行成本。校庆庆典由于参与人数较多、流动性较大以及为了突出热烈的氛围,在天气允许的情况下,也较为习惯考虑选择室外场地。

【知识链接 5-1】　庆典选择场地、时间应考虑的因素

庆典选择场地应考虑的因素:

■　目标公众所在地或租用大型庆典场所。

■　场内空间与场外空间的比例是否合适。

■　停车位是否足够。

■　用彩带、气球、标语、祝贺单位条幅、花篮、牌匾等烘托喜庆热烈气氛。

庆典选择时间应考虑的因素:

■　关注天气预报,选择阳光明媚的良辰吉日。天气晴好,更多的人才会

走出家门,走上街头,参加典礼活动。

■ 各种配套设施的完工情况,水电暖等硬件设施建设。

■ 选择大多数目标公众能够参加的时间。

■ 善于利用节假日传播组织信息。比如各种传统的节日、近年来在国内兴起的国外的节日、农历的 3、6、9 等结婚较多的日子。切不可在外宾忌讳的日子里举办开业典礼。若来宾是印度或伊斯兰国家的人那则要更加留心,他们认为 3 和 13 是忌数,当遇到 13 时要说 12 加 1,所以开业日期和时间不能选择 3 或 13 这两个数字。

2)大小适中

在选择举行庆典的场地时,应当牢记并非愈大愈好。选择会场要考虑庆典活动的规模、档次、参会人员的身份,活动内容等因素,会场的选择要大小适中,太大,不仅会造成浪费,而且让人觉得会场空旷,缺少气氛,太小,不仅拥挤,还会给人压抑之感。大(中)型会场一般都要设主席台。主席台上的座位可设 1—2 排,与听众坐席相对。还可在主席台前方一侧面向观众席设讲台,供报告人、代表发言使用。如果不设讲台,主持人、发言人可在自己座位上讲话。小型会场通常不设主席台或主席桌,座位摆放可灵活多样。习惯的摆放方法有圆形、椭圆型、T 字形等。

3)设施齐全

会场一定要有足够的设施,除桌椅外、音响、录音(录像)设备、茶具、卫生设备也都要考虑,为了保证交通便利,会场外要有一定面积的停车场。

4)安全性强

庆典活动由于参与人数较多,出席庆典的领导级别较高,更需考虑会场的安全性,安全性包括政治安全和环境安全两个方面,政治安全要防止出现危及领导者或参会者的人为因素,环境安全是指会场无安全隐患,电器电路可靠,消防设施齐全、消防通道畅通。

案例分析 5-1　2010 年世博会××辖区安全保卫应急预案

为有效预防、及时控制和妥善处理上海世博安全及恐怖事件,提高快速反应和应急处理能力,确保世博期间本辖区的安全稳定,现根据上级部门通知精神结合本村实际,制订本方案。

一、指导思想

深入贯彻落实市、县、镇世博安保和反恐工作的总体部署,坚持"安全第一、预防为主、防治结合"的工作方针,深化村居安全监管,加强应急疏散演练,切实提高世博安保和反恐应急反应能力,确保世博期间本辖区安全和稳定。

二、适用范围

本方案适用于世博期间本辖区发生的发现不明物体(装置)事件以及火灾事故、交通安全事故、厂企安全事故、食物中毒事故、传染病爆发流行、自然灾害等。

三、成立应急救援指挥机构及工作职责

世博安全保卫领导小组:

组长:×××

副组长:×××

成员:×××、×××、×××等6人

领导小组工作职责:

领导小组负责本辖区世博安全保卫工作的组织领导、信息报送以及协助有关部门对事件的处理。负责事件发生后迅速启动预案,协调相关人员对事故现场控制、人员救治以及善后处理等相关工作。

世博安全保卫领导小组,落实责任,把本村世博安全保卫进一步完善,确保领导组成员24小时通信畅通。

四、工作原则

(一)统一指挥,快速反应原则,一旦发生涉世博安全保卫事件,小组成员要在10分钟内上报镇街道办事处世博安保领导小组办公室,40分钟内上报书面材料。

(二)主动抢险、迅速处理原则。事件发生后,要在第一时间组织相关部门和人员进行有效救援。

(三)生命第一原则,事件发生后,要把救护人员生命作为首要任务,最大限度减少人员伤亡。

(四)科学施救,控制危险源,防止事态扩大原则。在事件处理过程中,要迅速判断现场状况,采取有效措施控制危险源,避免应急处理过程中再次发生人员伤亡。

(五)保护现场,搜集证据原则。在实施救援过程中,要尽可能对现场进行有效保护,搜集有关证据,为公安等有关部门查找原因,正确处理提供依据。

(六)重点部位,专人负责原则。重点目标要害部位,要设立专人负责,各辖区单位要建立重点要害部位工作档案,摸清底数,搜集各类可能实施破坏的涉恐或具有暴力恐怖性质的行动情况信息。

五、事件处理程序及办法

(一)恐怖分子入校袭扰师生事件处理办法。如发生安全保卫事件,立即启动预案,第一时间向110及街道世博安保领导小组办公室报告,并迅速组织人员转移,等待救援。

(二)辖区内发现不明物体(装置),要立即向公安部门和街道办公室报告,并及时设置隔离带,封锁和保护现场,同时迅速组织群众紧急疏散,等待公安等有关部门进行处理。

(三)发现村、企饮用水污染,要迅速对水源进行有效隔离,并立即向卫生防疫等部门和小组办报告,同时组织相关人员对中毒人员进行救治。

(四)辖区爆炸事件处理办法。如发生爆炸事件,迅速组织人员进行救援,并立即向公安等部门和街道办公室报告。及时设置隔离带,封锁和保护现场,疏散群众,迅速采取有效措施消除继发性危险,防止次生事故发生。要认真配合公安消防部门做好物证搜寻、排除险情工作,防止再次发生爆炸事故。

(五)火灾事故处理办法。如发生火灾事故,全力群众疏散和自救工作,同时立即向119和街道办报告,安排人员配合消防部门组织救人和灭火抢险工作。要配合医疗机构妥善安置受伤人员。

(六)食物中毒事件处理办法。如发生食物中毒事件,要立即向卫生防疫等部门和街道办报告,并迅速组织人员将中毒者送至附近医院进行救治。并对炊管人员进行监控,对炊事场所进行隔离管理,等待有关部门进行采样化验。

六、其他事项

(一)本方案是本村世博期间可能发生的涉世博安全保卫事件,在组织实施、紧急救援以及事故处理情况中进行处理。

(二)做好世博安全保卫应急预案,积极组织演练,并街道办备案。

分析:经历184天的考验,上海世博会精彩谢幕,世博安保工作也取得决战决胜,实现了"确保世博安保万无一失"的总目标。世博会的安保方案在比如建立包括国家层面指挥中心在内的多级指挥体系,实施"护城河"工程,广泛动员社会力量等方面的机制、经验和理念,值得今后举行类似大型庆典活动借鉴。

5)经济实用

会场的选择要与庆典规模、主题相符,在保持庆典效果的前提下,不可过于豪华、奢侈,不得铺张浪费,要尽量做到经济实用。

图 5-4　世博安保人员誓师

图 5-5　世博安保海上巡逻舰

5.2　庆典设施与庆典用品

5.2.1　庆典设施与庆典用品的作用

对于庆典活动来讲,庆典设施和用品的准备工作是很重要的,欠缺、布置不合理或使用不方便,都会分散与会者精力,使之不能很好地专注于庆典活动,严重影响庆典活动进程。概括说来,庆典设施与庆典用品主要有以下几方面的作用:

1) 创造舒适和安全的环境

如桌椅、照明灯具、空调、安全通道、消防设施、车辆等能使庆典的环境舒适、安全,从而提高庆典的效率。

2) 克服语言交流障碍

如翻译机、同声翻译系统等,可以使不同的语言在同时同地实现无障碍。

3) 记录和传递庆典信息

如纸、墨、笔、话筒、摄像机、录音机、录音笔等最基本的用品。扩音机、幻灯机、投影仪等设备可以提高庆典信息的听觉和视觉表达效果。

4) 营造庆典气氛

如标语、口号、旗帜、桌布、桌牌、花卉、音乐,对会场气氛起着不可小觑的作用。

红色是喜庆的颜色,是吉祥的颜色,一般庆典的布置都是以红色调为主,金色、黄色代表着高贵、富裕,用来衬托会显得更加隆重,五颜六色来点缀会使会场更为活跃。喜悦的音乐是庆典会场上必不可少的元素之一。在音乐的选择上也要有讲究,尽量是欢快喜悦的音乐和悠扬委婉的音乐或者一些流行民俗之类的交叉播放。对于播放的乐曲,应先期进行审查。切勿让工作人员随意选择,播放背离庆典主题的乐曲,甚至是那些凄惨、哀怨、让人心酸和伤心落泪的乐曲,或是那些不够庄重的诙谐曲和爱情歌曲。

【知识链接 5-2】　庆典常用背景音乐

庆典前:适合播放活泼热烈、切合主题的音乐,如:《欢迎进行曲》《迎宾曲》《喜洋洋》《同桌的你》等。

庆典中(上台握手,颁发证书等):适合播放喜悦友好的音乐,如:《春节序曲》《步步高》《花好月圆》《好日子》等。

庆典结束:适合播放祝福美好愿望、令人憧憬、留恋的音乐,如:《欢送进行曲》《友谊天长地久》《年轻的朋友来相会》《爱我中华》《走进新时代》等。

5) 提供庆典活动服务

如茶水、矿泉水、饮料等和相应的杯具、茶具,如果在活动过程中,安排茶歇还应安排水果、茶点、咖啡等。

【知识链接5-3】　茶歇小知识

茶歇的茶点一般有中式和西式两种。中式茶歇的饮品主要包括:矿泉水、开水、绿茶、花茶、奶茶、果茶、罐装饮料、微量酒精饮料;点心主要包括各类糕点、饼干、袋装食品、时鲜水果、花式果盘等。西式茶歇又叫咖啡歇,饮品一般包括:咖啡、矿泉水、罐装饮料、低度酒精饮料、红茶、果茶、牛奶、果汁等;点心包括:各类甜品、西式点心、水果、花式果盘、有的也有中式糕点。

准备茶歇是一个非常细致的过程,要求工作人员在预订时间之前,将点心、饮品、摆饰迅速摆好,对各种热饮所需的杯子、勺子糖罐等都要安置在便于取用的地方。如果庆典持续几天,每次茶点的安排要尽量体现新意,更换不同的饮品、点心。由于茶歇地点常设置在会场旁不太显眼的地方,因此,对茶歇地点应有路标指示,并安排服务员引导。

5.2.2　庆典设施与庆典用品的准备要求

1)提前制订计划

庆典会务工作机构和会务工作人员应在会前根据庆典需要制定详细的有关物品和设备的使用计划,报请庆典的领导机构审定。计划内容应包括:

①所需物品和设备的清单,包括名称、型号、数量;

②物品和设备的来源,如租借、调用、采购等;

③所需的费用。

案例分析5-2　×××学校校庆××周年经费预算(部分)

一、会务组工作经费预算合计:25 775 元(贰万伍仟柒佰柒拾伍元整)

1. 礼炮:4 000 元(500 支,单价 8 元)

2. 塑料泡沫垫及靠背装饰:12 000 元(600 个,单价 20 元/个)

3. 租方形地毯:1 800 元(200 平方米,9 元/平方米)

4. 花篮:6 000 元(50 对,单价 120 元/对)

5. 鲜花:475 元

6. 水果:500 元

7. 红绸带、剪刀、彩花制作等:1 000 元

二、宣传组工作经费预算合计:14 400元(壹万肆仟肆佰元整)

1. 租用空飘、彩虹门、立柱:4 400元

2. 展板、背景墙:6 000元

3. 横幅:1 000元

4. 媒体支出:3 000元

三、后勤组工作经费预算合计:51 100元(五万壹仟壹佰元整)

1. 购置草花5 000盆,更换学校大门口花球,费用为7 500元。

2. 购置一品红200盆,摆放在主席台及第一教学楼门口旗杆周围,费用为4 000元。

3. 绿色植物300盆,匹配盆花使用,费用为1 500元。

4. 购买电缆、更换草坪灯及庭院灯罩等,费用为15 000元。

5. 购置功率为10千瓦柴油发电机,费用为7 000元。

6. 更换公共区域垃圾桶,大小各50个,费用为6 500元。

7. 粉刷足球场主席台及刷两道防盗门油漆,费用为1 200元。

8. 足球场看台维修,费用为1 800元。

9. 修剪树枝,费用为3 000元。

10. 更换一号教学楼大门口盆景,费用为3 600元。

分析:庆典经费预算要按照"节约、节能、实用、环保"的原则,既能保障庆典各项工作的正常开展、又要采取有效措施压减开支。

2)落实专人负责

庆典物品和设备的准备、安装、调试和使用是一项责任性和技术性都很强的工作,准备是否充分,安装调试是否到位,对庆典能否顺利进行影响甚大,不能有半点差错。因此,一定要落实专人负责此项工作,必要时应配备一定数量的技术人员。

3)提前准备到位

庆典用品应当在会前准备妥当,分发到位;有关设备和设施应在会前完成安装、调试工作。

4)实用节约

实用和节约是准备庆典物品和设备的重要原则。要严格按照庆典的经费预算执行,提倡节约型庆典,反对追求豪华、奢侈。

5.2.3 合理使用庆典用品

庆典用品的使用也要避免繁杂,不是越多越好,应适可而止;要根据活动场地条件选择合适的庆典用品,用品的摆放整洁有条理。会场布置的重点有会场入口、签到处、会场休息区、主会场区这四个主要区域。

传统的庆典用品的使用为:会场的入口放气拱门、灯笼柱、升空气球或者再加一些小装饰,若经费允许还可从会场入口到主会场的路线上铺设红地毯,不仅方便嘉宾行走还能起到引导的作用,入口处到整个会场的周边可以插一圈彩旗再点缀上升空大气球,还可以用宣传标语等用品来装饰;会场签到处最好要有帐篷,能给签到处的工作人员和嘉宾遮阳避雨,要有签到桌和数张椅子,签到处最好安排有礼仪小姐。着装统一、面带微笑的礼仪小姐在迎接嘉宾时也不失为一道风景线;休息区要摆放有帐篷和椅子供嘉宾休息,休息区要配备有饮用水供嘉宾饮用,休息区周围是安放此次活动介绍或者一些相关广告的最佳位置,嘉宾在休息等待时接受的广告信息是最能使人印象深刻的;主会场搭设舞台和背景板,背景板放置的内容就是此次活动的主题,背景板周围一圈可以用小气球或者鲜花来装饰,舞台上铺设红地毯,前边和左右两边可以用盆栽绿色植物或者鲜花来装扮,主会场周边可用升空大气球、气模型、礼花炮、彩旗彩带、彩烟、小气球装饰、鲜花等庆典用品来装饰,庆典的场地如比较开阔,可多放置升空大气球、彩烟等以便营造高空宏大、热烈隆重的氛围。

5.3 庆典会场的布置

5.3.1 会场布置的一般要求

1) 切题

不同的庆典,在布置会场时要突出不同的主题。有的庆典要求气氛热烈,有的庆典要求简洁明快,有的庆典要求庄严肃穆。但总的来说,都要与庆典的中心内容相一致。例如,党的代表大会的会场要布置得朴素、庄重、大方,人民代表大会会场要布置得庄严、隆重,座谈会会场要布置得和谐、融洽、自然,纪念性庆典会场要布置得隆重典雅,日常性工作庆典会场要布置得简洁舒适。而庆典活动要给人一种喜庆、隆重、欢快的感受,在会场策划和布置的时候,尽量利用各种元素,营造出一种热烈的氛围。

图 5-6　××县党代会会场现场

2)正规

庆典的会场要求布置得正规有序。在布置会场时,除提前把会场内外及周围的卫生搞好外,还要做好会务服务工作。

3)朴素

在布置会场时,购置一些必需的设备和器材是允许的,但一定要从庆典活动的实际效果出发,贯彻节俭的原则,把各种开支压缩到最低限度。特别是在设置室外会场时,要力戒大兴土木,防止造成浪费和对地物、环境的破坏。现在有一些单位在会场鲜花布置时采用塑料仿真花作为替代鲜花,既节约成本,又不失美化会场的效果,值得借鉴。

4)实用

即会场布置与庆典所需的功能相符合。不同性质的庆典,对会场的功能有不同的要求。如有的庆典以看为主,有的庆典以听为主,而有的庆典要听看结合。因此,在设置会场时,要有所侧重,区别对待。总之,一切要从庆典的效果和当时所具备的条件出发,庆典需要哪些功能,会场就力求设置哪些功能。

5)和谐

首先是会场的颜色要协调,如墙壁的颜色、桌椅的颜色、桌布的颜色、幕布的颜色、会标的颜色等。其次是会场内摆放物的大小要适中,如会标的大小、旗子的大小、音响设备的体积大小等都要和谐。庆典桌上摆放的物品也要与庆典的性质相符,如召开座谈会、茶话会等可适当摆放些水果、瓜子、香烟、糖果、矿泉水(茶水)等,而一般会场只宜摆放茶水(矿泉水),或只在主席台上摆放茶水(矿泉水)。

案例分析5-3　×××学校校庆××周年会场布置安排

会场地点	庆典名称	时间 (11月4日)	会务准备(11月3日上午 12:00前完成)	会场负责人 及工作人员
办公楼六楼大会议室	×××职业教育发展促进会筹备会	上午 8:30— 9:30	1. 主席台摆放鲜花、座签、布标悬挂; 2. 准备音响、话筒、多媒体设备; 3. 准备来宾茶水,安排学生礼仪服务。	×××、×××、×××、学生礼仪6人
校田径场	建校58周年庆典仪式	上午 10:00— 11:00	1. 主席台喷绘背景主题板、绿色植物、小盆花、布标、花篮、话筒、音响、播放音乐曲目准备;嘉宾座布置; 2. 观众席指示牌、座位摆放、矿泉水发放、嘉宾引导。	×××、×××、××××
教学楼旗杆前	安宁新校区搬迁启动仪式	11月4日 上午 11:30	1. 铺方形地毯,四周为小型盆花; 2. 剪彩用品准备、剪彩; 3. 鸣放礼花; 4. 引导嘉宾。	×××、××××、学生礼仪10人
图书馆一楼会议室	贵宾休息室	11月4日 上午 8:00— 11:30	1. 接待室布置:鲜花、茶水、水果等; 2. 贵宾接待。	×××、××××、学生礼仪2人
大礼堂(雨天备用)	建校58周年庆典仪式		1. 主席台喷绘背景主题板布置、布标悬挂、盆花庆典花、座签摆放; 2. 音响、话筒准备; 3. 嘉宾茶水准备。	×××、××××、×××、×××、×××

分析: 该会场布置安排中考虑了因天气因素(如下雨)需改变到室内场所(大礼堂)的应急预案,这是很有必要的。

5.3.2　会场布置与座次安排

会场是举行庆典活动的场所和设施的总称。会场的地点和大小是否适中,设施是否齐全,会场的布局是否合理,会场营造的气氛是否与庆典主题内容一致,对庆典效果会产生直接的影响。所以,庆典的组织者必须重视会场的布置。

1)布置会场的主要工作

布置会场是会前准备工作的一项重要内容。应根据庆典活动的内容、规模和会场设施等条件,在会前把会场布置好,以便使庆典能够按时顺利进行。

(1)会场区域的划分

庆典场地功能区域的划分首先要确定好主会场(有主席台和领导讲话、嘉宾就座的场地),主会场的选定要考虑到以下因素:①避免活动举办的时候光线直射台上发言的领导和嘉宾的眼睛;②避免风向直吹会场台上发言领导和嘉宾的脸;③如果此次活动安排有奠基或剪彩项目,那主会场最好要靠近奠基、剪彩点,方便领导嘉宾移步可到。主会场这个核心位置定好后就可以根据人群流向来划分场地的功能区。

会场区域一般分为:主会场区、停车区、报到区、休息区。划分区域要注意的是:停车场的划分要出入方便,一般是靠近入口处或者安排在主会场的对面场地的边上,停车场的出口尽量靠近嘉宾签到处,嘉宾签到处设置在场地的入口和主会场连线上。休息区一般就设置在签到处旁边靠近主会场的位置,便于嘉宾签到后就近休息片刻,休息区应布置沙发、茶几、盆花,并提供饮料、糖果瓜子等。

(2)主席台的设置及座次安排

主席台通常设在会场正前方中心部位,与参会人员相对而设,供领导、贵宾列席使用。为了供主持人或与会人员代表发言,在主席台的后方可悬挂相应的标志或旗帜,为了增强庆典气氛,烘托氛围还可在主席台前摆放一些花卉予以装饰。

【知识链接5-4】　花卉摆放小知识

会场摆放一些花卉,可调节会场气氛,振奋与会人员的精神。花卉一般摆

图 5-7　主会场

图 5-8　停车场

图 5-9　报到区

图 5-10　休息区

放在主席台台口和会场四周。不同的花卉及其颜色表示不同的感情色彩,如红色表示热烈,黄色表示亲切,绿色表示冷静。一般性庆典要摆放盛开的月季、扶桑等,使人心情愉快,气氛轻松;庄重的庆典应摆放君子兰、苏铁等绿色花卉,使人冷静、缓和、不易冲动。

①讲台的布置。

可在主席台一侧或前方设一讲台,讲台设计高度一般在110~120厘米,以符合人体工学的需要。讲台所需配备的设施一般包括电脑、扩音设备等,电脑需要与投影设备相连,有时还需要连接互联网。扩音设备可以采用内藏式扩音设备,也可以用坐式话筒或者无线话筒,其音量与音质可通过视听设备控制室来控制。如有必要,还可在讲台上配台灯,以便演讲嘉宾能更清楚地看清讲话稿。

图5-11　××学校校庆庆典会场主席台

②席牌的布置。

席牌,顾名思义,就是写明贵宾信息的台牌,是让观众认识贵宾的一个小工具。席牌是主席台布置中最小的一个环节,却又是最重要、最必不可少的环节。庆典活动的主席台上要整齐地摆放桌椅,桌子上设置座签,以便对号入座,台桌上铺红色或黄色绸缎织物,还应摆放茶杯、面巾等用具以供使用。

③主席台的座次安排。

主席台上的座次安排是会场准备工作中一件非常重要的工作,庆典组织者必须按照一定的级别和隶属关系等因素精心安排,不能出错。座次的主次之分,是按照从中间向两边,面向台下先左后右的顺序排列。安排座次一般有以下几种情况:一是当无上级领导到会时,本级领导按职务高低依次排列;二是当有上级部门以上领导到会时,应安排在正中位置,两侧安排本单位主官。有上级机关干部到会时,应安排在本单位主官之后。当上级有多个层次的机关干部到会时,应以机关的级别高低为准,而不按个人职务高低安排。三是当有离退休老干部与会时,按老干部离退休之前的职务,安排在现职领导之前的位置。

（3）布景的准备

背景板和横幅是活动的标志物,庆典活动往往在主席台上都设有背景板或挂有横幅。背景板设计简洁、色彩明快、主色调和活动主题协调。背景板的最上面主要包括活动的标志、活动的名称、缩写、举办时间和地点以及活动的主办单位。横幅是最常见的一种宣传形式,一般用2~3尺幅宽的红布制作,横挂于主席台口上方、主席台后壁上方或大门上,会标的字体多为宋体或黑体,字为黄色或白色,用背胶粘在横幅上,会标要写全称。

图5-12　××庆典活动会场空飘、拱门

气球、充气拱门和彩旗也是为烘托活动效果而布置的,在升起的彩球上和垂下的彩带上,充气拱门上和旗上印有活动的标志和预祝成功的字样,能够有效地营造出活动的喜庆气氛。

（4）座区的划分及标记

台下与会人员的座位应划分座区。通常,正式出席庆典的人员安排在会场靠前和中间位置,列席庆典人员和工作人员安排在会场后部和两侧的位置。台下与会人员区域的设计要根据来宾的多少提前划分空间,设置导示牌,以利于保证现场秩序和人员安全,还应考虑设置人员疏散的通道。

（5）会场配套措施的安排

为了保证庆典的正常进行,会场必须配备一些配套设施,如签到咨询处、来宾休息室、衣帽存放间等。

①签到咨询处。

签到咨询处往往设置在会场的入口处,它的功能是维持入场秩序、记录来宾情况。签到咨询处的工作包括检查和收取请柬,索取来宾名片,要求来宾签字,发放胸卡以及庆典资料(庆典议程、指南、礼品等)。可设置大型展示板或横幅,上面清楚标明庆典活动名称、主办单位、承办单位、赞助商等,同时,配备签到名册、签到台、签到簿、签字笔、名片盘等。签到处的工作人员要留意重要人物及贵宾的到来,并负责将他们引导到休息室。另外,签到处收集到的名片是非常有价值的资料,要指定专门的负责人收集、整理、分类、保存,以便日后联系。

图 5-13　××学校促进会筹备会签到处

②来宾休息室。

休息室一方面可作为来宾休息的场所,另一方面也可为来宾提供相互交流的机会。休息室一般配备简单的饮料、茶水、水果、小点心和相关工作人员,其中茶水饮料主要有茶(或茶包)、纯净水、咖啡、方糖(或糖包)、果汁饮料等。来宾休息室是专为来宾而设的休息场所,除了为来宾提供饮料、水果或茶点外,还可播放一些舒缓的音乐或摆放一些报纸、杂志等。

③衣帽存放间。

衣帽存放间应配有足够的衣帽架、工作人员以及便于识别的标牌,以便及时找到所寄存的衣帽。同时,还要注意及时提醒与会者在寄存衣帽前将贵重物品取出,以防丢失。

④音响与照明器材。

随着信息技术和电子技术的迅猛发展,庆典系统愈加趋近于智能化。音响主要是指有线话筒、扩音器和音箱。在室外开会时可安放高音喇叭,一般在主持人、发言席上各设置一个座式有线话筒,在会场前方左右两侧放置音箱,音响必须保证会场所有人都听得见,在准备和设置音响与照明设备的同时,要注意调试音响,检查线路、插头等,使其保持良好状态。如有必要,应在会场周围提前准备好备用电源(发电机),电工人员在主席台后侧待命,随时准备维修和调试电器。要事先作好录音、摄影或摄像的准备。

案例分析5-4　不争气的音响

2005年,我国北方某著名大学举行盛大的校庆活动。主要活动——庆典大会安排在学校体育场举行,包括国家领导人在内的几万人出席庆典,主席台和整个会场气氛热流奔放,显得非常隆重。但是,庆典一开始,与会者就感觉听不清发言者的声音,会场上空回响的声音让人只觉得是一片噪音,此时,庆典主持人和前面祝贺的领导只能硬着头皮讲下去。到该省省长讲话时,这位省长首先问与会者有多少能听清讲话,请能听清讲话的举手,结果一开始寥寥无几,反复问了几遍后,举手的人才逐渐多起来。而后,这位省长语重心长地说:"这样一所名校,校庆就是要体现你们的名望,体现你们的严谨的作风,会场音响怎么能不引起你们的重视?怎么能事前不作好准备?这应引起学校重视。"

分析:这个案例中,省长对音响效果不好的批评显得严厉,但批评得有道理。精心准备、花费巨大的庆典就因为庆典会场布置准备不充分、不严谨而出现这一遗憾而显得黯然失色,可以说这是组织者没有预料到的。如果事前演练,做好调试,并预备好弥补措施,就不可能造成这样严重的影响。

案例分析5-5　争气的音响

同样是上述案例中讲到的庆典当天夜晚,这所名校在学校广场举行庆典文艺,包括香港、台湾、内地许多知名艺人前来参加助兴,也许是吸取了上午的教训,也许是专业团体布置会场的能力和水平都较高,当晚的音响效果非常好,每一个角落都能听得清晰,省长上台讲话时首先就说,某某大学不愧是一所名校,管理水平值得称赞,对存在的问题能迅速改进,今晚的音响效果和上午就完全不一样,这样的效率昭示学校强大的升级和活力。

分析:同样是音响,晚上的效果就给活动增加了色彩。其实,保证庆典活动的音响效果不难,很多时候只是在庆典准备阶段做得认真、细致一些就可以了。当然,若主办者拥有的音响不能满足需要时,就应该添置或聘请专业人员来完成,只有这样,才能确保音响不会影响庆典效果。

⑤剪彩、放烟花、放礼花、表演

庆典大会中如有剪彩、放烟花、表演等专业性强的工作最好交给专业公司进行安排,这样做工作效率高,效果也比较好。

图5-14　礼花可以渲染庆典气氛

如自行安排剪彩工作时,需要准备的用具有立杆、彩带、剪刀、手套、托盘等,工作人员应有持彩带人、托盘人及引导人等并要事先进行适当的训练。

案例分析5-6　开幕式上的"铺台"演出

上海国际庆典中心上海厅是2001年APEC国宴的举办厅,也是本届亚洲开发银行理事会2002年年会开幕式的会场。现场搭就的长18米、宽8米的敞开式舞台上,既有文艺演出也有时任国家主席江泽民致辞,还有亚行全体庆典。同一舞台上三种不同的议程,要在众目睽睽之下争分夺秒完成铺台,对庆典中心的员工来说,是一种考验,也是一场特殊的演出。为了做到衔接有序、在一分钟内实现魔术般的变化,庆典中心精选了19名服务员,从搬运讲台到铺设主席台,举手投足、定点定位,历经无数次演练,精确到秒。

5月10日开幕式上,在文艺演出谢幕的刹那,两名服务员分执中国国旗和亚行会旗,和两名服务员搬着主席演讲台,迈着仪仗队式的步伐迅速就位,仅用了20秒;随后,时任国家主席江泽民发表了热情洋溢的中国领导人致辞,激起了全场雷鸣般的掌声。余音未落,8名小伙抬着五米长的主席台整齐地走上舞台,5个姑娘设席卡、摆茶具、放纸笔、布话筒,迅速地完成了铺台工作,时钟刚刚走过了1分钟,在代表们的掌声中完成了这次特殊的演出。

分析:会前的精心设计和辛勤的排练保证了开幕式铺台演出的成功,产生了较好的效果。

2) 座次安排

接待无小事,座次排列看起来毫不起眼,实际上起着非常重要的作用,这项工作既重要又相当敏感,必须做到稳妥、慎重。如果座次安排不妥当,常常会引起一些猜疑和不满,损坏单位形象,所以,掌握座次排列的基本原则十分必要。其原则是:根据出席庆典活动人员主、次、身份加予安排,并在桌子上摆出相应坐席卡。

国内座次排列的基本规则及其由来

①面向观众坐席,即采取"相对式"就座。

②前排位次高于后排。

③中央位次高于两侧。

同一排的主席团成员,排列座次时,以居中位置为上,排位越靠近两侧,位次也就越低。因此,主席台第一排的中央之位,一般安排身份最高的嘉宾或者庆典主办方的地位最高则就座。

④左侧位次高于右侧。

中国素有礼仪之邦之称,待人接物方面颇有讲究,论资排辈有一套严格的程序,君臣父子,长幼有序,出不得半点马虎。在国人的思想中,素来是有"左上右下,左尊右卑"的观念,在国内的各种大型庆典中,座次的安排大多遵循此条规则。

【知识链接5-5】　中国礼仪"左"为上

我国自古流行以左为尊,古籍《易经》中就有"男为阳,女为阴;背为阳,腹为阴;上为阳下为阴;左为阳右为阴"。

司马迁《史记·魏公子列传》说,魏公子无忌驾车去请隐士侯嬴,"坐定,公子从车骑,虚左,自迎夷门侯生"。车上空着左边的尊位,等待侯嬴就座。"虚左",如今已经成为我们常用的成语"虚左以待"。

我国封建社会通行男尊女卑,因而在实际生活中往往是男左女右,即把左看成高于右。封建王朝有的设左、右丞相,也是左丞相高于右丞相。这是我们千百年来流传下来的礼仪习惯。

目前,我国国家的非涉外礼仪活动,仍遵照传统礼仪"左高、右低"做法。人大、国务院等举行会议、礼仪活动,均以左为上。

同时,需要注意的是,在国际礼节中,则是以右为尊。而在宴会饭桌上,不论是国际礼仪还是国内礼仪,都是以右为尊。(注:这里所说的左右是指处于领导面向观众方向位置的左与右,而非观众的左和右。)

在安排座次的时候,也要灵活掌握,不能生搬硬套。如一些属于同一性质的部门,非特殊情况,最好安排在一起就座;又如一些德高望重的老前辈,即使职务没有年轻的同志高,也应该进行适当的调配。对于邀请的上级单位或兄弟单位来宾,也不一定非要按职务的高低排列,对于来宾,其实际职务略低于主人一方的,也应按照贵客的原则进行位次排列,以体现对客人的尊重。

庆典主席台可设置一排两排或若干排来座次,按出席庆典人员身份级别安排,如图:

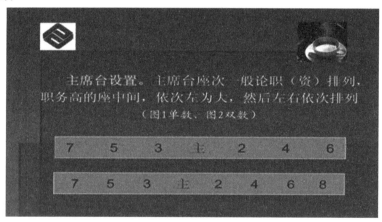

图 5-15　主席台座位安排图

5.3.3　庆典会场的会前检查

庆典组织者应该在庆典开始前一至两天对所有涉及庆典的相关事项进行全面、彻底的检查落实。检查包括庆典活动的通道、现场、停车场、休息室、车辆、餐厅、房间、洗手间、茶水间、照相场地、参观点、设备、彩排(预演)等是否是按原计划要求布置实施的,以及实施的程度和效果是否符合要求。着重检查:

1) 会标和标语

庆典活动的会标和标语悬挂是否端正适中、醒目、大方,字体(字母)是否端正、大小适中、有无错别字、漏字和不规范字等。

2) 徽铭和旗帜

庆典的场地是否按规定和要求悬挂徽记、铭牌、人像以及旗帜等,有无悬挂错误,以及徽铭、人像、旗帜本身存在的错误的情况。

3) 庆典会议室准备情况

庆典当天会议室准备情况的检查大致包括以下几个方面:设备安全、椅子的数量是否足够、烟灰缸的准备、水和水杯的准备等。

4) 指示性标志

涉及庆典场地区域的文字指示牌、方向和方位标志等要醒目,使与会者看得明白,同时在晚上也能看得清楚。

案例分析5-7　迎亚运—广州大学生为英文标语纠错

为迎亚运,大学生上街为羊城英语标示纠错,发现译文错漏百出。记者昨日从广外获悉,9 月以来,该校学生组成 30 多支队伍走进大街小巷为市区体育场馆、街道、商铺等公共场所对不规范、不正确的英语标示语纠错。据悉,该活动将为期两月,大学生们将把收集到的错误标示汇总,写成报告上交有关政府部门。

昨天,一支由商英学院、管理学院、经贸学院以及新闻学院学子组成的名为"狂鲨"的标示语纠错队伍格外引人注目。广州体育场馆、商铺和马路上的标识路牌,大学生们全部不放过。中英文书写错误、翻译有误,"咔咔"立刻被拍摄下来,并书面记录下来。与此同时,另一支名为"纠纠有神"的英文学院大学生组成的纠错队,则穿梭于大街小巷。大学生们发现了不少似是而非、令人啼笑皆非的标示语。

"我们重点关注拼写、翻译、中式英语和语法等错误,"学生们告诉记者。他们果然发现了不少错漏的标示语——部分引导标识并未被及时翻译成英语;有的路牌采用了拼音直译法,例如,把大街译为"DAJIE";一些商铺名词形容词不分;还有的标示语把简单用法复杂化,如"no photos"错写成"no take photos";还有许多重要指示语都只配中文而没有英文。

图5-16　迎字的英文被写成拼音 ying

标示语错误类型有：

1.英文单词的拼写错误：如广州体育馆内所有洗手间的标示语 toilet 都被错拼成 toliet。而且这种说法在国外已很少使用。

2.直接用汉语拼音代替英语公示语的错误：如"禁止吸烟"被写成 JIN ZHI XI YAN。

3.其他错误：只有中文标示语而没有英文译文，该添加标示语处而没有相应的标示语，该作废的标示语依然悬挂，标示语位置或标示语字体大小不合适，破损的标示没有得到维修。

分析：标语错误不仅会误导人的思维判断，给参会人员带来麻烦，同时也严重影响了活动组织者的形象。

5）天气情况

天气情况对室外举行的庆典非常重要，关系到庆典场地决策是否正确的问题，关系到庆典能否顺利进行。因此，有关部门要积极关注天气预报，并准备相应的应急预案以保证庆典的顺利举行。如准备礼堂为场地的预备，或是为来宾准备包括防雨具（雨伞）、防阳具（伞、帽）以及其他的专业工具。

案例分析5-8　狂风暴雨吹散芒果节晚会，李宇春深夜换场温情补唱

在25日举行的芒果节文艺晚会上，主办方田东县特意邀请李宇春、谢娜、

林依轮等明星前来助阵。不料,晚会进行到一半时,天空突降大雨。尚未来得及演出的李宇春并没有"借水遁",而是积极配合当地深夜会见歌迷并献唱,以表达因天气变化未能登台献唱的歉意和对歌迷们的感激。

7月25日,2009百色·田东芒果文化节在"中国芒果之乡"田东县开幕。当晚,田东县还在县里的露天广场举办了文艺晚会,邀请李宇春、谢娜、林依轮等明星前来助阵。可当晚会进行到一半时,老天爷跟大家开了一个玩笑,原本凉风习习的好天气突刮起了6~7级大风,霎时大雨飘泼。突如其来的狂风暴雨使得晚会被迫中断。

21时40分,晚会无法进行,演出被迫取消。但现场近千名歌迷仍热切期盼能够亲眼目睹还没上台表演的超女李宇春,久久不愿离去的歌迷们冒雨伫立于雨中,呼唤着李宇春的名字。

据介绍,当晚发现有下雨刮风的预兆时,田东县相关单位负责人紧急碰头,成立现场处置指挥领导小组,部署紧急应对措施,要求立即启动应急预案。21时20分,当开始下雨时,现场处置指挥领导小组立即命令启动紧急预案,疏散观众,要求安保组等各工作组坚守岗位,现场指挥立即调集车辆、雨具和安保干警,保证群众有序安全疏散。22时许,现场观众安全疏散完毕,无任何意外。

但大雨淋不灭歌迷想见偶像的心情。鉴于大部分歌迷特别是从外省、外市特地赶来的歌迷见到偶像李宇春的心愿非常强烈,田东县积极组织歌迷代表和晚会主办方紧急磋商,在保证安全有序的前提下,安排李宇春与歌迷们见面。午夜零时许,李宇春获悉歌迷们的热切期盼后,立即赶到田东县会展中心进行了会面沟通,让歌迷们欣喜不已。在与歌迷们的互动交流中,李宇春为歌迷们现场清唱《和你一样》等歌曲,以表达因天气变化未能登台献唱的歉意和对歌迷们的感激。

图5-17 芒果节文艺晚会突下暴雨

分析:在此次天气变故中,晚会主办方启动应急预案,保证了观众的有序安全疏散,同时在保证安全有序的前提下,安排李宇春与歌迷们见面,安抚了观众的情绪。应该说主办方的处理得很妥当的。

6)庆典礼物

庆典有发放礼物时,要着重检查证书、纪念品等礼物是否按相应的顺序排列放好,礼物上的文字是否有错别字;礼物的金属边口(毛边)是否锋利、礼品是否有漏装等要认真检查。

复习思考题

1. 在庆典的场所选择时,应考虑哪些相关的因素?
2. 布置会场的主要工作有哪些?
3. 国内座次排列的基本规则?
4. 作为庆典活动的主办人,会前检查工作要注意什么问题?

第6章
庆典宣传准备

【本章导读】

　　庆典的宣传准备工作,在策划庆典的过程中是必不可少的。在宣传这方面,举办方要考虑宣传材料的风格与形式,明确宣传材料的内容和题目,强调庆典的重要性。庆典活动的宣传工作一般通过大众媒体、庆典宣传用品、庆典演出等方式实现。

【关键词汇】

　　庆典宣传　大众媒体　庆典宣传用品　庆典演出

【引例】

世博开幕式看点回顾

今夜无人入眠,五洲共欢乐,世界同连心,世界"巨腕"唱响世博。4月30日晚8时,上海世博会开幕式在上海世博文化中心隆重举行,在《相约上海》《江河情缘》《世界共襄》《致世博》4个篇章中,来自五大洲的中外明星大腕围绕着"中国欢迎您"和"世界同欢庆"两大主题一起唱响世博。整个世博会开幕庆典包括仪式、室内文艺表演和室外烟火、综艺表演等部分,整个开幕庆典时间不超过两小时,晚8时10分至9时许,十余艘焰火巡航舰上,万千烟花"喷薄"而出,浦东、浦西、黄浦江两岸,从卢浦大桥到南浦大桥3.28千米延长线,同时奏响火树银花不夜天的华彩乐章。另央视一套节目现场直播了2010上海世博会开幕式。

看点1:中国风融合世界潮流

作为全世界人民的世博会,上海世博会开幕式将是中华风情和世界潮流的融合,节目很精彩,大牌很多。首先登场的是宋祖英和成龙,一曲《邀世界共享》,向全世界人民发出邀请。在歌声中,56个民族身穿华服,还夹杂着杂技、飞天、长城等中国专属符号,非常具有民族特色。随后出场的毛阿敏、周华健、刘媛媛,用一曲《相约上海》,代表了上海向世界发出世博的邀请。

世界风情主要体现在来自世界各地的艺术家们的表演。包括日本国宝级流行音乐艺人谷村新司,他将献唱日本经典歌曲《星》,而意大利盲人歌星安德烈·波切利,一曲精妙的《今夜无人入眠》,令人回味无穷。

本届世博会主题"城市让生活更美好"将在开幕式中得以体验,当廖昌永、谭晶、孙楠和黄英的《致世博》"世界在你手中转动,让人类血脉相通"唱响时,舞台两侧象征全世界人民的友谊之树缓缓种下。

看点2:灯光声影很炫很唯美

"舞台光影效果很炫、很唯美,贯穿了蓝色夜空和绿色地球的影像,作为开幕式主场馆——世博文化中心,首创能够360度进行三维组合的舞台空间,开幕式舞台以这个巨大的LED显示墙为背景,它能根据节目的变幻,切换出立体场景,令整个舞台熠熠生辉。

看点3:两名玉树孤儿打出爱心手势

在世界人民同为世博会欢歌的时候,大家并没有忘记仍处在困境中的玉树灾民。两名玉树地震孤儿代吉文毛和江巴才仁将与演员们一起带领全场观众共同打出"爱心"手势。

看点4：烟花规模超奥运开幕式

声、光、电、江面、烟火、喷泉再加上巨大的 LED 幕，上海世博会开幕式最激动人心的表演将在黄浦江两岸展开。

上海世博会焰火晚会总燃放量达 300 多个品种、10 万余发烟花，全方位覆盖江面、陆地和天空。而北京奥运会开幕式全程的焰火表演总燃放量为 8 万余发；在品种上，上海世博会焰火晚会的烟花品种也会比奥运开幕式上要多。

烟花表演的主场地包括东方明珠塔、从卢浦大桥到南浦大桥 3.28 公里的黄浦江两岸、黄浦江面以及浦西部分居民楼的楼顶。在特效烟花上打出了"世博会标"和"五角星"的图案。

图 6-1　开幕式烟花表演

分析：上海世博会有效地的宣传准备工作保证了开幕式的成功举行。

庆典的宣传准备工作，在策划庆典的过程中是必不可少的。宣传活动一定要紧贴庆典活动的主题，为庆典活动造势，使庆典活动的参与者在活动期间感受到浓烈的主题气氛。

庆典的宣传准备工作一般可分为以下几个一般步骤：

①成立专门的宣传小组，明确责任人及具体分工；

②根据庆典活动的宣传主题及目的，制订详细的宣传方案，提交庆典活动指挥部审议；

③准备具体的宣传用品，联系大众媒体等；

④在庆典活动前全面落实宣传方案。

庆典的宣传工作应该做到"有层次、有深度、多载体、效应广"。在具体实施过程中一定要紧扣庆典活动的宣传宗旨，在宣传的手段方面，举办方要考虑宣传材料的风格与形式，明确宣传材料的内容和题目，强调庆典的重要性。庆典活动的宣传工作一般通过大众媒体、庆典宣传用品、庆典演出等方式实现。

6.1 大众媒体

大众媒体,又称大众传媒,是指在一个国家或地区中具有大量受众的一类传播媒体。其包括20世纪上半叶的无线电广播、报纸和杂志等传统媒体,到目前以互联网和计算机为基础的网络媒体。

大众媒体面向大多数人,覆盖面广,影响力是其他媒体所不能及的。不过应当注意,在如今这样一个信息时代,受众往往处于广告轰炸之下,不精美、无新意、缺少特点的广告很难引起消费者的注意。因此,在广告的制作上一定要注重质量,要有所创新,能够有效地吸引目标受众的注意。大众媒体的传播渠道如图6-2所示。

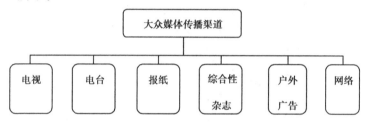

图6-2 大众媒体的传播渠道

这些媒体的普及性较强,社会接触面较广,它们既面对会展的目标参展商与专业观众,也面对会展的普通观众,是庆典常用的宣传推广媒体,但是又有各自的特点:

1)电视

电视的传播方式灵活,传播范围广,能直观生动地传递各类信息,同时能向公众展示企业的实力。它是覆盖面最广的媒体,其主体对象是消费者。因此,消费性质的展出可以使用电视这一媒介。电视媒体的主要缺点在于广告信息不易保存,制作成本较高,而且其广告对象缺乏明确性。

2)电台

电台的传播速度快,传播范围广,能充分发挥听觉效用,而且成本较低。其主要缺点在于缺乏视觉表现手段,信息不可查询,受众注意度低。

3）报纸

报纸广告的设计制作简单，覆盖面广，传播速度快。范围大，直接灵活，时效性强，容易取得受众的信任，见效快且费用低廉。其主要缺点在于阅读期限短，不能表达动态信息。

4）综合性杂志

综合性杂志的目标受众范围广，编排精细，印刷精美，注意度高，阅读期限长。其主要缺点在于发行时间的约束性很强，制作成本较高，见效相对迟缓。

5）户外广告

户外广告成本相对较低，效果却不错。因为它能够制造一种氛围，使人感受到展览会的宣传攻势。户外广告方式有很多，最主要的有以下三种：海报、广告牌、广告条幅。

6）网络

由于计算机网络的迅速发展，在国际互联网上建立专题网站、刊登广告的情况越来越普遍。利用计算机网络的费用相当低廉，覆盖面却非常广，前景看好。使用互联网作宣传活动基本上有两种。第一种是在提供相关服务的专业性网站上提供有关庆典、会展的信息，如国内的中国会展服务网等，它们对大量的会展作出介绍，大量会展的主办者也非常愿意在其网站上做广告。第二种用途是主办者建立自己的网站，提供一个直接了解某个会展或庆典活动的窗口。

6.2 庆典宣传用品

庆典宣传用品作为庆典的介质，对庆典现场的布置，庆典氛围的营造，体现庆典策划和设计思想，深化庆典意境起着关键作用。由于新的庆典宣传用品不断涌现，这里仅就常规的媒体及用品作以介绍。

6.2.1 充气气模系列

充气气模制作大多采用普通涂层 PE、PVC 牛筋布和增强牛筋布粘贴缝合制作,施放时内置空压机充气使其挺立,为保持稳定,必要时要用绳子牵引。

1)充气拱门

一般造型为单圆或多圆式弧形立柱,如图6-3所示。拱门造型简洁,色彩变化多样,用于形成庆典的虚拟空间。具有引导流动,形成主要景观点,提示方向的作用。普遍应用于各种庆典场所。拱上面的文字内容,可根据需要粘贴或取换,使用简单方便。

图6-3　拱门

2)人物卡通造型

(1)卡通人物造型

人物卡通造型多样,设计特点要符合充气气模的制作要求,一般固定后自身无法移动。巨型卡通必须用绳子牵拉才能稳固,内部需加装鼓风机充气。人物造型可分为传统和现代式样。传统式样常为财神、寿星、弥勒佛等。现代式样则为国外动画人物或迪斯尼卡通人物。由于卡通人物具有很强的个性,色彩鲜艳夺目、造型大胆夸张、形象生动可爱,能起到吸引观众目光、强化喜庆氛围的目的,如图6-4所示。

(2)动物卡通形象

充气动物卡通大都为企业(产品)吉祥物或以大众喜闻乐见的动画动物卡通为原形设计制作而成,把卡通动物与企业(产品)或庆典门类相联系。动物造型甚至是一个国家或国际大型活动的象征,例如代表美国的是白头鹰,代表瑞士的是刺猬,"龙"则是我们中华民族的象征,如图6-5所示。充气产品造型将产品外形放大做成充气造型,具有形象突出、视觉冲击力强的优点。

图6-4　人物卡通造型

图6-5　动物卡通造型

3) 气球

在气球内填充氢气或氦气使其升高,常用的制作材料为PE或PVC,其中PE有自重轻、升力强等特点,但PE材料耐久性差、易磨损。用PVC材料制作的升空气球结实耐用,但自重大,升力小。升空气球的常见规格为直径2.5米、2.8米、3米等。其中2.8米为普及型,升空气球往往与系带的条幅共同使用。

(1)标志升空气球(也称专用气球)

该气球大多用PVC材料制作,为企业特地制作的升空气球,不但具有美化效果,还能达到庆典宣传的目的。企业标志气球的造型,有球形的,也有异形甚至特异形的。异形和特异形大都根据企业产品形态制作而成。

(2)常规气球

常规气球分为宫灯式气球、花球和单色球。宫灯式气球应用广泛,具有显著的中国传统特色,普遍用于各种庆典活动,如图6-6所示。红色宫灯式气球与黄色的中式图案和穗子相搭配,形成色彩浓郁、喜庆祥和的效果。花球色彩丰富,具有活泼自由的特性,但由于在远处各种色彩均进入视线,色彩的混合使整体色彩呈现灰色,影响远视效果,所以有一定的距离限制。单色球升空气球内填充的气体多为氢气。氢气虽然价格较低,但属于易燃易爆危险气体,使用时要严格执行操作规范,安全第一。充气操作时应由受过专业训练的人员进行,以杜绝安全隐患。氦气属安全型惰性气体,造价较高,多用于小气球内充气。氢气与氦气不能混合使用。

图6-6 常规气球

(3)充气落地气球

落地气球是用鼓风机充入空气形成造型。形状多为椭圆球体并固定在地面上,形态夸张,状似热气球,外形较大,一般只在大型庆典活动中使用,如图6-7所示。

图6-7 充气落地气球

6.2.2 旗帜类

旗帜是中国最早发明使用的,也是中国传统的媒体,它随风招展,在庆典中广为普及。

1）水座旗帜

水座旗帜底座采用塑料浇注成型，为保持重心和稳定性向塑料底座内注水，上面设垂直拉杆，将旗帜悬挂在杆上。使用安装方便简单，旗帜内容可用热转印或丝网印印制，塑料底座各种颜色均有。庆典中常用一定数量的水座旗围合庆典外场地形成庆典区域，如图6-8所示。

图6-8　水座旗帜

图6-9　灯杆挂旗

2）立杆旗帜

立杆旗帜作用与水座旗帜相似，但其稳定性、坚固性较之水座旗帜更好，立杆旗帜底座用厚钢板焊接成长方体，造型简洁，省去了注水的不便。因立杆旗帜外形较大，稳定牢固，故旗帜多用电脑写真喷绘，旗面图形逼真，色彩丰富。

3）彩旗

大面彩旗主要利用大面积色彩形成宏观效果，因而旗帜面积较大，普通情况下旗面不印制图形文字，为单一色彩。大面彩旗远视效果非常好，对形成庆典主会场的整体氛围有突出作用。大面彩旗可固定在较牢固的杆上，插于地面或固定在墙上、树上及其他物体上。小彩旗多应用于庆典的建筑体上，相当数量的小彩旗按排列构成喜庆空间，随风晃动。小彩旗的色彩可根据需要形成不同的风格,形状一般为三角形或方形,布置时一定要考虑到它与庆典场地的关系和远视效果。

4)灯杆挂旗

灯杆挂旗是将旗帜悬挂于路灯杆上,繁华的大街车辆川流不息,人来人往,灯杆挂旗处于极好的注视之中。灯杆挂旗使用普及,设计悬挂要充分注意和城市、街区文化风格协调一致,使它起到装点和美化环境的作用。灯杆挂旗用连接套件固定于灯杆上,左右各一面。一般用于节日和大型庆典主题活动,如图6-9所示。

6.2.3　庆典礼花

1)常规礼花弹

常规礼花弹是庆典仪式进入高潮所使用的常用庆典用品,从发射方式上有击发式和旋转式。弹体填充压缩空气或压缩氮气,通过释放压缩气体将彩屑彩条冲射出去,形成蔚为壮观的庆典场景。礼花弹规格较多,可根据需要使用在不同庆典场合,室内外空间均可使用,在礼花弹内部预先放置写有吉祥语和恭贺语的彩条,发射出去后在空中纷纷飘飞,随降落伞下落,能带给观众更多的惊喜。

2)礼花炮

礼花炮多用于规模较大的庆典场合。在庆典中声如雷鸣、气势雄壮。作用可分为两种:一种是为欢迎贵宾到来鸣放;一种是在庆典活动达到高潮时鸣放。礼花炮的发射原理也分为两种:一种为常规礼花炮即与传统大炮原理相同;另一种称为电子礼花炮,是一种利用电子科技制作的安全节能型礼花炮,实际效果与传统礼花炮效果相当。

3)火箭礼花弹

火箭礼花弹是一种较新的庆典媒体。火箭礼花弹的发射原理与正规火箭的发射原理基本一致,火箭礼花弹属模型火箭,它主要由头锥、筒体、尾翼、发动机四大部分组成。火箭礼花弹加装降落伞不仅可以回收弹体,而且可将吉祥语写在伞体上。火箭礼花弹由固体燃料经电子点火后,经燃料燃烧推进上升。火箭礼花弹由于个体较小,因而在庆典使用中需要一定数量才能形成效果,使用时常将火箭礼花弹排列成一定的阵形,通过群体发射形成蔚为壮观的空中场景。

案例分析6-1　××学校庆典宣传方案

活动筹备指挥部:

根据《关于举行××学校60周年校庆庆典的通知》(党发【2010】55号)精神,特制订本方案。

一、成立宣传专项组

组　　长:××

副组长:××

成　　员:××、××、××、学院人员一名、学生处一名、示范办相关人员(负责室外示范建设宣传展板的材料整理及制作)、××校区建设指挥部相关人员(负责室外××校区建设宣传展板的材料整理及制作)、学生20名。

二、具体布置

(一)彩虹门2道

1.校本部正门:××学校建校60周年庆典仪式

2.会场侧门(正中):建设新校区　推动新发展　立足新起点　实现新跨越

(二)立柱

初步计划在校本部正门至旗杆之间的道路两侧,共10个。

(三)空飘(6个)

在会场内靠近学府路一侧悬挂4个空飘,会场顶端两侧各悬挂1个。内容待定。

(四)展板

具体位置:在会场内靠近学校大门的一侧(约50米),具体数量、大小、内容另定。

总的原则:由示范办、××校区建设指挥部分别组织内容并设计,由宣传组提供总的数量、大小、材质、模板,并负责喷绘、展出。

(五)横幅(多条,具体内容待定)

1.面向学校正门至主教学楼共4幅

热烈欢迎各位来宾、校友莅临我校;

悠悠58载　浓浓母校情;

建设有特色、现代化、创新型高职学校

××学校××校区搬迁剪彩仪式(主教学楼)

2. 校本部侧门:××学校建校60周年庆典仪式

3. 会场内

(1)主席台上方"××学校建校60周年庆典仪式";

(2)会场内靠近学府路一侧(约占顶棚总长度1/3左右)大型横幅:坚持科学发展,建设高职示范,创新教育理念,培养未来人才,铸就冶专辉煌。

4. 学校东西主干道2幅,内容待定

5. 学校新食堂1幅,内容待定

(六)会场内主席台背景墙:内容"新校区鸟瞰图"(彩喷)

三、新闻宣传

(1)在10月份的《××》报"新校区建设特别报道";

(2)邀请《××日报》《××晚报》、××教育电视台、××电视台、××人民广播电台、省教育厅新闻中心等媒体。

四、费用预算

(1)租用空飘、彩虹门、立柱4 400元;

(2)展板、背景墙6 000元;

(3)横幅1 000元;

(4)媒体支出3 000元。

可预见费用预算:1.44万元。

活动宣传工作组
2010年10月

6.3　庆典演艺

6.3.1　乐队

1)军乐队

身着武装部队军礼服,以整齐的队形、严明的军纪风貌,形成了威武雄壮的气势。军乐队奏乐响亮激昂、指挥有序,适合于各种庆典场所,如图6-10所示。

图6-10 军乐队

2) 锣鼓舞狮队

以中国民间传统乐器锣、鼓组成的乐队（也称作威风锣鼓队）。乐队身穿以黄色为主的民族服装擂鼓鸣锣,其声势震天撼地,雄浑无比。中国锣鼓舞狮队历史悠久,乐队动作讲求规范,一招一式均有出处。锣鼓手动作自然洒脱、神情自若,整套动作节奏明快,一气呵成。舞狮与锣鼓密不可分,在乐声中舞狮人引导狮子上场,狮子或跳或跃,摇头摆尾,热闹非凡。具有浓郁的民族喜庆特色,深受庆典单位的欢迎,如图6-11所示。

图6-11 锣鼓舞狮队

3）秧歌队

秧歌队主要以舞姿形成喜庆气氛,在民族乐曲声中,他们手持折扇(或织物做成扇状形)依照设定的舞步起舞,动作轻盈优美,活泼自由。普通秧歌队一般由女性组成,她们身穿鲜艳的民族服装、腰系围裙载歌载舞。秧歌使庆典现场呈现出柔美多姿,千万风情的变化,为庆典增添了秀丽的画面,如图6-12所示。

图6-12   秧歌队

4）腰鼓队

腰鼓队源自中国西北,演艺人员将鼓系于腰间,故名腰鼓队。腰鼓队必须有相当数量人员才能形成有效阵势。腰鼓队气势恢弘,队员以铿锵一致的步伐,多种变化的招式,整齐的腰鼓声造成气势磅礴、声如浪涛的场面。看过《黄土地》的观众对此应有所感同。腰鼓队一般出现在大型庆典场合中,需要的场地较大,以发挥出它的优势。就腰鼓而言,以中国西北安塞腰鼓最为有名,如图6-13所示。

5）民族音乐

由使用中国传统乐器的人员组成的乐队。中国的乐器儒雅清秀,乐声悠扬飘逸、深沉空灵,有着深厚的文化底蕴。民乐名曲众多,特点突出。在庆典中民

图6-13 腰鼓队

乐演奏大多用于室内庆典现场,室内的演出也符合中国民乐的高雅之风,还能起到展示民族音乐文化的作用。

6) 交响乐团

演奏人员使用西方乐器组成乐队,通过发挥交响曲中的各种乐器的功能和表现力,在优美的旋律中抒发人们的情感。交响曲以其丰富的乐调、典雅的风格、波澜壮阔的气势,营造出庆典所需的效果。交响乐团的演奏适用于档次较高、场面宏大、气氛隆重、高雅的庆典场合,乐队人数一般在100人左右。

7) 摇滚乐队

现代音乐以狂热的激情、另类的演奏而极富感染力。摇滚乐通过强烈的节奏、夸张的动作使庆典气氛迅速升温,并以通俗的演奏手法调动现场观众的参与热情。

6.3.2 演职人员

①歌舞演出人员。庆典仪式结束后,为使气氛持续下去,有的庆典单位往往安排文艺活动。文艺演出由歌舞演员表演节目,歌唱和舞蹈表演是最为常见

的演出项目。

②其他演艺中国传统的文艺表演,如戏曲、相声等是广大群众喜闻乐见并深受欢迎的节目。另外,乐器独奏、曲艺表演、杂技、小品、魔术等文艺活动也很常见。

③模特表演模特是展示产品形象的代言人,通过充分发挥形体动作的优势,烘托产品的功能,并体现展示表演的优美效果。模特表演要与企业庆典主题一致,符合产品个性。

④主持人庆典中要求主持人必须与庆典的类型、规格、风格相一致。主持人应仪表端庄、声音洪亮、语言流畅、吐字清晰,善于把握场上节奏及气氛。大部分庆典仪式主持人由主办单位领导和工作人员担任,有的也邀请媒体节目主持人或名人。

⑤礼仪人员常见的大多为礼仪小姐,主要来自各大专院校。礼仪人员要求着装统一,形象姣好,动作得体规范,表情亲切优雅,身高1.7米左右。在常见庆典活动中,礼仪小姐一般身着中式旗袍,身披绶带,迎接、引领来宾,为来宾佩带胸花并提供剪彩等礼仪服务。

复习思考题

1. 谈谈大众媒体与庆典之间的联系。

2. 结合本章内容,罗列出你见到的庆典宣传用品。

3. 想想给你印象最深的庆典设计有哪些? 庆典宣传用品是如何使用的?

第7章
庆典食宿准备及安排

【本章导读】

在庆典活动中,食宿是一个非常重要、必不可少的环节。通过本章的学习来了解食宿的考察、注意事项,掌握食宿的准备,学会食宿的安排和服务等。

【关键词汇】

住宿　用餐　服务

【引例】

××学校校庆庆典食宿相关工作安排

经学校庆典活动指挥部工作会议讨论研究,协调了庆典工作相关事宜,现就庆典食宿相关工作作如下安排。请各工作组、各邀请来宾学院、部门知悉,并做好相应准备工作。

外地来宾接待

1.希桥酒店:接待省外来宾,由学校领导或指定工作人员机场宾馆迎送(名单由秘书组、会务组商定),晚宴由校长致辞,学校有关领导陪同。

2.白云大酒店:接待地州来宾,原则上不迎送(安排一部车辆应急),晚宴由学校领导致辞,学校有关领导陪同。

餐饮安排:

1.来宾及学校陪同人员(各接待学院、部门领导、工作人员11月3日前发中餐券)在新食堂三楼(单独通道)用餐。其中贵宾一桌(20人),重要嘉宾10桌(100人),其余嘉宾自助餐,回民自助餐在二楼专门区域。

2.教师工作人员和保卫人员(含支援庆典大会的公安、交警)在鑫海餐厅用餐,由产业总公司负责。(每桌300元)

3.学生志愿者发放误餐补贴30元/人。

××学校校庆庆典活动指挥部

2010年10月29日

分析:食宿工作较为繁杂,在庆典活动开始前,就要根据已经获得的参加对象的信息、经费预算标准以及参加对象特殊要求,安排好就餐,预订好住房。如果要安排宴请,要事先根据接待规格和人数,确定宴席的标准、地点和席数。引例中的食宿相关工作就安排得井井有条,明确具体。

7.1 庆典住宿准备及安排

7.1.1 庆典住宿的考察

俗话说"安居才能乐业",庆典活动中住宿是一个非常重要的环节,住宿是否安排得好、住宿设施是否齐全、交通是否便利等因素直接决定庆典活动的顺利参加,所以接到庆典接待任务后要根据接待的人数和接待的规格,尽早安排住宿考察,及时挑选并预订合适的酒店。在安排庆典住宿考察时,要注意以下几点:

①最好安排在交通便利,离庆典地点较近的地方,这样既方便来宾,又可以节省时间和交通费用。

②房间最好集中在一个宾馆内,房间的布局尽量集中。庆典住宿人数较多,一个宾馆容纳不下,可预订几个宾馆,但宾馆之间的距离要尽量靠近,最好在一条交通线路上,这样即能方便安排庆典相关工作,又有助于信息沟通和事务联系,也便于参加对象之间进行非正式的沟通和交流。

③房间内的生活设施应齐全并且完好,确保使用安全,还必须具备良好的消防和安全设施,并配备专门的保安人员,确保参加对象住地的安全。

④规格适中,勤俭节省。在庆典安排的费用中,住宿费用往往占很大比例,因此,贯彻勤俭节约原则的关键是尽量节省住宿费用。要根据庆典活动的实际需要来确定所住宾馆的规格,不要盲目追求高规格,动辄租借豪华宾馆更是不可取的,但自费的情况另当别论。

⑤有合作协议的宾馆优先安排,因为一般价格上会有更大优惠,服务也比较放心。

⑥如果有会议需要的,还要考察会议室大小、规格。

⑦有就地用餐需要的,还要考虑宾馆内及附近的用餐设施、规模、菜品、价格等。

7.1.2　庆典住宿房间的预订

做好庆典住宿的考察工作以后,向相关领导汇报,并选定住宿宾馆后,便可进行庆典住宿房间的预订工作,主要做好以下工作:

1)制订住宿安排工作方案

庆典活动的住宿安排需要事先制订方案,内容一般要包括所住宾馆的地点、规格、费用、房间分配原则等。这一方案也可以同饮食安排方案一起制订。

2)统计住宿人数

可分为两步,第一步根据庆典活动通知的回执、报名表、申请表统计参加庆典的大致人数,并据此预算预订的房间数量;第二步是统计实际报到的人数,这一数字比较准确,是最后落实房间和床位的依据。住宿人数应当包括需要住宿的记者、参加对象的随行人员以及会务工作人员。

3)分析参加对象的情况

分析参加对象的性别、年龄、健康状况、职务、职称、专业以及生活习惯、相互关系和房间条件等进行综合考虑,统筹安排。一般情况下,应当适当照顾女性、年长者和职务较高者。

①尽量将职务高的同志、老同志、身体弱的同志、女同志安排到向阳、通风、安静、卫生条件比较好的房间,将年轻的、身体健壮的同志安排到条件相对较差的房间。

②如果安排两人一间房间,专业相同或相近的与会者同住一间,有利于他们之间进行交流。参加对象如果带随行工作人员,可将他们安排在一起或相邻的房间,以便于他们开展工作,但有专门规定的除外。

③注意不要把汉族同志同生活有禁忌的少数民族同志安排到一个房间;对有打呼噜等习惯的同志,要妥善安排,尽量不要影响其他同志的休息。

④统计住宿人数及分析来宾的情况工作较细致,可化解给有相关业务联系的部门一对一的对接、联系,以便取得最后准确数据,方便统计安排住宿。

4)合理分配,照顾特殊

房间的分配有时是一个比较敏感的问题,因此,职务和身份相当的参加对象,其住房标准要大体一致,以免产生误解。比如参加同样的庆典活动,如果各参加对象所住的宾馆条件相差太大,会产生一些不必要的误会。反之,出席者的身份高低不一,安排住宿时,有必要做出适当的区别。有时一些代表自费出席庆典,对房间有特别的要求,也应当尽可能予以满足,总之要做到合情合理。

5)确定预订房间的数量

预订房间的数量既要考虑参加对象的人数和他们的具体情况,同时也要根据庆典服务管理的实际需要。比如,有时接待工作部门需在宾馆设立值班室或临时办公室,有时参加对象需要在宾馆内会见客人,这就需要适当预订若干会客厅。

6）留出机动房间，以便遇到特殊情况时作临时调剂

7.1.3　庆典活动入住期间的安排、服务

1）住宿迎接准备

庆典召开前几天，接待人员就要到住宿的宾馆安排住宿迎接，做好迎接的横幅，迎接台，水牌的准备等。这些可要求宾馆准备（接待人员要及时监督检查，对需要调整的及时进行调整），也可自行准备。最好提前安排好接待人员房间，作会务间用，以便为提前来的参加对象做好住宿安排和相关服务工作。接待人员可以提前一至两天在宾馆大厅设的迎接台值班，准备迎接安排住宿。

2）签到手续

参加对象报到时，接待人员要做好以下工作：

（1）查验证件

确认参加对象的参加庆典资格。

（2）登记填写

请参加对象在登记表上填写个人姓名、性别、年龄、单位、职务、职称、联系地址、电话等有关信息。

（3）住宿费用

如果由接待方负责，参加对象不用交纳相关费用，直接办理入住手续即可；如果由参加对象自己解决要协助宾馆办理好住宿相关费用及发票开具，钥匙押金的交纳等手续。

（4）安排住宿

安排住宿一般在参加对象报到时会同宾馆工作人员一起操作，饭店住房分为标准间（单人、双人、套房）、豪华房（单人、双人、套房）、行政房（单人、双人、套房）。安排住宿时住房应选择十几平方米的标准双人间（带淋浴洗手间）。安排住房时，要根据分析参加对象所得出的第一手资料、回执情况合理安排住宿，分发房间钥匙并由服务人员或工作人员引导进入房间，在分发钥匙时，应该注意登记参会人员的房号，便于掌握相关情况。

（5）礼品存放

参加对象如有转交庆典方的礼品可随来宾放入客房，有特殊要求的暂时存入宾馆行李保管处，参加庆典时，安排专车随参加对象一起带到庆典现场礼品签收处。

（6）统计工作

每半天或一天统计实到人数，检查缺席情况，以便及时向领导汇报并通知未到来宾。

案例分析7-1　想当然的何秘书

××公司即将举办一个中国民营企业发展之路研讨会，会议邀请了国内一批民营企业家来参加。为保证会议的各项工作顺利进行，公司为此专门召开了一个会务筹备协调会，将会议的各项工作都落实到专人负责。

何秘书的工作是安排与会代表的住宿工作。她去会务组王秘书那拿到了与会同志的回执后，简单地统计了一下，共有13个女同志，53个男同志，以2人一间，算了一下应该订34个标准间，既省钱又方便。为了节省时间，她马上打电话给承办这次会议住宿的××宾馆，要求预订34个标准间，告诉宾馆的值班经理，五天以后他们公司的客人就会陆续入住。

与会代表开始报道的那天上午，何秘书赶到××宾馆，准备迎接客人入住。令她没有想到的是，与会代表们对她安排的房间很不满意，提出了一大堆何秘书事先没有考虑到的问题：有的与会代表说她有失眠症，不方便与他人合住，要求换个单人间；有的与会代表不满意阴面的房间，要求换到阳面去；有的与会代表反映他房间的窗户正对着餐厅空调的排气口，这么吵，没法休息，要求另换房间……诸如此类的问题层出不穷。

有个公司的老板不满地问何秘书："你这房间是这么安排的？我在参会的回执上已经写明要个单人间，因为我要办理一些商务工作，两人住一间不方便"。还有3个公司的老总对她说："这家宾馆的档次有点低，我们想换一家星级高一些的。"何秘书连说对不起，她会想办法解决的。

何秘书去找宾馆的经理，希望他能配合解决与会代表们提出的问题。由于现在是住宿的旺季，房间调整很困难，但宾馆方面考虑到她们公司是老客户了，所以做出了最大的努力，尽量满足了代表的要求。最后，何秘书另外联系了一家档次较高的宾馆，满足了想住星级较高的宾馆的那3个老总。终于将全部与会代表都妥善安排好了之后，何秘书才松了口气。

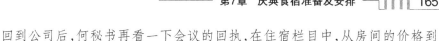

回到公司后,何秘书再看一下会议的回执,在住宿栏目中,从房间的价格到房间的类型,代表果然提出了很多要求,只是她没有认真对待,自己想当然了。

分析:住宿的安排是一项具体细致的工作,秘书要提前编制住房分配方案。秘书在具体安排住宿时,要根据与会代表的要求、具体的职务、年龄、健康状况、性别和房间条件综合考虑,统筹安排。秘书在选择住宿的宾馆、饭店的时候,要充分考察其设施是否齐全,安全性如何,价格是否合理,地方是否方便,环境是否安静、整洁,然后综合进行选择。要是由与会者自己支付住宿费,就需选择几家价格、条件不等的饭店、宾馆或同一家宾馆不同的标准的客房供其选择。秘书可以选择几家比较满意的不同档次的宾馆,订立长期合作的合同。这样既省心,遇到困难可以得到宾馆方面的配合,又可以有一定的优惠。

7.2 庆典餐饮安排、服务

庆典餐饮直接关系到与会人员的身体健康。要按照国家有关部门在餐饮方面规定的标准,尽最大努力满足参加对象饮食方面的合理要求。认真做好用餐地点、菜单的选择、确定等工作。强调优质高效地餐厅服务。饮食要干净、卫生、美味可口,尽量照顾到不同口味人的需要。要照顾病号,照顾少数民族同志,照顾有特殊需要的参加对象。有条件的可设立病号席、清真席,实行分餐制。对因参加庆典误餐的人员,应预留饭菜。

7.2.1 确定庆典就餐地点、方式

1)制订饮食工作的方案

大型庆典活动,要事先依据庆典活动整体要求制订一套详细的饮食工作方案,主要内容包括:

(1)就餐标准

先进行就餐预算,庆典开始前首先要核准参加庆典的人数和庆典天数,根据领导的要求,单位的有关规定和就餐标准编制就餐经费预算,并把就餐标准分解到早、中、晚三餐的具体支出中。

(2)就餐时间

就餐时间一般要同庆典活动的作息时间综合考虑(一般早餐:7:00—8:00;

中餐 12:00—13:00;晚餐:18:00—19:00)。

(3)就餐地点

最好是所选住宿酒店内,如果人数较多,要多安排几个就餐地点,但不要相隔太远。

图7-1　自助餐

(4)就餐形式

这是决定采取分餐制还是合餐制。分餐制既属于中餐西吃的一种形式,也可以说是我国自古有之。分餐制容易控制菜量,减少浪费,一人一份,卫生方便,不用互相礼让,有助于缩短用餐时间,也便于庆典宴会服务员实行规范化服务。

(5)就餐人员组合方式,即就餐时是自由组合还是按庆典活动编组的方式组合。

(6)就餐凭证,即凭就餐券入场还是凭庆典证件入场就餐。

(7)保证饮食安全的具体措施。

2)就餐预订的方式

就餐预订的方式是指主办方与酒店、餐厅有关人员接洽联络、沟通庆典就餐预订信息的过程,庆典就餐预订的方式多种多样,概括起来有以下几种:

(1)电话预订

电话预订是就餐预订的主要方式。电话预订主要用于向餐厅询问地点、日期,核实细节和有关事宜。为了更详尽,可约定会面时间当面交谈。

(2)面谈

面谈是进行庆典就餐预订较为有效的方法。面谈也要通过电话来预订会面的时间和地点,当面洽谈讨论所有的细节安排,解决参加对象提出的特殊要求,讲明汇款方式等。在进行面谈时,预订员和餐厅方要详细记录填写预订单和联络方法及有关的建设性意见。事后还要随时保持联络,对信息保持及时沟通。

(3)指令性预订

政府机关或主管部门在经常的业务往来中安排相关活动而专门向直属宾

馆、饭店餐厅发出预订的方式。

3) 庆典就餐的预订

(1) 庆典就餐地点的选择要素

庆典就餐地点的选择要考虑以下几点：

①一般选择在庆典所在地点的餐厅里,参加对象所住的宾馆里或具有当地风味和有特色的对外开放的饭店。如有条件可另设休息室(厅)作为就餐前简短交谈的场所,待参加对象到齐后一起进入餐厅入席。

②餐厅大小是否能够容纳庆典活动的全部就餐人员,就餐人员中包括参加对象和接待人员两部分。

③餐厅的卫生条件是否达到规定的标准。

④饭菜品种和质量能否满足要求。

⑤餐厅与庆典场地和参加对象住地的距离是否适当。

⑥价格是否合理。

(2) 庆典就餐预订

如果确定庆典就餐预订可行,无论暂时性确认,还是确定性确认,都要一式三份填好庆典就餐预订单,一份预订人员留底,一份留酒店餐厅,一份为存根。接受庆典就餐预订主要是通过填写好庆典就餐预订单来完成。

庆典就餐预订单的内容主要包括：

①庆典就餐主办单位或个人,单位负责人头衔、地址、电话。

②预订日期、编号。

③庆典就餐日期、开始的时间。

④出席人数(一般大型庆典就餐的出席人数要在规定最低时间内确定。一般 24~48 小时前最后确定)。

⑤付款方式(现金、信用卡、支票),预订金额(一般大型庆典就餐为总费用的 10%~15%)。

⑥合同类型、备注。

⑦价格,即庆典就餐各项费用开支和总计额。

⑧庆典就餐形式及餐厅的布置。

⑨庆典就餐菜单。

⑩预订人姓名电话。

(3) 常见庆典就餐预订单的格式

庆典就餐的规模、档次、风格、管理方法不同,订单也有所不同。下面简单介绍常见的庆典就餐预订单,方便操作和参考。具体设计可以参照下表进行。

表7-1　庆典就餐预订单

庆典就餐日期		时间	
联系人姓名		电话	
主办庆典单位		邮政编码	
人数或桌数		每人(台)标准	
有何忌食			
庆典餐厅要求			
付款方式			
处理情况			
预订日期			
承办人		预订日期	

4)印制和发放就餐凭证

为加强就餐管理,防止有人"混吃",一般采取两种办法:

①印制专门的会展活动就餐券,在参加对象报到时和会展文件一起发放,以后每次就餐时,由工作人员收藏。

②凭会展证件进入餐厅就餐。就餐凭证一般采取两种办法:一种是印制专门的庆典活动就餐券,另一种是凭庆典证件或住宿牌进入餐厅就餐。要保证发放到每一个人手上。

案例分析7-2　早餐费用免还是不免

一个庆典接待需房共15间,住5天,房费含早餐,总台在入住时会将5天早餐券一次性交给客人,安排过程中,14间房都没有问题,但有一间客房却有200元的早餐挂账。这间房的客人说:入住时总台并未给过他早餐券,所以他才把早餐费用挂账,现在应把餐费免了,此费用是否该免呢?

分析:解决这个问题的思路要想清楚,如果是酒店没发餐票给客人,及时补上,如果是发了餐票客人弄丢了,可向及时领导汇报,是帮客人支付还是协商由客人自己支付,如是后者,一定注意协调的方式、方法,以免客人产生不快。只要真诚地为客人想,客人还是会理解的。为防止此类事件发生,最好由接待方领餐券亲自发放,并做好登记工作,以免出问题。

7.2.2　用餐菜单的确定与酒水的安排原则

随着经济的发展、社会的进步、人民物质文化生活水平的日益提高、人民的生活追求也发生了新的变化。提高生活质量、强调精神享受和文化氛围,逐渐成了人们追求的新境界。为了适应这种时代潮流,传统的庆典宴会方式也进行了大幅度的变革,用餐菜单也要围绕以下几种原则进行确定。

1)文化原则

庆典宴会文化是人类有关庆典宴会的创造成果和总和,是不断地与其他科学技术进行融合的产物。庆典宴会的文化原则表现在以下几个方面:

(1)庆典宴会将成为一种综合性的社会交往活动

①庆典宴会的意境和庆典宴会的气氛在庆典宴会中显得越来越重要。每举行一次比较正规的庆典宴会都要投入较大精力来创造符合庆典宴会主题的意境。诸如,餐厅的选用,场面气氛的控制,时间节奏的掌握,空间布局的安排,音乐的烘托,餐桌的摆放,台面的布置,台花的设计环境特点,服务员的服饰,菜肴的命名,餐具配套,菜肴的搭配,口布花的折叠以及烟、酒、菜、糖、水果、点心等都紧紧围绕庆典宴会主题来进行,力求调动一切可以调动的手段,努力创造理想的庆典宴会艺术境界,给宾客以美的艺术享受。因此,新时代的庆典宴会文化正在兴旺。

②现代的庆典宴会与文化艺术有机结合。如文化主题、音乐绘画艺术等都将成为现代庆典宴会乃至未来庆典宴会不可缺少的重要部分。新时代大酒店相继推出的"新春时装大展示""齐鲁风情食品节"和"金海岸歌舞美食节",不仅使客人观赏中国台湾易超公司新潮摩登的时装,情景交融,集食、乐、舞为一体,而且使客人能够伴着莱阳市旅游艺术团表演的民族舞蹈,品尝到新时代大酒店名厨主理的鲁菜。

由此可以说明:庆典宴会的成败并不取决于酒菜的多少,大吃大喝的宴席方式,并不会给宾客留下美好的回忆。大吃大喝的庆典宴请方式将被社会逐渐淘汰。四菜一汤的庆典宴请形式将日益进入高堂雅座,成为全社会普遍采用的公宴和家宴形式,形成一种新的社会风尚。

(2)新的庆典宴会形式和各种创新将不断出现

伴随着社会经济的发展,庆典宴会形式和内容不断得到发展和完善。庆典宴会的服务形式正向标准化、规格化和多样化发展;象形餐具和一次性使用的卫生筷子普遍使用;分食制和传统饮食方式逐步得到恢复;庆典宴会的营养结构不断出现新的组合;综合国内外的庆典宴会和仿制国外庆典宴会已经出现;历史名宴被有组织地仿制,新庆典宴会格局不断涌现,茶话会形式普遍被采纳等。此外,庆典宴会食品向经济实惠、营养保健、丰富多彩、边吃边看、方便食用方向发展;庆典宴会专用菜肴、点心、饮料、茶果逐步入席:民族菜、会议菜、食堂菜、旅游菜、疗养菜、健美菜、防老菜、药膳菜、强化菜以及特殊工种的保健菜等都已在庆典宴会中争得了一席之地,以满足不同层次、不同消费者的需要。

2)美食化原则

美食是人们在饮食活动中美的创造成果和美的欣赏对象,它不仅给人以饮食生理快感,而且使人获得饮食心理的满足,使饮食成为生活中的艺术享受。总之,美食是庆典宴会高度文明的集中表现,随着社会物质文明与精神文明的高度发达,人们对美食的要求越来越高,庆典宴会作为饮食的最高级表现形式,美食原则必然遵循。

庆典宴会的美食原则主要表现在三个方面:一是质美,二是感觉美,三是意美。前两方面属于烹饪成品本身,意美则是由美器、环境等烹饪成品本身以外的因素引起饮食者心理上的美好反应。前两方面是美食的基础,意美是美食的较高层次追求。现分述如下:

(1)质美

质美就是饮食纯净,营养合理,符合营养卫生要求。庆典宴会美食趋势是要求提供多种营养素的食品在一定时间内做好合理搭配;美食还要求保证卫生,无生物污染和环境污染。

(2)感觉美

这是指人的感觉器官由烹饪成品引起的美感,感觉要求表现在以下四个方面:

①味美,即原料成熟和调味后的甜、酸、咸及混合味等味觉美感。

②触觉,是指接触烹饪成品时的软、滑、嫩、香、酥、脆等触觉美感。

③嗅美,是指熟肉香、熟菜香、调料酒香等嗅觉美感。

④形美和色美,指原料经过切配、烹调后的色彩、光泽、形状的视觉美感。这对于冷拼和瓜果装饰雕刻尤为重要,对菜肴汤汁的颜色、浓度、盘菜的点缀,及物料的块、条、丝、丁刀工和整件主料的形态也是要讲究的。

感觉美的诸因素中,以味美为上。如果离开了这条原则,其他因素都将在

图 7-2 精美的菜品

美食中失去意义和价值。

（3）意美

这是指由饮食器皿、饮食环境、社交礼节、上菜程序以及音乐演奏等因素相结合造成的意境和韵味美，它足以使饮食者产生愉快欢乐的情绪和"久久不忘的美好记忆"。

①饮食器皿有碗、盘、沙锅、杯、勺、调羹、筷子等；按材料质地划分有陶器、瓷器、玻璃器、金银器、木器等；其作用有承托的，有保温的。什么菜用什么器皿盛装或取食，已成为习俗，要求在习俗的基础上设法增添美趣、雅趣，又要防止画蛇添足，弄巧成拙、欲益反损。

②饮食环境主要是指饮食处所的外观环境和室内环境布置两个方面。人们特别关注室内环境的布置美。

③上菜程序是指各类菜肴上桌的先后顺序及其搭配方法。庆典宴会活动中越来越讲究社交礼节，不仅要求上菜程序中浓者、厚者、无汤者先上，淡者、薄者、多汤者后上，而且越来越注意每道程序内菜的配碟，以起到衬托和助消化作用。

④音乐演奏就是进食时放音乐，有时也观看舞蹈表演或跳舞，盛大庆典宴会上有时还边吃边喝，边看歌舞表演节目。

3）节俭化原则

古代宴会由于统治阶级不知稼稻艰难，挥霍浪费，暴殄天物者居多，如唐代烧尾宴、宋代张俊奉宋高宗的御宴、清代千叟宴和满汉全席等宴会。这种以食为主的宴会方式正逐渐被淘汰。

庆典宴会反映一个民族的文化素质，绝不能搞酒足饭饱，一醉方休。改革开放以来，随着我国经济的发展，人们物质生活水平和文化生活的提高，符合现

图 7-3　意蕴十足的菜肴

代社会要求的新的思维方式、工作方式、生活方式逐渐被我国人们所接受并日益成为人民的生活方式。表现在宴请上,正向节俭化方向发展,具体表现如下:

(1)讲求经济实惠

今后各种庆典宴会,即使必要仍需节约。国宴尚要做到菜量适度,品种单纯,选料普通,社会上的庆典宴会规格更应该从俭办理。

(2)实行分餐制

分餐制既属于中餐西吃的一种形式,也可以说是我国自古有之。分餐制容易控制菜量,减少浪费,一人一份,卫生方便,不用互相礼让,有助于缩短用餐时间,也便于宴会服务员实行规范化服务。

(3)强调宴会格调

现代社会的庆典宴会,皆在联络感情,沟通信息,表达情谊,它是人与人、单位与单位、国家与国家横向往来的一种交际手段。设宴侧重礼节,赴宴要有礼貌礼仪方面的基本修养。

总之,热情好客必将被态度诚恳、彬彬有礼所代替,而强调进餐环境、宴会气氛和服务水准。更加节俭、文明、实效、礼貌、典雅的新型庆典宴会观念将成为社会发展趋势。

4)庆典宴会的营养化原则

与庆典宴会的文化趋势、节俭化趋势、美食化趋势相对应,必须要产生营养化趋势。庆典宴会的营养化趋势就是承办庆典宴会的人也应该考虑到设宴者的心理承受能力,根据设宴者的要求承办庆典宴会。庆典宴会的营养化趋势,既有必要,又有可能。在我们国家,从实际情况出发,目前庆典宴会配餐可适当减少荤菜的数量,而增加素菜的数量。具体配餐可参照中国营养学会曾经推荐过的人均月膳食标准来进行,具体指标包括每人每月谷类 14.2 千克,薯类 3 千克,蔬菜 12 千克,干豆 1 千克,水果 0.8 千克,肉类 1.5 千克,乳类 2 千克,蛋类 0.5 千克,色虾 0.5 千克,油类 0.25 千克。上述食物除以 30 天,再除以 3 即为每人每餐的膳食量。当然,庆典宴会配餐可稍高于人的日常膳食摄入量。

庆典宴会营养化原则的具体表现形式主要有:

①根据国际、国内的科学饮食标准设计庆典宴会菜肴。

②我国国宴实行"四菜一汤"制度,给我国庆典宴会开辟了一个新的导向。

可以肯定地说,四菜一汤能够满足与宴者一顿中餐或一顿晚餐对营养的需求。一切公宴或私宴都应该朝这个方向发展。

5) 其他原则

①用餐菜单的确定与酒水的安排要在经费预算的框架内(酒水是餐厅提供还是自带,自带酒水是否加收服务费,收多少要提前落实,以防事后起纠纷),尽可能与有关餐厅商定一份科学、合理的菜谱,并尽可能满足少数民族代表以及一些有特殊饮食习惯的代表的需求。

②可尽量体现地方特色,安排一些特色菜,并适当考虑大众口味。

③菜单确定后请示相关领导,有必要还可点几个重点菜考察菜品口味、质量。

【知识链接7-1】 菜品、酒品小知识

酒品:

白酒类:茅台、五粮液、威士忌、白兰地。

啤酒类:燕京、百威、青岛。

果酒类:中国红葡萄、长城干红。

酒品保管:提前 15 天购买,度过醒酒期。啤酒要单独、直立存放。果酒类要存放于 10~14 ℃,防止光线过强或阳光直射。白酒类要密封保存,防止挥发渗漏。

非酒精饮品:

茶:乌龙、花茶。可可:加牛奶、加果仁。矿泉水:崂山。鲜果汁:甜橙、菠萝、柠檬、西柚、提子。汽水:可乐、柠檬。牛奶。

图 7-4   各种酒品

果品：

香蕉、苹果（红富士）、四川血橙、库尔勒香梨。

花卉：

剑兰、水仙。注意整洁、鲜艳。

甜品：

皇家咖啡、水蜜桃圣代、彩虹巴菲、蜜瓜奶昔。

图 7-5   甜品

菜谱：

川菜：宫爆鸡丁、棒棒鸡、麻婆豆腐、回锅肉、鱼香肉丝、毛肚火锅、四川泡菜。

粤菜：脆皮乳猪、东江盐焗鸡、滑炒虾仁、龙虎凤大烩、冬瓜盅、大良炒牛奶。

鲁菜：九转大肠、德州扒鸡、糖醋鲤鱼、锅榻豆腐、大葱炮羊肉、清汤银耳。

江苏菜：扬州三套鸭、狮子头、松鼠桂鱼、叫花鸡、清蒸鲫鱼、五味煮千丝。

浙江菜：西湖醋鱼、龙井虾仁、东坡肉、冰糖甲鱼、大汤黄鱼、宁波咸菜。

湖南菜：麻辣子鸡、腊味合蒸、洞庭野鸭。

福建菜：佛跳墙、炒西施舌、原汤鱿鱼、五香烧鱼螺、烧雁鹅。

北京菜：北京烤鸭、蝴蝶海珍、清汤燕菜、清蒸潘鱼、三不粘、南府麻苏造肉。

7.2.3   庆典就餐服务

1）餐厅服务

督促餐厅在参加对象就餐前把一切饭菜全部准备好，指定专人候在餐厅门前，引导就餐人员依次就座。少数民族人员和病号及需特殊照顾的人员的就餐桌上要放置醒目标志牌，如"清真席""病号席"等，以便寻找。

2）席位安排

在庆典用餐中,桌次与座位是一个不可忽视的问题。按习惯,桌次的高低以离主桌位置远近而定。右高左低。桌数较多时,要摆桌次牌。宴会可用圆桌方桌或长桌,一桌以上的宴会,桌子之间的距离要适中,各个座位之间的距离要相等。团体宴请中,宴桌排列一般以最前面的或居中的桌子为主桌。为了方便宾馆餐厅人员准备,也可以就餐厅的座位安排画草图示意。餐桌的具体摆放还应与宴会厅的地形条件而定。各类宴会餐桌摆放与座位安排都要整齐统一,椅背达到纵横成行,台布折纹要向着一个方向,给人以整体美感。此工作督促餐厅做好即可。座位安排可按领导的指示,工作需要进行,由工作人员指引,礼宾次序是安排座位的主要依据。我国习惯按客人本身的职务排列,以便谈话,如夫人出席,通常把女方排在一起,即主宾坐在男主人右上方,其夫人做在女主人右上方,两桌以上的宴会,其他各桌第一主人的位置一般与主人主桌上的位置相同,也可以面对主桌的位置为主位。在具体安排座位时,还应考虑其他因素。例如,双方关系紧张的应尽量避免安排在一起,身份大体相同,或同一专业的可安排在一起。

3）现场布置

这取决于活动的性质和形式,可少量点缀鲜花等。餐厅可以用圆桌,也可以用方桌。一桌以上的,桌子之间的距离要适当,各个座位之间的距离也要相等。如安排有乐队演奏席间乐,不要离得太近,乐声宜轻。休息厅通常放小茶几或小圆桌,与酒会布置雷同,如人数少可按客厅形式布置。可由餐厅完成,但庆典工作人员要做好监督检查工作。

图 7-6 餐厅布置

图 7-7 餐具准备

4) 餐具准备

要督促餐厅的餐具、餐桌上的一切用品都要十分清洁卫生。督促好餐厅根据参加对象的人数、酒菜的道数准备足够的餐具,桌布、餐巾都应浆洗洁白熨平。玻璃杯、酒杯、筷子、刀叉、碗碟等在宴会之前都应洗净擦亮消毒。

5) 迎宾工作

按领导的安排有专门的接待人员提前在宴会厅门口迎候或直接由领导亲自迎候以示热情。宾客进入休息厅后安排服务人员递上香巾、热茶或酒水饮料。

6) 就餐中的服务

有专门庆典工作人员按照领导的要求及先宾后主、先女后男的次序引请入座。席间要勤巡视、勤斟酒、安排服务员勤换烟灰缸。

7) 送宾服务

提醒参加对象带齐携带物品。忘记随身物品的要及时追出去把物品送还,已经离开了要及时找到失主归还。

7.2.4　庆典就餐的其他注意事项

1) 统计就餐人数

准确统计就餐人数是安排好就餐的重要前提。如果人数统计不准确,偏多会造成浪费,偏少会影响部分参加对象就餐。统计少数民族代表以及一些有特殊饮食习惯代表的要求。方法一是根据庆典签到的实际人数,二是分组统计,然后汇总。就餐人数应包括工作人员。

2) 餐前检查

就餐之前,要对饭菜质量、份数、卫生状况等进行必要的检查,发现问题,及时纠正或者调整。

3) 餐后反馈

参加者就餐后,要注意听取他们对饭菜质量以及餐厅服务态度的意见,以便及时改进服务,或更换附近餐厅。

案例分析7-3 令人满意的会议餐饮工作

庆祥公司承办了一个信息研讨会,主办方邀请全国相关行业的代表70余人到会。高秘书是个很有经验的秘书,公司每次会务的餐饮工作都是由她负责的,这次也不例外。

高秘书接到任务后,马上去会务组,找到负责收发会议通知的李秘书借会议回执,查看与会代表的个人信息。她仔细查阅了与会代表的性别、年龄、民族、生日等信息,然后进行了分类统计。

高秘书统计得非常详细,并认真地把这些信息记录在一个本子上。她统计完之后,发现这次与会代表以年轻男性居多,其中还有2人是回族,2人的生日正好在会议期间。高秘书在这些特别信息后做了一个明显的标记,以提醒自己不要忘记。

高秘书根据与会代表和会议日程的具体情况,认为这次会议的餐饮形式采取自助餐与会餐相结合的方式比较好。因为上午和下午安排的会议比较紧凑,早餐与中餐就采用自助餐形式。晚上的时间比较充裕,而且年轻的男性代表们还可以喝点酒,放松一下,增进一下友谊,高秘书认为采用聚餐形式比较合适。高秘书在公司规定的每个代表用餐标准内,联络餐厅进行了精心准备,给代表们准备了丰盛的可口饭菜,充足的酒水。在整个会议期间,每当就餐时,高秘书都到场张罗,询问饭菜是否可口,对代表的一些特别要求也尽力给予满足,实在不能满足的都耐心地给予解释,或提出适当的替代方案。

对2名回族代表的饮食,高秘书也注意了他们民族的禁忌,单独提供饭菜,2名代表很满意。还有过生日的代表,高秘书都在早餐时按中国的传统习俗给代表专门捧上长寿面和荷包蛋,过生日的代表都很意外,也很感动,他们称赞高秘书真是太细心周到了,他们感觉像在家里一样。

整个会议结束后,在会议反馈评价表上,与会代表都对高秘书负责的会议餐饮工作给予了表扬。

分析:会议的餐饮工作是一项非常重要的工作。民以食为天,与会代表在会议期间吃得怎么样,直接关系到与会代表的身体健康和精力充沛与否,影响代表参会的质量和对会务工作的评价,影响承办公司的信誉和形象。餐饮工作的原则就是保证与会代表吃好,吃得安全,但又不能浪费。在会议规定的就餐标准内,尽可能地为代表准备品种多、美味可口、干净卫生的饭菜,并为有饮食禁忌的代表单独安排菜单。秘书在准备会议餐饮时要与饭店一起确定菜单,照顾不同国家、不同民族与会代表的饮食习惯、风俗、禁忌,还要冷热、甜咸、色香味搭配。秘书要选择适当的餐饮形式,保证会议的正常进行,向时有利于与会代表之间沟通交流和增进友谊。

案例分析7-4　庆典食宿及相关安排

1. 庆典名称_____

2. 庆典召开所在地_____

3. 庆典规模

(1)预计参加总人数____人,领导____人,嘉宾____人,会员____人。

(2)预计使用会议室

□特大会议室(400 人)□大会议室(150 ~ 250 人)□中会议室(80 ~ 100 人)□行政会议室(15 ~ 30 人)

(3)庆典礼仪服务

□礼仪小姐□舞龙队□舞狮队□乐队□拱门□气球□摄影□拍照

(4)庆典特别服务

□代邀政府领导□代邀相关领导□代邀社会名流□代邀行业人士□代邀演艺明星□代邀新闻媒体

4. 参加人员到达方式

□飞机□火车□汽车□自驾车

5. 下榻饭店名称

★★★★★——饭店★★★★☆饭店

★★★－Ａ－饭店★★★☆★★★★★—饭店

★★☆饭店

6. 预计使用客房类型

总统套房____间 豪华套房____间 普通套房____间 标准房____间 三人房____间 夫妻房____间

7. 下榻饭店位置_____

8. 庆典就餐安排(正餐)

(1)形式

□中式□举办欢迎宴会□举办欢送宴会□普通会议用餐□普通自助餐

□西式□举办欢迎酒会□举办欢送酒会□普通自助餐

(2)餐标

中式围桌:□250 元/桌□300 元/桌□350 元/桌□400 元/桌

□500 元/桌□600 元/桌□800 元/桌□1000 元/桌

中式自助：□38 元/位□48 元/位□58 元/位□68 元/位

西式自助：□58 元/位□68 元/位□88 元/位□128 元/位

注：中、西式自助餐如非饭店常备，须 60 人起订。

（3）庆典茶点□需要□不需要

□25 元/位（水果饼、曲奇饼、柠檬饼、芝士卷、芝麻枣、水果沙拉、咖啡、茶）

□35 元/位（黑森林饼、粟子批、小粉饼、草莓毛士、意大利饼、法国薄饼、小蛋糕、蓝莓夹心饼、水果盘、咖啡、茶）

注：以备饭店实际产品为准。

9. 庆典用车

如庆典场所与下榻饭店、餐厅非同一地，市内免费接送。

10. 庆典观光考察

设计安排具体线路行程，景点另行详细介绍附材料。

11. 联系方式

（1）您的姓名：

（2）公司名称：

联系电话：

手机：

（请按选项选择，具体旅游线路附单独材料）

分析：在该案例中，主办方把食宿安排在一起，既方便了来宾也减轻了主办方的工作压力。

复习思考题

1. 你认为庆典通知的回执重要吗？它对庆典工作者有什么作用？

2. 怎样做好庆典的住宿工作？

3. 怎样做好庆典的餐饮工作？

第8章
庆典后勤准备

【本章导读】

对于庆典活动而言,后勤准备工作是最需要花精力去考虑的一个部分,也是较为琐碎的部分,服务的好坏对与会人员能否精力充沛、情绪饱满地参加庆典影响甚大。因此,即便是极其微小的细节也会影响庆典活动的成败。作为活动的组织者,需要做到精心策划活动的每个环节,并在现场管理中重视后勤管理的细节,从而满足各方利益相关者的需求。本章主要介绍庆典会场的清洁整理、庆典车辆准备、医疗、电力保障等相关问题。

【关键词汇】

庆典会场的清洁整理　庆典车辆准备　医疗电力保障

【引例】

上海世博会环卫机械当家 落地垃圾 10 分钟内清除

昨天(2010 年 10 月 20 日)召开的以"环境,让世博更精彩"为主题的世博公众论坛上,世博会指定环境卫生服务商上海城投环境实业有限公司表示,将在世博会环卫服务过程中,实现"告别扫帚,机械当家",使世博园成为"引领上海,展示未来"的市容环境示范区。

落地垃圾 10 分钟内清除

世博会期间,世博园每天开园时间为 15 个小时。针对人流量波动较大等特点,世博会园区陆域保洁主要采用"夜间集中清扫作业,日间巡回保洁维护"的作业方式,即开园前以机械集中作业、开园后道路以机械为主、广场人机结合、高架步道以人工为主进行保洁维护。想象一下吧:运营了一天的世博园终于关门了,而保洁工作却正是开始的时候,人行道上一辆机扫车缓缓开过"吸走"了路面上的灰尘,不一会儿,又一辆清洗车"冲洗"路面的沟壑……黎明到来,巡查员开着小型巡查车进行开馆前的"检查";等到世博园开馆了,道路上只见保洁人员不间断地检查,落地垃圾能在 10 分钟以内及时发现及时清除。

图 8-1 "世纪之光"水上清扫船

"世纪之光"不留一片垃圾

世博会期间,一艘专为上海世博会精心打造的综合应急指挥艇——"世纪之光"将担当重任。如果"世纪之光"在巡逻时发现景观水域水面有漂浮物,国内第一艘以电力推进系统为动力装置的新型清扫船"世纪之光"就会第一时间出马。这艘水上清扫船,看起来像是一艘游艇,却配有打捞装置。只要它悄然行过,水面上的漂浮物顿时不翼而飞。国内首创的嵌入式电子控制系统和船舶清捞漂浮物系统,使"世纪之光"实现了清扫作业的封闭隐藏。"世纪之光"共获得了8项知识产权。

图 8-2　装配式厕所

装配式厕所任意组合

据专家统计推算,人群在世博园区内的参观滞留时间普遍在8~10小时。上海世博园内将诞生目前世界单体量最大、厕位数最多的公厕。更为奇特的是,世博园内的厕所是由集装箱形状的箱体组合装配而成的,可以任意组合装配。

按照参加上海世博会的观众男女比例为1∶1测算,园内的男女厕位比例设置为1∶2.5。如果当天参观世博会的男女比例超过1∶1,即男性所占的比例大于预设值时,箱体组合式厕所可将其中一个女厕所单元临时调整为男厕所区使用,从而避免了男女厕所机会不均等的问题,提供了弹性的调节空间。据悉,目前世博园内已组装完成5座装配式厕所。

分析: 世博会现代、高效的垃圾处理系统方便了游客,也一定程度缓解了世博保洁人员的工作压力,同时体现了上海世博会高科技、绿色、环保的理念。

8.1 庆典会场的清洁整理

庆典活动往往场馆占地面积大,功能区域多且分散,因此,清洁服务工作的量也较大,庆典的清洁服务工作主要包括环境卫生工作和日常清洁工作两方面。

8.1.1 庆典场所的清洁服务

1)环境卫生工作

环境卫生工作包括庆典主会场、会议室、楼层、各类门、电梯、灯具、公厕、人行道路、广场、室外楼梯和平台、草地、垃圾站、沟渠、停车场及车库、大楼外部、室内(外)部绿化养护等卫生工作。

2)日常清洁工作

根据庆典活动的周期,庆典的日常清洁工作一般分为筹备期、活动中和结束后三个阶段。

筹备阶段的工作主要有制订庆典活动卫生管理计划、确定人员分工与责任区域、相关人员岗位培训和卫生检查等。活动阶段是人流最密集、最易发生卫生安全事故的阶段。因此,应按照清洁卫生计划,严格地进行清洁卫生管理、确保庆典期间清洁卫生工作的顺利开展。庆典结束后清洁卫生工作的重点是将各场地、环境恢复到活动之前的状况。

清洁人员在工作内容上,总的要求是要保持庆典场地的干净卫生并及时清除生活用品垃圾,运送到指定位置。

案例分析8-1 ×××学校校庆××周年庆典活动后勤工作方案

为确保后勤管理处庆典工作的顺利开展,结合后勤管理处实际,特制订本工作方案。

一、成立后勤工作领导小组:

组 长:×××

副组长:××× ×××

成员:×××　×××　　×××

二、明确工作职责:

(一)后勤全面协调工作。

具体负责人:×××

(二)校园环境卫生、校园绿化美化工作、行政办公楼楼道及公厕卫生等工作。

具体负责人:×××

成员:×××　　×××

工作任务:

1.确保校园环境卫生及公厕的整洁,清理卫生死角。

2.负责购置绿色植物及盆花,并摆放在指定区域。

(三)教学楼楼道、学生宿舍楼道卫生工作

具体负责人:×××

成员:×××　　×××等5人

工作任务:确保教学楼楼道、学生宿舍楼道卫生及厕所清洁

(四)水电保障工作:

具体负责人:×××

成员:×××　　×××等5人

具体工作措施:为确保庆典用电工作,采取以下措施:

1.到供电局办理庆典期间的保电手续,确保庆典期间的正常供电。

2.检查供电线路。

3.备好发电机,做好应急发电准备工作。

4.负责将庆典用电接至现场。

(五)医务工作:

具体负责人:×××

成员:×××　　×××等9人

具体工作措施:根据参加庆典嘉宾较多,又有大量学生参与,场面较为隆重的特点,为确保庆典工作的顺利进行,出现问题能及时处理,采取以下措施:

1.在现场设立2个医疗点,配备好日常药品及急救药品、氧气袋等物品,以备参加庆典人员需要时救治。

2.在校医务室安排值班人员,方便就诊。

(六)餐饮服务工作

具体负责人:×××

成员：×××　×××　×××

工作任务：确保食堂各项准备工作就绪，保证参加庆典人员按时用餐。

分析：在工作方案中要确定卫生清洁人员分工与责任区域、检查措施，以便于工作方案的执行。

8.1.2　清洁人员的素质要求

清洁人员必须热爱自己的本职工作，能吃苦耐劳，不怕脏、不怕累，能全心全意投入到自己的工作中，必须服从领导，听从分配和管理。另外，所有从事庆典清洁服务的人员必须经过卫生部门的健康体检，合格后方可上岗工作。

图8-3　世博清洁用助力车

图8-4　世博保洁车

8.2　庆典车辆准备

庆典会前会后的迎接和欢送、庆典期间的日常用车、庆典集体活动,都需要庆典组织方提供交通服务。交通服务的主要内容包括筹备、调配、停放车辆。庆典交通服务是庆典工作的一个重要环节,这就要求庆典工作人员要做好这项服务。

8.2.1　用车制度及工作人员的确定

1)庆典用车的制度化

为了庆典用车科学合理,庆典举办方事先必须制定关于庆典用车的制度,预防职责不清、安全隐患、滥用车辆等问题的发生。庆典用车的制度化规定主要包括:庆典用车制度、车辆检查与维护制度、车辆征调与租用办法、车辆调度办法、车辆停放办法、停车指挥办法、意外情况的应急办法、庆典交通服务人员(庆典交通总负责人、调度员、停车指挥员、司机、随车人员等)的职责规定等。

2)庆典用车工作安排

庆典交通服务的工作安排比较复杂,要求庆典组织事先将交通服务具体工作一一列出,力求做到周密细致。庆典用车工作主要包括以下方面:

①合理计划、及时筹齐庆典用车。

②根据整个庆典的日常和临时需要,合理调度和使用车辆。

③安排好停车场地,做好不同车辆的停车规划。

④印发庆典车辆通行证,指挥停车。

⑤车辆的日常保养与维修。

3)庆典用车的人员管理

(1)安排优秀的司机

庆典期间,司机与参会人员接触较多,司机的驾驶水平和服务态度是庆典交通服务质量的重要体现。因此,庆典举办方在选择司机时除了考虑司机的专业水平,还要考虑司机的综合素质。

（2）必要时配备随车人员

会前接待、会后欢送、临时集体性的庆典外出活动（如参观、考察、游览、购物等）过程中的交通服务，单靠司机一个人是照顾不周的，这就需要配备随车的接送人员、服务人员、陪同人员等。这些人员，除了完成其接送、服务、陪同工作，在车辆行驶、停放等方面，也应配合司机，做到安全、细致，让参会人员舒适、满意。

（3）对司机和随车人员的培训

为了使庆典交通服务工作更加精细、周到，庆典举办方需要对司机和随车人员进行适当的培训。培训的主要内容有：

①接待和欢送参会人员的礼仪与注意事项。

②各项保证交通安全的制度规定和具体方法。

③应付各种突发事件的方法。

④工作人员如何相互协调配合。

【知识链接8-1】 小车司机接待礼仪

1. 开车前保持车内空气清新卫生，不要等到客人上车后才发现车上有许多杂物。

2. 准时到达接待地点。（最好在出发前短信告知客人并写明自己的车号，即使遇到特殊情况未能准时到达，也要及时向客人说明并道歉！）

3. 见到客人后，最好是下车迎接并主动作自我介绍，同时了解清楚客人的身份，将最重要的客人安排在副驾驶后座上，帮助客人开车门，并将手放在车门上，以防客人碰头。

4. 主动为客人准备好矿泉水，如果发现客人在喝水时，尽量放慢车速。

5. 客人上车后，要征询客人意见，是否需要听音乐或收音机？音量是否适宜？如果发现客人在休息或接听电话时，主动放小音量。

6. 主动告知客人休息时座椅的调节开关和灯光的开关处。

7. 无论时间长短，司机不可在车内吸烟！

8. 在开车过程中，司机不得将杂物抛出窗外。

9. 如果遇到堵车现象，不但自己不能着急，还要安慰客人别担心，更不能违规抢占道。

8.2.2 用车的组织

1)对庆典用车类型、数量的确定

庆典用车的类型、数量应根据与会人员的多少、级别等来确定,同时车辆的准备要严格遵循一定的原则,根据惯例,大轿车的配备按参会人员平均40人一辆计算,小轿车根据庆典的规格和实际需要从严掌握,做到既保证庆典用车,又要符合节俭原则。车辆的配备,应明确其类型、状况、容量等具体情况。用车之前,应对所配车辆进行严格检查,确保其正常、安全。

2)庆典租车

如庆典主办方车辆不够,需向别的单位租借车辆和司机,租车时应注意:

①预订车辆最好提前一到两天,预订周末的车辆需要提前两到三天。

②用车天数应定为最少天数,如不够用,应提前在还车时间之前打电话续租。

③前去租赁公司提车时,需带全所有证件,大部分证件都要原件。

④签署车辆租用合同前应仔细浏览合同的内容后再签字。

⑤在发车、还车、验车时应仔细查看,确认无误后再签署单据。

⑥万一发生事故,应尽快通知相关部门,一定要有交警的事故判定书,这是保险理赔所必需的证明。保险一定要在第一时间通知,最迟不能超过两天。

3)对庆典用车的合理配置

庆典用车要做到合理配置,对每类车的用途、接载对象都要明确,用车能固定的尽可能予以固定,如确定某一小组乘坐几号大车,哪几个人合用一辆小轿车等,既可以防止差错,也方便参会人员。

8.2.3 车辆的停放

1)停车场的准备和筹划

大、中型庆典,应准备足够的停车场地,根据庆典的性质和规模安排停车,为参会人员提供免费停车证。在准备停车场地时,应注意以下问题:

①停车场安全程度如何? 开门及关门时间?

②停车场能容纳多少辆车？能否为参会人员专门划出停车区域？

③有贵宾专用的停车区域吗？能容纳多少辆车？

④停车场附近,有没有影响交通流量的因素？在庆典的同一时间,有没有其他活动在举行？它们什么时候开始和结束？

⑤在参会人员大量抵达和离开的时候,停车场能有多少人员值班？

⑥如果有媒体参加,他们的车及设备应放在哪里？

⑦庆典活动工作人员的车辆在哪里停车？

2) 车辆停放的指挥管理

(1) 指挥车辆停放的原则

如果庆典参会人数较多,或庆典场所的停车场比较拥挤,组织方要安排专门的交通人员来指挥交通,以避免争先恐后、乱成一团的现象。如果与会领导者的级别较高,为维持交通秩序,还应请公安部门予以协助。一般而言,指挥车辆停放应坚持五先五后的原则,即:先外宾,后内宾;先小车,后大车;先重点,后一般;先车队,后单车;先来停近,后来停远。

(2) 根据不同情况指挥车辆停放

指挥停车,要因时因地制宜,根据不同情况,采取不同办法。指挥停车通常有三种情况:

①会场门前停车场地宽阔。这时可指挥车辆先进入停车场地停车,然后再让参会人员下车。

②停车场地狭窄,参会人员又需要在会场门前下车。应指挥车辆先在会场门前停车下客,待参会人员下车后,立即指挥车辆到指定地点停放。

③活动场所门前不便停车,而又需迎接首长、外宾的车。应先在活动场所附近为首长、外宾的车准备临时停车地,待首长、外宾下车后,再指挥车辆到指定停车场停放。

(3) 车辆停放排列的方法

根据停车场情况,车辆停放排列主要有以下五种方法:

①首尾相衔接,纵列依次停放。这适用于车辆停放集中的大车队以及领导、贵宾活动的小车队等。可以利用道路停车,能够保证车辆在散场时依次离开。

②齐头平列,单横排停放。适用于小型轿车集中来,分散走,或分散来,分散走的各种晚会、展览会等占有条件的场地应首先考虑采用这种方法,因为其

不仅便于随时调车、保证与会人员分散退场,停车也安全、迅速,便于集结和疏散。

③斜排停放,即车头向着去的方向斜排停放。适用于停车场地狭长,又紧靠建筑物的场合,或在道路两侧停放时采用。

④方阵停放,即车辆横直数排成行停放。适用于集中来,集中去的大型会议。在车辆多、场地小或场地短而宽的情况下,也采用这种停放方法。

图 8-5 不同的停车方法

⑤首长和主宾车辆单排停放,主要首长和主宾车辆单排,与一般车辆停放分离,照顾重点、兼顾一般。上述停车方法应根据情况灵活安排,目的是为了缩短停放时间,争取一次性停好,集结。

案例分析8-2 ×××学校××周年校庆庆典活动停车位置及行车路线安排

(1)主要领导和贵宾车辆停于二号教学楼至行政楼的停车泊位中,领导和主要来宾车辆停于一号教学楼至西门路处的停车泊位中。(主要领导和贵宾车位16,领导和主要来宾车位45,必要时可安排女生宿舍一栋侧停车可增加车位16。)

(2)来宾车辆停于学校篮球场、春熙路道路停车泊位中,必要时沿篮球场侧辅道停放。(篮球场车位90,辅道车位13,春熙路停车泊位30。)

(3)足球场侧辅道作为工作车停放点并作为应急通道使用,禁止停放其他车辆。

(4)学生宿舍2栋至学生处的道路停车泊位停放大型客车。

(5)学生宿舍2栋至学生宿舍6栋的道路停放载货卡车车。

(6)协调交警部门安排学府路莲华派出所至学校西门的自行车道作为临时停车场(车位50)。

(7)为保证来宾车辆的停放需要,11月4日住校外教职工的车辆请停放到校外或乘坐公共交通工具到校工作,住校内职工、家属;其他人员车辆一律于11月3日22:00前驶离学校。

分析:庆典主办方必须预测来宾车辆的数量并准备专用的停车场所保障停车需要,同时必须有专人对车辆的停放进行引导。

8.3 医疗、电力保障

8.3.1 医疗保障

庆典与会者来自全国各地,常会因长途跋涉、气候变化、水土不服、工作紧张等而出现身体不适等症状,庆典医疗保健,直接关系到参会人员的身体健康,因而必须建立健全相应的医疗卫生制度。主要内容包括疾病医疗、食品卫生、饮水卫生、会场卫生、住宿卫生、个人卫生和环境卫生。要配备必要的专职或兼职医生,或指定就诊医院,对年老体弱、急重病人应予特别照顾。所有食品都要符合国家食品卫生法的规定,必要时应采取抽样检查或全部检查的方法,严格进行化验,不得麻痹大意,以免发生食物中毒事件。做好医疗卫生工作十分重要,较大型的庆典都应组织医疗卫生保障,主要包括以下几项内容:

1)环境卫生

会前,组织力量对与会人员住所、会场周边环境、会议室、休息室、公共厕所等场所进行彻底的清扫和消毒,炎热季节还应采取有效的防蚊灭蝇措施。会中,要坚持每天清扫,及时清运垃圾,消除各种污染,保持优雅清新的会议环境。

案例分析8-3 单位形象的名片——厕所

2007年的世界厕所大会讲到,全世界不卫生厕所其中一半在印度和中国。如今厕所卫生已经成为一个单位乃至国家的形象的名片,在娱乐场所,假若厕所脏乱,就不能称为一流的场所;再豪华的餐厅,如果厕所脏乱,即使该餐厅的菜肴很好,也会让人觉得食不下咽。所以三星级的餐厅,一旦厕所不干净就会失去其三颗星的资格。评估服务业成绩的时候,厕所的设备和清洁往往排在第一项。同样的,对一家单位的评价也应从小地方着眼。有一位大企业公司的业务员说:"我去拜访顾客的时候,每次总先向他们借用厕所。因为不管董事长如何气派十足,或营业科长如何夸示他们公司辉煌的业绩,也不能代表该公司经营状况很好。一家一流水准的企业公司,一定不会把厕所的清扫用具乱放,更不会对公司的环境清洁问题掉以轻心"。厕所的清洁工作,有的公司是包给外面的清洁公司处理;有的是大楼管理员来负责。但是不管如何,脏乱是看得见的事实,不能不管。但若被外人看到,就会觉得公司管理松懈,从而给人造成不好的印象。

分析:庆典活动主办方应从小地方着眼,搞好厕所等公共卫生,给来宾形成良好的第一印象。

2)住房卫生

房间要每天清扫,被褥要定期更换,暖水瓶、办公桌和痰盂、烟灰缸等常用器皿要擦洗干净,饮水杯尽量采用一次性制品或定期消毒。窗户要常开,以保持室内空气流通,如有条件,房间和用品还应定期喷洒药物和消毒,楼道、公用卫生间也要每天清扫干净,经常消毒。

3)会场卫生

庆典期间,会场是人口最集中的地方,空气难免污蚀,传染病和流行病最易流行。因此,会场应是庆典卫生工作注意的重点之一,工作人员都要把会场打扫干净,有条件的还要定期喷洒药物消毒。

4)个人卫生

庆典应向与会人员提供必要的卫生设备及服务,提醒与会人员注意个人卫生,勤换衣服勤洗澡。遇有强烈的天气变化过程,提示与会人员适时增减衣服,炎热季节组织来宾外出参观活动,还可视情况分发防暑药物。

【知识链接8-2】 常用药的作用

■创可贴:消毒防腐,用于皮肤、黏膜的表成小伤口的消毒保护。

■紫药水:消毒杀菌,收敛,干燥创面,用于皮肤、黏膜的感染及小面积表成烧伤。绷带:可用于涂药、包扎、止血和固定。

■茶苯海明:用于防治因晕车、晕船而引起的恶心、呕吐、眩晕等。

■仁丹:适用于消化不良、晕车晕船、气候闷热等引起的恶心、呕吐、头晕等不适。

■氯苯那敏:镇静、止吐、能消除各种过敏症状。

■感冒药:这类药种类多,用于治疗感冒、流感等。

■十滴水:可用于中暑、急性胃肠炎、肠痉挛等症的治疗。

■藿香正气水(丸):解表和中、理气化湿。可治疗风湿型感冒、气性胃肠炎等。

■呋喃唑酮:对痢疾杆菌有抑制作用。

5)饮食卫生

饮食卫生监督是庆典医务人员一项重要工作任务,千万不可忽视。要严把食品卫生关,所用食品都要符合国家食品卫生法的规定,用餐的餐具和茶具必须严格清洗和消毒,必要时,庆典组织者应采取抽样检查的方法进行检验,以防止集体食物中毒事件的发生。

8.3.2 水电保障

水电供应工作,是庆典后勤保障服务工作的重中之重,相关部门应在庆典之前做好以下工作:一是与辖区自来水公司和供电局联系,说明庆典活动举办的相关情况,得到以上部门的支持和帮助。二是组织相关人员,对庆典活动的供水供电设施进行了全面检查维修,做到未雨绸缪,尽可能地把问题解决在萌芽状态之中。三是在庆典活动期间,成立庆典水电保障工作组,明确成员职责范围,并能保证出现问题及时处理,同时为防止供电中发生的紧急故障,还须准备备用电源。

案例分析8-4 ×××学校校庆期间水电保障工作方案与应急预案

为保证校庆期间供水、供电的正常运行,结合我校实际,制订本工作方案与应急预案。

一、责任人与联系电话

供水、供电的主要负责人是校庆期间水电保障工作的第一责任人。

总负责人:×××(联系电话:×××)

供电小组:组长:×××(联系电话:×××)

　　　　　成员:由电工6人组成

供水小组:组长:×××(联系电话:×××)

成员:由水工4人组成

二、工作职责

供水供电小组负责校庆期间供水、供电及应急处理工作,进行应急任务分配和人员调度,有效利用各种应急资源,保证在最短时间内完成对故障现场的应急处理。

三、具体分工

(一)供电方面

1. 供电小组向电业局申请在10月21日—23日予以保电,申请保电的高压进户线分别为:×××线、×××线、×××线。

2. 校庆主会场的供电:从西配电室接三根电缆专线(由物业服务中心自筹经费购置)对主会场进行供电。

3. 10月22日租用一台500 KVA发电车从7:30至22:30在西配电室外待命,采用供电专线与发电车通过开关连接在一起的方案,一旦出现意外停电故障,立即启动发电车对主会场供电。

4. 主会场各个出口安装照明灯,照明灯与供电专线相连接,一旦出现意外停电故障,通过发电车供电,能够保证疏散任务有效、安全的完成。

5. 对配电室的设备设施已经予以检修,更换了3个开关,以确保配电室设备设施正常运转。

6. 值班:主会场在大会和晚会期间安排5人值守;配电室在10月21日—23日期间专人值守,以处理突发故障。

(二)供水方面

1. 供水小组已向市自来水公司提交保水申请,保水时间为10月21日—23日。

2. 校庆期间始终保持注满水池,如遇意外停水,能保证生活用水。

3. 对水泵房设备设施已经予以检修,更换开关1个,以确保水泵房设备设施正常运转。

4. 水泵房安排4名水工值守,以处理突发故障。

分析:在该工作方案中明确了工作职能和分工并考虑了应急预案,能够有效地保证校庆庆典期间供水、供电的正常运行。

复习思考题

1.庆典清洁人员的素质要求是什么？

2.庆典用车工作的主要内容有哪些？

3.庆典医疗卫生保障的主要内容有哪些？

第9章
庆典安保准备

【本章导读】

庆典活动是一项公众参与性很强的活动,随着庆典活动的日益增多,相关的安全问题也日益突出,这给庆典的安全保卫工作提出了新任务、新要求。如何做好新形势下的庆典活动安全保卫工作,已成为摆在庆典活动组织者面前的一个突出的治安课题。本章结合工作实践,从安保方案的制订、突发事件应急预案的制订、突发事件的应对策略等方面的工作进行了阐述。

【关键词汇】

安保方案　突发事件　应急预案

【引例】

上海世博安保工作述评:平安世博愿"财富"共享

举办一届成功、精彩、难忘的世博会,这是中国向世界许下的承诺。2010 年 10 月 31 日 24 时,上海世博会精彩谢幕。世博安保工作也取得决战决胜,实现了"确保世博安保万无一失"的总目标。安全是上海世博会成功的第一要素。如果套用本届世博会的主题"城市,让生活更美好",我们有理由这样说平安,让世博更精彩。面对上海世博会这样旷日持久、规格规模均创历届之最的国际盛会,如何使安保队伍自始至终不懈怠,如何做到既确保各项活动安全又不打扰群众生产生活,的确需要相当的智慧。令人欣慰的是,经历 184 天的考验,在各方艰苦卓绝的努力下,世博安保工作取得了巨大成功,堪称完胜。

在此之前,中国的大型活动安保工作经历了北京奥运会和国庆 60 周年的洗礼,积累了一些具有中国特色的机制和理念,比如建立包括国家层面指挥中心在内的多级指挥体系,实施"护城河"工程,广泛动员社会力量,等等。这些机制、经验和理念,在世博安保工作中,再一次经受"淬火",并显示出更加成熟强大的一面。和北京奥运会一样,上海世博会安保团队再次给我们铸下一枚宝贵的"中国印"。集中力量办大事,社会主义的政治和体制优势再次强力显现。从中央到地方、从北京到上海、从公安机关到人民群众,全国上下一盘棋,各个部门通力协作,确保实现"平安世博"。北京奥运会,让世界见证了中国这个社会主义国家独有的政治和体制优势,上海世博会的成功举办再次说明,中国人可以"集中力量办大事"。

今年年初,胡锦涛同志提出了"确保世博安保万无一失"的要求,同时他特别强调,办好世博会,"不仅要举全国之力,而且要集世界智慧"。早在去年 6 月,周永康同志就提出这样的要求:以全国的稳定保上海稳定,以上海及周边地区的稳定保世博园区稳定。国务委员、公安部部长孟建柱也一再强调,全国公安机关和广大公安民警要牢固树立全国"一盘棋"的理念,举全警之力,集全警之智,共同做好上海世博会安保工作。

为确保世博平安,中央成立了世博会安全保卫工作协调小组,国家层面由公安部牵头,由公安部党委副书记、副部长刘京任该协调小组组长;上海层面成立了以中共中央政治局委员、上海市委书记俞正声为总指挥的上海世博会安全保卫工作指挥部,下设 13 个工作部,成员单位多达 39 个,都是国务院下属部委级单位。为贯彻"以全国的稳定确保上海的稳定"这一要求,公安部于 2 月 23 日召开电视电话会议,部署全国公安机关全力打好治爆缉枪、社会治安重点地区排查整治、社会矛盾化解、社会治安防控、道路交通秩序整治、"环沪护城河"等六场"主动仗"。

社会力量也被广泛发动起来。据了解,上海世博会期间,每天约有 80 万志愿者活跃在世博园区和上海的街头、社区,这些被亲切地称为"小白菜""蓝莓""黄马甲"的安保志愿者,不仅为游客提供服务,也扮演着世博平安瞭望者和守护者的角色;上海周边的苏浙皖等地也广泛发动群众,一场世博安保的人民战争全面打响。

"环沪护城河"、苏浙沪安保联动机制发挥的巨大作用,截至 10 月 31 日世博会闭幕,"环沪护城河"苏浙沪核心圈 81 个检查站共出动警力 117.219 2 万人(次),出动车船 6.837 9 辆(艘);共检查人员 2 021.665 7 万人(次)、车船 1 972.046 1 万辆(艘),将大量危险因素阻隔在"护城河"之外。"哪怕放过一个坏人、一把刀,后果都可能不堪设想。"协调小组负责人说。

在世博会这个被放大镜关注的舞台上,中国警察特别是上海警察表现出令人敬佩的专业素养和精神风貌:坚韧、热情、智慧,执法充满了人情味。理性,平和,文明,规范,而且充满人情味。上海警察通过自己的表现,向国际社会展示了中国警方特别是上海公安队伍的一流职业素养和良好精神风貌,也从一个侧面印证了中国警方近年来狠抓执法规范化取得的显著成效。

圆满完成开幕闭幕仪式安保工作、从容应对单日 103 万超大客流,世博安保工作得到了来自世界的赞许和肯定。驻华警联主席、西班牙驻华大使馆警务参赞何塞马里亚·伊那勒赫斯说,正是中国警方专业、高效的工作,保障了世博安保工作的成功。上海世博会美国馆安全总监爱德深有体会地说:"中国警方再一次用精彩的表现证明了他们的实力。"

图 9-1　环沪护城河工作部署会议

图 9-2 安保装备交装

分析：进入 21 世纪，公共安全日益成为全球高度关注的一个重要问题，对于一座城市而言，安全同样是城市文明与进步的基础，上海世博会的主题是"城市，让生活更美好"，寻求安全是人们缔造城市的重要动因之一，是人们对城市生活的基本诉求，而平安城市更是美好城市生活的基础。世博安保工作的成功完成充分诠释了"平安，让世博更精彩"。

9.1 庆典安全保卫

庆典安全保卫工作的规格和内容要根据庆典的性质、规模、内容、参加人员的级别等来确定，庆典的安全保卫工作主要包括以下内容：

9.1.1 制订庆典安保方案

负责庆典安保工作的部门，要在参加庆典的筹备工作后，根据庆典工作的要求制订庆典安保方案，安保方案是安保工作的具体计划和设想，是部署安保工作、明确各自职责的依据。负责庆典安全保卫工作的部门，在庆典的筹备阶段，应根据庆典活动的要求制订出安保工作方案。在工作方案中，应将安全保卫的组织机构、职责任务、具体工作要求等一一明确，尤其应有预防发生突发事件的应急预案，以保证在关键时候，能迅速反应与采取措施，防止更大的损失，或把突发事件的损失降到最低。通常情况在制订安保方案时应考虑以下环节：分析预测、制订方案、方案评估。

1) 分析预测

在安保方案制订以前,必须对庆典活动以及所处的环境进行分析预测,其内容包括庆典活动的性质、规模、活动场所的地理环境以及当前的社会治安状况等。通过分析应解决以下问题:一是发生危险的可能性或现实性;二是危险的类型以及可能的危险行为;三是可能造成的危害程度。

2) 制订方案

制订方案即在预测的基础上,对目标进行具体描述。其内容一般包括指导思想、组织领导和指挥,警力部署、器材装备及应急突发事件处置等环节。方案可以采用文字的形式予以表述,也可以用图表的形式进行描述,如第十届全运会安保工作采用了大量的图表式方案,以达到形象、直观的效果。

3) 方案评估

方案评估也称为方案的可行性分析,此时重点考虑以下问题:一是方案的法律可行性即制订的方案是否在法律允许的范围内,如果不具备实施的法律依据,其方案是不可取的;二是成本分析,实施该方案成本有多大;三是可行性分析,分析该方案是否具备实施条件及其可操作性。方案评估的目的是对方案本身进行全面、客观的评价,然后得出肯定或否定的结论。通过方案评估,对发现其存在的缺陷进行完善,是制订方案的最后环节,也是不可缺少的环节。

案例分析9-1　×××大学七十周年校庆庆祝晚会安全保卫工作方案

为了确保本次晚会的顺利进行,有效预防和制止突发性事件的发生,确保广大师生生命和财产安全,特制订本安保工作方案:

一、指导思想

校庆庆祝晚会在校党委、校行政的统一领导下,及时分析庆祝晚会可能出现的问题和隐患,认真组织、周密部署、强化责任、落实措施,确保庆祝晚会顺利开展。

二、组织领导

成立校庆庆祝晚会安全保卫指挥中心,负责组织指挥做好相关工作,落实各项工作措施。

总指挥:×××(校长助理)

副总指挥:×××(保卫处处长)

成员:党办校办、保卫处、后勤集团、学工处、校医院、各学院等相关部门负责人。指挥中心下设安保工作办公室,办公室挂靠在保卫处。

办公室主任由保卫处处长兼任。

成员:保卫处各科室工作人员。

安保工作办公室主要职责:负责及时收集和分析相应的数据和工作情况,提出指导性意见和具体措施报指挥中心;督导、检查庆祝晚会中的各项安保工作。

三、部门职责

1. 校办

负责建立预警和处置快速反应机制,在突发事件发生时,立即进入应急状态,启动各级预案。

2. 保卫处

负责庆祝晚会活动期间全线安全保卫。包括:负责晚会现场及周边安全保卫,来宾凭有关证件进出晚会现场;负责维持晚会现场秩序,组织大学生志愿者形成人墙通道,有秩序地安排嘉宾、校友及其他人员进场、离场;负责收集庆典期间可能发生安全问题的相关信息;负责协助宣传部做好晚会安全宣传教育工作,尤其是焰火晚会期间的安全注意事项;负责晚会活动期间校园内外各主要路段道路安全,协助交警做好交通管制;负责晚会现场的消防安全检查,添置必要数量的消防器材,并联系消防大队,请求一至两辆消防车待命;负责文艺晚会舞台区域及焰火晚会焰火燃放区域内的戒严控制,协助各院系单位在焰火燃放前做好燃放区域内的人员疏散工作;负责焰火燃放结束后燃放区域内的安全清理工作。

3. 后勤集团

负责晚会活动期间电力安全与畅通,协助学工处在焰火晚会开始前将焰火燃放区域内的学生宿舍清空,并妥善安置好相关学生;确保焰火晚会期间焰火燃放区域内的学生宿舍全部处于无人状态;确保庆祝晚会期间学生宿舍楼顶全部封死,窗户全部关闭。

4. 学工处

负责安排校庆志愿者对晚会会场内部秩序进行维护;负责与各院系协调,在焰火晚会开始前将焰火燃放区域内的学生宿舍清空,确保该区域内的学生全部撤出,并妥善安置好相关学生。

5. 医院

负责组织应急医疗救助小组,并准备一辆 120 救护车现场随时待命。

6. 各院系、单位

负责组织好本院系、单位师生安全有序地观看晚会及焰火燃放;负责在焰火晚会开始前将焰火燃放区域内的本院系学生宿舍或单位办公楼清空,并妥善安置好相关人员;负责做好对本院系、单位师生在晚会活动尤其是焰火燃放期间的安全宣传教育工作,提高广大师生的防火防爆安全意识。

四、工作要求

1. 切实加强组织领导

各院系、机关单位要充分认识做好校庆庆祝晚会活动的重要性和必要性,增强政治责任感,要在指挥中心的统一领导下,积极主动开展工作,确保各项工作措施的落实。

2. 严格执行纪律

全体保卫人员要服从命令,听从指挥,文明执勤、依法办事,认真履行职责,讲究方案策略,一旦发生紧急情况要积极妥善处置,避免因工作失误引发各种事端。

3. 加强请示报告

在庆祝晚会活动期间,各单位要认真注意掌握现场可能发现的情况,坚持早发现、早报告,做到信息畅通反应迅速,在确保安全、责任明确的前提下,及时做好预防各种突发生事件的发生。

分析: 在安保工作方案中,应将安全保卫的组织机构、职责任务、具体工作等一一明确,以保证在关键时候,能迅速反应并采取有效措施保障庆典活动的安全进行。

9.1.2 保护来宾人身、财产安全

1) 维持庆典场所秩序

庆典召开期间,安全保卫部门一方面应密切注意会场外围环境的社会治安,维护好会场外围的社会治安秩序,另一方面要严格检查与会人员的出入证件,防止与会议无关的人员混入。如果与会人员众多,容易在进、出场时发生拥挤甚至混乱现象,安全保卫部门应协助庆典现场引导人员,在会场各进出口把好关,做好疏导工作,保证参会人员快速、顺利地进出场,避免出现意外情况。

案例分析9-2 上海世博会出高招、方便游客游览

世博园区出入口无障碍通道信息

70岁以上老人、行动不便的残疾人、孕妇及其他患有疾病行动不便的特殊人群,凭有效证件证明(明显行动不便人员除外),可由一名家人(或陪护人员)陪同,并可携带一名学龄前儿童,使用无障碍通道。

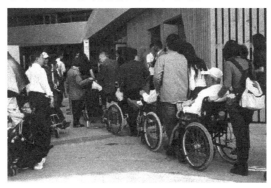

图9-3 世博会残疾人无障碍通道

移动信息亭:每3秒接待1名游客

中国移动38座移动信息亭和169台移动信息机分布在世博园区出入口、一轴四馆等101处人流集中区域,被南来北往的游客亲切地称作不知疲倦的超级"小白菜"。开园以来,移动信息亭和信息机已为游客提供各类服务超过200万次,平均每3秒钟就有游客使用过一次。目前移动信息亭已售出充值卡4.5万张,为9万人次提供手机充电服务。

图9-4 移动信息亭

20 处母婴室提供周到服务

世博园内提供有 20 处母婴室,大多集中在问询处附近,能够不间断地为母婴游客提供服务。这些服务点的标志比较容易辨认,是一个母亲抱着孩子的黑白图案。

免费提供防暑降温用品

随着气温的日益增加,世博园区已经不断有一些新措施,为游客防暑降温,比如,世博园内 56 个服务点都配备了消毒水、花露水、清凉露、扇子、折凳等防暑降温用品,如果有游客需要,可随时免费向他们提供。如游客在排队时,可以请旁边的安保志愿者帮忙敲些小冰块,包在毛巾里,敷在额头、后颈和手肘内侧,一块拳头大小的冰块差不多可以撑足两个小时,应付一般场馆的排队时间绰绰有余。

世博园区排队区开设"如厕通道"

炎炎烈日并没有消减游客们的参观热情,如何减少游客排队的艰辛,成了夏季来临后世博会主办方最为关心的问题之一。据了解,园区安保部日前对 C 片区德国馆、法国馆、瑞士馆、意大利馆等共 12 个热门场馆的排队围栏区域进行了改造,设立应急通道,方便游客排队中途离开或上厕所。

出租车候客点覆盖园区 9 个出入口

世博园后滩、西藏南路、白莲泾路、高科西路、上南路、马当路出入口于近期增设 5 个出租车候客点,实现了园区 9 个陆上出入口出租车候客点的全覆盖。

在后滩停车场设立园外失物招领中心

图 9-5　世博失物招领中心

为方便参观者在园外集中认领遗失物品,上海世博局于 6 月初在后滩 19 号停车场设立"世博会园外失物招领中心"。被捡拾的园区内遗失物品经过登记整理后会于 3 日内移送至"世博会园外失物招领中心"。

分析:世博会为游客提供的人性化设施、措施不仅方便了游客的参观、游览,也促进了会场秩序的安全、有序。

2)保护参会人员人身安全

保护参会人员的人身安全是庆典安全保卫的重中之重。庆典召开前,庆典保卫部门要对会场内外、周围环境作详细的勘察、调查,排除恐怖袭击、爆炸、火灾等安全隐患。如有必要,可主动与当地公安部门联系,以取得公安部门的积极支持与配合。庆典期间,应做好防范工作,如提前勘察行车路线和观察游览地点等,并和交通部门取得联系,做好沿途和所到之处的安全保卫工作。安全保卫的难点是保卫到会的领导人和贵宾的安全,要做好这项工作,其基本原则是内紧外松,高度警惕,做好各方面的应急准备,确保到会重要人物的安全,同时最好不干扰、不妨碍他们的工作和活动。在饮食方面安全保卫工作注意的重点是防止坏人投毒事件、食品腐坏、变质等事件的发生、在娱乐方面安全保卫工作注意的重点是防止意外事故的发生,如拥挤伤人、到险地游玩等、在用具和设备使用方面安全保卫工作注意的重点是防止设备使用不当而伤人,如使用电器设备等。

案例分析9-3 北京奥运会"中国保镖"揭秘安保窍门

北京奥运会期间,全球 80 多个国家的首脑、政要以及世界各地的 VIP 人士齐聚北京,和他们在一起的还有各自的贴身保镖。北京伟之杰特卫团队是北京奥运会官方以外的一支安保团队,在奥运期间负责来自英国、澳大利亚、马来西亚等几个国家的 VIP 人士的安保。通过奥运,他们有机会见识了全球最专业的保镖队伍,和顶级保镖们"过招",互通有无。

北京奥运会开幕前一年,北京市政府便与北京伟之杰特卫团队签订了合作协议,授权这家民间安保机构负责北京奥运会期间非官方正式邀请的国际 VIP 人士的安保问题。

成都安蓉特卫团队是北京伟之杰特卫团队的组成部分之一,其负责人杨胜利向记者介绍,从正式确认为北京奥运会安保提供服务开始,他们就开始选拔精英保镖,选拔对象包括军人、警察、甚至还有大学生。今年 3 月,经过严格选拔的 30 多人正式进京开始缜密的培训。

杨胜利说,在贴身保镖的培训阶段,培训内容中设想了很多种可能发生的意外,因为贴身保镖的工作职责就是务必确保外来贵宾的人身和财产安全。培训内容包括防爆、排爆、反恐等高危险和高难度的任务。此外,他们不仅要身手敏捷,还要掌握流利的英语,并且具备相应的医疗知识。

北京奥运会开幕前的一个星期,来自世界各地的贵宾纷纷开始入京。安蓉特卫团队的30多人负责来自澳大利亚、英国、马来西亚、日本等几个国家的几百名贵宾的安全。贴身保镖唯一的任务就是确保这些贵宾的行程安全。"我们一方面要保障他们的安全,另一方面又不能给他们的行程带来麻烦,不能让他们觉得有任何不自在。为了减少贵宾的心理压力,贴身保镖的工作服上特意写着"接待人员"的字样,避免心理上产生紧张感。为了不影响贵宾,他们只能采取"默默"的方式,就是要和贵宾保持一定的距离。但是遇到突发事件或者意外事件的时候,他们必须第一时间冲在前头。比如,当他们陪同贵宾爬长城的时候,每遇到危险的地段,都要事先探一下路,确保安全后才让贵宾通行。

在安保工作中,贴身保镖不仅仅要负责贵宾本身的安全,更要负责他们家人的安全。特别是小孩和老人,很多时候,他们把更多精力都用在了这些方面。

在安蓉特卫团队中,有8名女性保镖。这8个人是从大学生、医生、警察等队伍中经过严格挑选出来的。她们不仅要和男性保镖一样掌握擒拿格斗等基本的警卫技能,还要掌握更多的医疗卫生、生活常识等其他方面的技能。一位名叫王曦的女贴身保镖对记者说,在保镖队伍中,男人能够完成的任务,她们全部能够完成,并且绝对不会逊色于男性。王曦说,其实和男性贴身保镖相比,女性保镖更能够给贵宾安全感,因为贵宾通常认为女性更细心,更体贴。而对于女性贵宾而言,女性贴身保镖更会给她们带来舒适感。

图9-6   北京奥运会安保女特警狙击手

分析:贴身保镖为贵宾人身安全提供了有效的保护,是庆典活动安保方案必须要考虑的内容。

3）保护参会人员的财产安全

参会人员若在庆典活动当地遇到盗窃等事件，往往会留下极不愉快的印象。因此，庆典活动期间，安全保卫部门应重点防范盗窃事件，对参会人员提供代管代存服务，将与会人员带来的机密文件、大宗款项等保存于专门设置的保管处。同时，主办单位也应以书面形式告知参会人员尽量减少到人多复杂的地方去。有些参会人员对当地的闹市、夜市很感兴趣，如果非要去，也要提醒他们不要带贵重物品如大额现金、珠宝、护照等，如果有条件的话，可以派几名安保人员身着便衣陪同。

9.1.3　安保人员服务规范

安保人员在庆典进行中起着相当重要的作用，安保人员是庆典组织者对外的一个窗口，安保人员的精神面貌、专业水平、综合素质，直接体现出庆典的服务水平。安保人员在庆典期间一般分为巡逻岗和门岗两大类。

1）巡逻岗服务规范

（1）巡逻时做到耳听、鼻闻、眼看、手动、嘴问

①耳听：有无异常声音（打闹声、求救声、电火花碰击声、机械运转异常声、滴水声），如有则应立即处理。

②鼻闻：有无异常气味（如煤气味、焦臭味、化学品味、油味）。

③眼看：门、窗是否关闭，是否有闲杂人员进入会场，照明设备是否完好，管道有无渗漏；检查消防器材、报警系统是否完好；通风口、电梯门、消防梯有无损坏；仔细察看各层顶是否有渗水迹象，卫生间是否漏水。一旦发现应立即处理，无法及时处理时应通知工程部门。维护会场墙壁、设备、设施的清洁，禁止"乱涂、乱画、乱贴"的行为。

④手动：随手关闭门窗，随时关闭无用照明灯，注意节约能源。发现公共通道部位摆放物件应立即查清物品所属主人，处理后送至指定堆放处。

⑤嘴问：发现可疑之人要有礼貌地询问，劝其离开。注意是否有闲杂人员逗留、闲逛，是否有推销人员到处串门的现象，一旦发现马上督促其离开。认真处理每一位与会人员的投诉，并逐一记录，转告相关部门解决。

（2）按照制订的巡逻计划准时巡逻

若因处理事件巡逻保安未在规定巡逻时间内巡逻，须由巡逻保安上一级人

员决定推迟巡逻时间,待事情处理完毕后继续巡逻。

图 9-7　上海世博安保人员巡逻

(3)严格认真巡逻

在巡逻路线上发现或查处任何异常情况都要在巡逻记录本上作好记录,并及时上报。应携带对讲机、日巡逻记录本、笔等。

2)门岗服务规范

①精神饱满,仪表整洁,言行规范,按规定站在门岗,注意人员进出的情况。

②对进入庆典会场的人员要有识别能力,并主动询问来由。有礼貌地询问:"先生您好""请问您到哪里""您有何事""这是我的工作,请您理解"等。若发现可疑人员则予以礼貌劝离:"对不起""请您离开"等。

③维持门岗次序,以保证会场门口畅通。

④重要与会人员到来,必须做好礼仪接待工作。

⑤不管何人,如带入易燃、易爆等危险品,需仔细检查,并做好记录。

⑥对带出的大件物品须主动询问,并要求开具出门单。门岗须通过电话确认或凭身份证确认后放行,否则不予放行。

⑦对于行动不便或携物过多的与会人员,应主动帮忙,让与会人员满意。

⑧接受与会人员投诉时,应保持冷静、迅速汇报、妥善处理,严禁与与会人员争吵。

⑨如遇发生突发事件则迅速到现场协助处理,维持现场秩序。

案例分析9-4　世博安保人员陆益斌:全力做好安保工作

在紧张与期待间,世博安保人员陆益斌和数以万计的游客一样,怀着无比激动的心情迎来了上海世博会的开幕。

　　"上海世博会是向全世界展示中国的窗口,因此,作为安保人员,我们的一举一动关系到国家的形象。"陆益斌告诉记者,进驻上海世博园区前,对站姿礼仪的训练堪称苛刻:包括向游客指路的手势都要规范化。

　　世博会面对的是国际游客,因此世博安保人员必须要掌握100多句日常英语对话,这对军校毕业的陆益斌来说,一点都不难。让他为难的是如何控制面部表情。为了响应微笑世博,有关部门还专门请来专家指导他们的面部表情,"上岗时,要面带微笑,标准就是要露8颗牙齿。"陆益斌告诉记者,由于平日里武警的职业让他习惯了严肃待人,如今要立刻转换过来,还真不容易。他和同伴们一起相互监督、对着镜子练习微笑好长一段时间。

　　良好的心理素质,扎实的业务能力,陆益斌很快就适应了新的岗位。5月1日,当上海世博园区向世人拉开帷幕时,陆益斌以良好的状态全身心投入到安保工作中。

　　除了维护园区安全,安保人员还充当起了"志愿者"的角色,为有需要的游客服务。上岗几天来,陆益斌为无数游客指引过路线。

　　上海世博会才刚刚开始,陆益斌的世博安保任务也刚刚开始。但是陆益斌非常坚定地告诉记者:"我会全力以赴,以最佳状态做好安保工作。"

　　分析:社会的发展对安保人员的要求也越来越高,安保人员的素质在一定程度上代表了庆典主办方的素质。

9.2　突发事件的处理

　　庆典活动在现场可能会发生一些意想不到的突然事件,组织者的素质在突发事件面前将得到真正的检验,应设法做好危机管理工作。组织者在危机和紧急事件中要扮演好领导角色,并表现出足够的冷静与魄力。从现场签到到闭幕,整个庆典过程人员都非常集中,一旦出现自然灾害(如地震、龙卷风)、火灾、恐怖袭击、公共卫生突发事件(如食物中毒、流行性传染病)等,后果不堪设想。作为庆典主办方应充分考虑可能发生的意外情况,进行庆典安全策划,做好应对各种突发事件的人力、物力等方面的准备。在事前,组织者最好能列举出可能发生的紧急事件,按事先设定的措施来处理,以防措手不及。

9.2.1 成立应急处理机构、制订应急预案

1）成立庆典活动应急管理小组

庆典主办方首先应成立庆典活动应急管理小组，专门负责庆典活动期间各种安全隐患的预防预测和紧急处理。庆典活动应急管理小组应在庆典活动筹备之初成立，其成员的名单、各自的分工、联系方式等应该在庆典活动通知及会场布告栏内显示，要保证在危机状况发生时，每一位参会人员都能迅速找到相应的责任人。

（1）庆典活动应急管理小组的组织构成

①庆典活动总指挥。由庆典活动总指挥统筹应急管理工作的意义在于，一旦危机状况发生，他可以调动所有会务工作人员和资源，协调各相关单位和部门（如会议中心或酒店）集中处理紧急状况，并及时上报庆典活动的决策层或者更上一级的领导。

②庆典活动负责具体工作的各工作组组长。负责具体工作的各组组长的加入，能够有效保证庆典活动各方面安全隐患的具体排查和应急处理有序进行。如后勤组组长要负责检查食品的安全卫生，以免发生食物中毒和由于食品不卫生引起参会人员情绪激化的事件发生；会务组要负责处理庆典现场的突发事件，如音响系统突然出现故障，参会人员突发疾病等。

③会议中心/酒店的相关负责人。如果庆典活动选择在会议中心、酒店举办。庆典活动应急管理小组就要吸纳会议中心/酒店的相关负责人加入。一来他们熟悉会场环境、相关设施以及服务人员；二来他们有权力及时调动酒店资源；三来会议中心/酒店本身都有相应的应急预案，处理类似事件的经验比较丰富。

④其他相关人员。大型庆典活动由于涉及的参加人员众多，有时还会涉及很多重要人物，致使主办单位没有足够的能力保证大会的安保等问题，这就需要寻求政府相关部门的帮助和支持。比如：由警方协助完成交通疏导、会场外秩序维护等方面的工作，由卫生检疫部门协助完成食品卫生检疫工作，等等，因此，涉及的警方和卫生检疫部门的负责人也应纳人会议应急管理小组中来。

（2）庆典活动应急管理小组的职责

①负责组织编制庆典突发事件总体应急预案和审核各职能小组的专项应急管理工作。

②负责协调和督促检查各职能小组的应急管理工作。

③及时掌握庆典活动的突发事件及其动态,办理各工作组上报的紧急重要事项,保证各职能小组的联络畅通。

④协调指挥庆典活动突发事件的预防预警、应急演练、应急处置、调查评估、应急保障和救援等工作。

2)制订突发事件应急预案

突发事件应急预案的制订关系到突发事件处理能否顺利和有效地进行,突发事件应急预案的主要内容包括:

(1)明确各部门及职责

列明突发事件应急处理机构组成部门及成员,并明确各个部门和成员的具体职责。

(2)突发事件的监测与预警

在日常工作中,要对可能发生的突发事件进行监测,并及时发出预警;突发事件发生后,也要对已经发生的突发事件进行跟踪监测,掌握其变化情况,对可能出现的趋势和问题及时进行预警。在应急预案中,要根据突发事件的种类,制订监测计划、预警等级、报告程序和时限,确保监测与预警系统的正常运行。

(3)突发事件信息的收集、分析、报告、通报制度

应急处理机制能不能及时启动,应急措施是否有效,关键要看突发事件信息渠道是否畅通。信息不准,反应可能出现错误;信息不快,反应就会延误;所以,信息的收集、分析、报告、通报要形成制度,明确责任、时限、渠道、程序和主体。

(4)突发事件的分级和应急处理工作方案

突发事件有大有小,有轻有重。所以,对不同性质、不同范围、不同危害程度的突发事件,采取的应急处理方式、动用的应急力量、实施的应急措施是不同的。将突发事件分为不同等级,并按照不同等级制订不同的应急处理工作方案,可以有效地处理突发事件。

(5)突发事件的预防、现场控制

应急预案的内容应当包括对突发事件的预防措施,还应当包括对不同种类突发事件发生后的现场控制措施。突发危机事件种类很多,其预防措施、现场控制手段也不尽相同,所需要的设施、设备、器械以及技术等也不一样,根据不

同情况做好相应的预防措施和现场控制方案以及物资储备,并建立合理的物资调度制度,对防范突发事件十分必要。

(6)突发事件应急处理专业队伍的建设和培训

突发事件应急处理离不开专业人员,现场处置、抢救等,都需要一大批经过专门培训的具备快速反应能力和足够技能及良好装备的专业人员。

案例分析9-5 青岛经济成果博览会制订应急工作预案

2008年10月20日,首届中国国际循环经济成果交易博览会在青岛国际会展中心隆重开幕。青岛国际会展中心本着"事事有策划,件件有落实"的工作理念,未雨绸缪,于布展一周前制订出了会展应急工作预案,全面考虑可能出现的问题并制订应对措施。重点针对循博会规模大、人流多的特点,制定了《中国国际循环经济成果交易博览会消防预案》《中国国际循环经济成果交易博览会安全保卫疏散预案》《中国国际循环经济成果交易博览会供餐应急预案》和《中国国际循环经济成果交易博览会恶劣天气应急预案》等。尽管展会开幕当天遭遇恶劣风雨天气,云岭路上一根电线被8级大风刮断,造成会展中心餐厅突然断电,展会制餐工作被迫中断,但是由于会展中心及时启动《青岛国际会展中心供电应急预案》,保证了大会近万人的午餐。

分析:突发事件的应急预案是不可或缺的,制订相应的应急工作预案,以不变应万变,才能保障活动的正常进行。

9.2.2 突发事件的应对策略

无论庆典组织方做了多么精心的策划和准备,但还是可能会出现很棘手的情形,那么记住要先解决问题,再追查原因。下面,结合庆典活动中可能发生的经危机和紧急事件,谈谈如何预防和应对。

1)自然灾害

尽管如今人类改造世界的能力已空前强大,但在水灾、台风、地震等自然灾害面前,力量仍显微弱。要学习应对各种自然灾害的自救知识,坚持定期的紧急疏散演习,制订恢复计划以及考虑如何弥补损失。此外,庆典活动的组织方还可以"转嫁"危机,降低风险,那就是投保,如购买自然灾害险。

2)恐怖袭击

自从"911事件"以后,许多酒店和公共机构已经制订了相应的对策来处理此类事件,庆典活动由于有可能成为恐怖组织袭击的目标,因此安全和风险管理的要求也随之提高。应制订一些应急行动计划,并对会务人员进行针对性的培训,当紧急情况发生时,可以和执法部门合作并按他们的指令行事。

图9-8　"911事件"现场

3)突发公共卫生事件

突发公共卫生事件,是指突然发生,造成或者可能造成社会公众健康严重损害的重大传染病疫情、群体性不明原因疾病、重大食物和职业中毒以及其他严重影响公众健康的事件。近年来,"非典""禽流感""H1N1"流感等传染病疫情接连不断,"苏丹红""三氯氰胺""瘦肉精"等食品安全事件也搅得我们的饭桌不得安宁。组织大型庆典活动,组织方一定要考虑到公共卫生问题。对食品安全,要严格把关,保证食品新鲜、卫生,严防破坏分子投毒。对于重大传染病疫情,要注意以下两点:首先,疫情高发地区不宜举办大型集会。其次,在疫情高发期,举行涉及区域较广的大型庆典应首先对工作人员进行体检,准备体温检测等相关设备,在参会人员进入会场时实施检测,一旦发现异常情况,立即对该参会人员以及与其接触较多的参会人员、工作人员实施隔离同时通知当地的疾控中心,由他们统一安排后续事宜。如果确认是某种疫情则应立即休会,严格按照疾控中心和相关部门的部署行事。

4）火灾

火灾来势迅猛，如果没有适当的灭火器械和充足的水源，火势会蔓延得很快，会场内所有的生命都将受到严重的威胁。消防设施齐全，消防通道畅通是应对火灾的有效保障。首先，庆典活动主办方一定要认真检查客房、会场、餐厅等所有庆典活动涉及的室内场所，消防工具是否齐全，消防通道是否通畅，是否有易燃易爆物品，尤其是容易发热的灯具，周围是否有可燃物，仔细排查火灾隐患，切实做好防范工作。其次，应在消防部门的指导下，对安保工作人员进行消防训练，有条件的话最好进行一两次实地演习。再次，在酒店的客房、会场、餐厅等人员比较集中的地方，选择醒目位置，张贴火灾逃离须知。同时把这些安全注意事项作为附加材料发放到参会人员手中。

案例分析9-6　新疆克拉玛依友谊宾馆特大火灾

1994年12月8日16时，克拉玛依市组织15所中、小学校的15个规范班及老师、家长等796人，在友谊宾馆进行文艺汇报演出。16时20分因舞台上方的照明灯烤燃幕布漫延成灾，人们正在向场外疏散时，场内突然断电。该馆的8个疏散门仅有1个开启。这起大火共烧死325人（其中288名是孩子），烧伤130人，其中重伤68人。火灾直接经济损失约100万元。

图9-9　原火灾现场—友谊宾馆（现人民广场）

分析：此起重大火灾事故的教训：一是安全门封闭，疏散通道堵塞，出现严重拥挤,上百个死难学生就堆积在门口周围,令人惨不忍睹。二是该馆火灾隐患较多,没有应急照明装置和疏散指示标志,室内消火栓被堵。同时汇演主办方未制订突发事件应急预案也是造成严重后果的重要原因。

5)紧急医疗

在任何情况下,紧急伤病事件随时都有可能发生,有些与会者因为改变饮食、喝酒、睡眠不足、疲劳、处于不熟悉的环境、孤独、远离亲人而产生种种不适,而较常发生心脏疾病、中风等其他疾病,需要得到更多的照顾。

庆典组织者应当通过当地有关部门或机构的协助,建立一个紧急系统,在庆典现场安排医护人员,并与当地医院联络,一旦有紧急病人应立即安排救护并送医院急救。在应急预案里设置医疗保障环节,依据参会人数,按照一定的比例配备医护人员和急救箱、氧气瓶、担架等设备。还要对会务人员进行相关培训,如心肺复活术的培训。将医护调度负责人的联系方式发给每一个现场工作人员。

图9-10 某庆典临时医护站

案例分析9-7 体育赛事的场内急救系统

超级联赛正在紧张激烈地进行。突然,观众席上的一位中年男子手捂胸口,心脏病发作倒在了地上,他妻子想起比赛开始前曾阅读过关于场内急救系统的告示,她立即让邻座去叫赛场服务员、保安人员和医疗队。赛场服务员穿着橙色马甲(视觉信号),观众很容易认出他们,服务员了解情况后立即用随身携带的无线通话机通知组委会通信中心,并对情况作初步判断后启动个人救护程序。通信中心随即通知驻守现场的医疗队,值班医护人员迅速赶到,对病人作紧急处理后用救护车将其送往医院,通信中心同时也通知其他保安人员注意维护秩序。当病人被安全送往医院后,相关工作人员也都写好了工作报告,交给主管,主管对本次行动的成功和不足作了评价和总结,并将报告存档,以备应付法律诉讼时查证。

分析:完善的医疗救护措施既能保障观众的人身安全同时也规避了赛事主办方的法律风险。

6) 其他紧急事件

庆典召开期间,我们还可能遇到其他紧急事件,如订好的客房或会议室临时发生变化,到会人员超出预料人数或严重不足,餐位不够或是就餐时间延后等。对这些可预料的突发事件,我们要做好预防,和接待酒店谈好条件,一是尽量避免此类事件的发生,二是做好应对准备。总之,要预料并预防一切可能的突发事件,以保障会议的顺利进行。

复习思考题

1. 制订安保方案时应考虑以下环节?
2. 安保人员服务规范有哪些?
3. 谈谈对突发事件的应对策略?

第3编　庆典活动实施

第 10 章
庆典接待管理

【本章导读】

本章主要介绍了在庆典接待管理中,庆典接待的含义、作用和接待的特征,原则以及庆典接待的基本工作:庆典接待准备、庆典接站与引导、庆典报到与签到及相应的间歇活动和作息时间安排、返离工作,并且介绍庆典接待人员的礼仪要求,使学习者全面把握接待工作中所涉及的全面内容。

【关键词汇】

庆典接待　接待准备　接站与引导　报到与签到　礼仪要求

【引例】

周恩来的严细接待

1962年,西哈努克亲王来华访问,离京时,周恩来到西郊机场为西哈努克和夫人及其随行人员送行。亲王的飞机刚刚升空,中国参加欢送的几位部长就离开队伍走向自己的汽车。周恩来笔直地站在原地未动,他严肃地对站在身边的杨成武说:"成武,把他们请回来,飞机还要在机场上空盘旋一周才走!"对请回来的部长们,周恩来进行了严厉的批评。他说:"你们怎么搞的,没有一点礼貌。各国外交使节还在那里,飞机还没有飞远,客人还没有走,你们倒先走了。大国这样对待小国客人不是搞大国主义吗?"

按照礼仪规范,国家元首的座机起飞后,必须绕场一周,以示对所到国的答谢,东道国送行人员不能在这之前离开。当天下午,周恩来就把国务院机关事务管理局和外交部礼宾司的负责同志找去,要求他们立即在《礼宾工作条例》上加一条,即今后到机场为贵宾送行,必须等飞机起飞,绕场一周,双翼摆动三次表示谢意后,送行者才能离开。

1965年夏天,非洲某国元首圆满结束了对华访问后,从上海回国。按照惯例,机场安排了3 000多名群众欢送。正当周恩来和上海市的领导陪同贵宾步入机场,在欢送队伍前绕场一周时,突然天空乌云滚滚,雷声隆隆,狂风大作,欢送仪式尚未结束,雨点已落了下来。客人登机后,瓢泼大雨倾盆而下,淋透了机场上每一个人。因雷雨交加,飞机无法马上滑向跑道。周恩来纹丝不动地站在机场前,任凭风吹雨打,执著地尽主人送客的礼仪。整个欢送队伍在总理的感染下,也坚定地站在自己的位置上。

这是一幅多么壮观的场面啊!暴风雨中屹立着一支刚强的礼仪大军充分显示了中国人民对非洲客人的尊重,对友谊的真诚。目睹这一情景的外国友人对此万分感慨,他们无一不觉得中国人可亲可敬。

对外宾如此,对国人,周恩来也不例外。

1959年4月,第二届全国人民代表大会开会期间,周恩来去北京饭店参加小组会议。当他到达饭店门口时,一辆小车已停在了他前面的入口处,周恩来耐心地坐在车里等候。饭店的保卫人员把前边的那辆车赶跑了。周恩来对此十分生气,下车立即找到这位工作人员,对他进行了严肃的批评:"请你把他请回来。他是代表,我也是代表。为什么要人家让路呢?"那位工作人员听了总理的话,心里十分难过,忙去向那代表作了解释并致以歉意。周恩来等在饭店门口,见该代表下了车以后,主动地迎上前去同他握手,并请他先进门,然后自己才走进去。

分析：周恩来在接待工作中注重礼仪、平等待人的风范,令后人景仰和学习。周总理在接待中的风范不仅体现了其本人优良的礼仪素质同时也展现了中国礼仪之邦的风貌。

10.1 庆典接待工作的概述

10.1.1 庆典接待的基本概念

庆典,是各种庆礼仪式的统称,是指围绕重大事件或重要节日而举行的庆祝活动仪式。庆典接待就是对庆典仪式的全程安排和服务,包括吃、主、行、游、乐等方面所作的安排和服务。

10.1.2 庆典接待的作用

在庆典活动中,接待的作用有以下几个方面：

1) 为庆典活动提供保障

庆典期较长,规模较大的庆典活动需提供相关周到、细心的安排和服务才会解决好参加庆典来宾的后顾之忧,安心参加庆典活动,保障庆典活动顺利进行,达到预期满意的效果。

2) 扩大社会影响,树立良好形象

庆典接待的过程是主办者扩大社会影响,树立良好形象的大好时机,接待人员热情、友好、周到、专业的服务,接待活动的合理安排和顺利进行,会给参加者留下美好难忘的印象。参加者吃得好睡得香,庆典活动安排的丰富多彩,紧密有序,参加者即有兴致,又不觉得劳累乏味,达到良好的接待效果。

10.1.3 庆典接待的特征

1) 广泛性

这主要指庆典接待的对象的广泛性,接待对象一般包含:正式成员、列席成员、特邀嘉宾、随行人员、前来采访的记者等;不仅有本单位的领导和群众,还有可能有上级机关和主管部门的领导等。

2)礼仪性

庆典接待,要非常注重礼仪和礼节。我国是个礼仪之邦,得体的礼仪,热情的服务体现出表接待方的文明水准和基本态度。接待仪式要体现庄重性,接待方式要符合国际惯例,接待人员的言谈举止要符合一定的礼节和标准。因此,庆典接待人员一定要掌握对内和对外接待的基本知识和方法,熟悉各种国际礼仪和礼节,努力提高自身的文化和礼仪修养,通过庆典接待展现出接待方的热情和风采。

3)服务性

接待的过程就是服务的过程。庆典接待要为参加对象(有时还包括随行人员、记者等)提供满意的服务,为他们提供一些方便,解决一些困难、为他们创造舒适称心的庆典环境,使他们安心参加庆典活动。

10.1.4 庆典接待工作的原则

1)热情友好,细致周到

在庆典接待中,大事情看小细节,接待人员既要有热情友好的态度,处处为参加对象着想,事事为参加对象提供方便,尽可能满足参加对象的需要和愿望,使他们有一种宾至如归的亲切感,又要有细致周到的工作作风。庆典接待工作涉及方方面面,环节多、操作性强,有时一个小小的差错就可能引起客人的误会或不愉快,影响整个庆典活动的顺利进行,甚至产生不好的社会影响和一定的经济损失。因此,庆典接待人员应当充分意识到接待工作的重要性,以饱满的热情认真做好每一件细小的接待工作,通过周到细致的服务,保证庆典活动的顺利进行。

2)一视同仁,平等对待

庆典接待对象的广泛性特征决定了接待人员有正式成员、列席成员、特邀嘉宾、随行人员、前来采访的记者等;不仅有本单位的领导和群众,还有可能有上级机关和主管部门的领导等。还可能接待来自不同的国家、地区或组织,不同的种族或民族、不同的意识形态、宗教信仰、风俗习惯的参加对象。在接待中，无论是举行迎送仪式、确定礼宾次序，还是安排吃住行，都必须按照国际惯例或者约定的办法，坚持一视同仁、平等对待的原则。任何歧视或不尊重、会引起气氛和关系的紧张、不利于庆典活动的言行举止都要避免。

3) 节约俭省，倡导新风

从主办方的经费使用情况来看，绝大部分支出是用在庆典活动的接待上。因此，从庆典活动入手做到俭省节约，无论是内还是对外、对上还是对下的接待，都要坚持这一原则，反对讲排场、摆阔气、奢侈铺张、大吃大喝，倡导勤俭节省、讲求实效的文明风气。

另一方面，为更好地做到不浪费，要求接待人员及时地统计活动人数，不要出现一桌饭菜只几个人吃或空着几桌饭菜没人吃这样的现象。

4) 加强防范，确保安全

庆典接待，安全第一。没有切实的安全保证，就不会有成功的庆典。庆典接待的安全包括饮食安全、住地安全、交通安全等。为了确保安全，必要时可同有关安全保卫部门联系，采取严格的防范措施，消除一切隐患，确保庆典活动的安全。

10.1.5　庆典接待工作的要求

庆典具有涉及面广，仪式时间短，接待工作复杂而紧凑，具体且烦琐，同时还注重形象等特点。在接待过程中，必须遵守以下几项要求。

1) 遵守时间规定

庆典涉及的人员多，准备工作要求时间性强，如果随意更改日期会影响到参加庆典人员的工作安排，也会打乱其他正常的工作秩序，还会给主办单位带来不必要的经济损失。

2) 营造喜气、隆重的气氛

为扩大影响，庆典通常设在主办单位门口。在门前插彩旗、挂彩花、彩灯，空中可悬挂写有祝贺标语的大条幅或充气气球，会场旁边摆放参加对象赠送的花篮。庆典正式开始前，可放些喜庆的乐曲，或由鼓乐队演奏欢快的乐曲。场

面布置要"有声有色",引人注目。

10.2　庆典接待工作的基本内容

　　庆典活动的范围很广,常见的有开工典礼、落成典礼、颁奖大会、开业庆典、周年纪念大会、地方传统节日、重大活动的开幕式、闭幕式等。

　　就内容而论,在商界所举行的庆祝仪式大致可以分为四类:第一类,本单位成立周年庆典。通常,它都是逢五、逢十举行的,即在本单位成立五周年、十周年以及它们的倍数时进行。第二类,本单位荣获某项荣誉的庆典。当单位本身荣获了某项荣誉称号、单位的"拳头产品"在国内外重大展评中获奖之后,均会举行这类庆典。第三类,本单位取得重大业绩的庆典。例如,千日无生产事故、生产某种产品的数量突破 10 万台、经销某种商品的光彩售额达到 1 亿元,等等,这些来之不易的成绩,往往都是要庆祝的。第四类,本单位取得显著发展的庆典。当本单位成立集团、确定新的合作伙伴、兼并其他单位、分公司或连锁店不断发展时,自然都值得庆祝一番。

　　但无论因何举办庆典活动,在典礼举行之时,接待工作都必须认真恪守"热烈、隆重和适度"的三项礼仪原则。

10.2.1　庆典接待的准备

1)收集内容

　　充分收集参加对象的情况,是有针对性地做好庆典接待工作的必要前提。庆典接待基本收集的内容包括:

　　(1)参加对象的基本情况

　　参加对象的基本情况包括他们的国别、地区、所代表的组织机构、参加人数、姓名、性别、年龄、身份、职务、民族、宗教信仰、生活习俗、健康状况等。

　　(2)抵离时间和交通工具

　　要准确掌握参加对象抵达和返离的具体时间和交通工具,以便安排人员和车辆到机场、码头、车站迎接和送别。

2）收集参加对象信息的途径和方法

（1）汇总回执、报名表和申请表

汇总回执、报名表和申请表，是了解和掌握参加对象情况的主要途径和方法，据此可以了解参加对象的职业、身份、职务、性别、年龄、民族等基本信息，预计参加人数，掌握参加对象的组成结构和分布情况等信息。这些信息和数据对于做好接待工作具有十分重要的价值。

（2）查阅历次活动的档案资料

历次庆典活动的档案资料中保存了庆典接待方面的记录，这对于掌握参加对象的基本信息，了解其立场观点态度的变化以及其生活起居的特点有一定的参考价值。

（3）要求参加对象出示有效证件

一些重要的庆典活动，应当请参加对象出示有效的证件和盖有公章的介绍证明信函，以便确认其身份，做好接待工作。

10.2.2 拟订庆典接待方案

对于完整周到的庆典接待，一般要提前拟订好接待方案，结合实际，反复论证。接待方案批准后，即成为庆典接待工作的依据。

1）庆典接待的一般内容

（1）接待方针

接待方针即庆典接待工作的总原则和指导思想。接待方针应当根据庆典目标和领导管理机构对接待工作的要求以及参加对象的具体情况确定。

（2）接待规格

接待规格实际上是参加对象所受到的待遇，体现主办者对参加对象的重视和欢迎的程度。接待规格主要表现在以下几个方面：

①迎接、宴请、看望、陪同、送别参加对象时，主办方出面的人员的身份。这具体可以分为三种情况：一是高规格接待，即主办方出面人员的身份高于参加对象，以体现对庆典活动的重视和对参加对象的尊重；二是对等规格接待，即主办方出面人员的身份与参加对象大体相等；三是低规格接待，即主办方出面的人员的身份比参加对象低。

②庆典活动过程中主办方安排宴请、参观、访问、游览、娱乐活动的次数、规模和隆重程度。活动次数越多、规模越大、场面越隆重,说明规格越高,反之则低。

③主办方确定的参加对象的食宿标准。食宿标准越高则规格越高,反之则越低。接待规格要依据庆典活动的目标、任务、性质、接待方针并综合考虑参加对象的身份、地位、影响以及宾主双方的关系等实际因素来确定。确定接待规格要适当。涉外接待的规格应严格按有关外事接待的规定执行。

(3)接待内容

庆典接待的内容包括接站、食宿安排、宴请、看望、翻译服务、观看电影和文艺演出、参观游览、联欢娱乐、返离送别等方面。接待内容的安排应当服从于整个庆典活动的大局,并有利于参加对象的休息、调整,使庆典活动有张有弛,节奏合理,同时也能够为庆典活动创造轻松、和谐的气氛。

(4)接待日程

接待日程安排应当同庆典活动日程的整体安排通盘考虑,并在庆典日程表中反映出来,便于参会对象了解和掌握。

(5)接待责任

接待责任是指庆典活动中各项接待工作的责任部门及人员的具体职责。接待责任必须分解并且落实到人,必要时建立专门的工作小组。可设置报到组、观光组、票务组等工作小组,分别负责参加对象的接站、报到、签到、观光旅游、返离时的票务联系等工作。

(6)接待经费

庆典的接待经费是整个庆典经费的构成部分,主要是安排参加对象的食宿和交通的费用,有时也包含安排参观、游览、观看文艺演出等的支出。庆典接待方案应当对接待经费的来源和支出作出具体说明。

2)庆典接待方案的书面格式

庆典接待方案可以包含在庆典整体策划书或预案之中,也作为庆典策划书或预案的附件可以单独拟写。单独拟写的接待方案分为综合性方案和单项接待活动方案两种。综合性方案包含庆典期间内所有的接待工作,单项方案仅对某项具体的接待活动作出安排。

庆典接待方案的书面格式如下:

(1)标题

方案的标题由庆典活动名称加"接待方案"组成。如:"上海××公司开业庆典接待方案""××学校五十周年校庆接待方案"。

（2）正文

正文要具体说明接待对象、接待方针、接待规格、接待内容、接待时间安排、接待责任、接待经费等。

（3）提交方案的服务工作机构

略。

（4）提交方案的时间

略。

××学校五十周年校庆接待方案

一、指导思想

为保障学校五十周年校庆的成功，接待工作一定要高标准，严要求，以热情、友善、真诚、周到的服务，使来宾感到满意，从而赢得来宾的信任，树立我校的形象，达到宣传学校，增进校友的联系和感情，达成一些校校合作、校企合作等。

二、接站

在机场、火车站设立接待站，张贴大幅欢迎标语，由专人负责接待。重要来宾抵达时，拟安排校领导迎接。

三、食宿安排

××四星酒店安排国家教育司、上级主管、外国来宾、贵宾的食宿；××宾馆（三星）安排校友及一般来宾的食宿。

四、招待活动

×月×日庆典前几天，由分别负责的接站工作人员接站、安排来宾住宿。

×月×日庆典当天，举行欢迎晚宴，由校长书记各负责一个酒店主持，致欢迎辞。

×月×日下午闭幕式后，举行欢送宴会，校长书记致欢送辞，并邀请众来宾参加安排的相关旅游活动。

五、安全与交通

校保卫处及××派出所负责大会期间会场安全保卫工作，确保会场附近交通畅通。

小车队及合作的公交公司负责大会期间接待用车。

六、翻译服务

大会期间外国来宾的翻译，由校外语学院相关领导和老师一对一的接待和翻译。

七、经费

以上接待工作所需接待经费××万元。详细预算见附件。

××学校庆典接待办公室

××年××月×日

10.2.3 培训接待人员

庆典接待的对象和内容往往是多方面的,对象和内容不同,接待的要求也不同,因此接待工作人员要根据具体的情况学习和掌握有关的接待知识,必要时对接待工作人员尤其是志愿前来参加接待工作的人员进行培训,使他们熟悉接待的基本情况、特点,以便有针对性地做好接待工作。

庆典接待人员的礼仪要求很高,庆典接待工作不是想认真工作就能自动做好的,是要经过专业训练,把礼仪规范当做工作准则,这是做好服务的关键。培训接待人员一般可以从政治、业务、语言举止、交际、保密、外事等方面进行要求和培训:

1)政治行为培训

政治行为培训是对接待人员的基本要求,通过培训,要让庆典接待人员在政治行为方面达到以下的要求:

①维护形象,爱岗敬业。

②服从组织,服从领导。

③遵从法律,听从指挥。

2)业务行为培训

庆典服务是专业性强,对接待人员的业务要求高,需培训并不断提高以下业务水平:

①遵守纪律,熟悉政策。

②钻研业务,熟悉工作。

③应用现代科技,提高业务技能。

④认真负责,体贴入微。

⑤遵守各项规章制度。

a.请示报告制度。

b. 岗位值班制度。

c. 领款领物制度。

d. 设备设施使用维护制度。

e. 安全保卫制度。

f. 保密制度。

3）语言举止行为培训

庆典接待需要与接待对象进行交流，对接待人员进行语言运用、举止得当的培训显得尤为重要。

①语言行为的培训要达到：标准适用，确切简洁，合乎逻辑；温文尔雅，热情礼貌。

②仪表举止的培训是：守时、守约；穿戴、妆容；迎接、接待；问候与告别等。

4）交际行为培训要达到

①服从组织和领导。

②尊重同事。

③协调友邻。

5）保密行为培训要达到

①遵守并严格执行保密制度。

②妥善保管文件资料。

6）外事服务行为培训要达到

①维护国家利益。

②注意内外有别。

③崇尚礼仪为先。

④体现平等原则。

⑤加强组织观念。

10.2.4　落实接待事项

1）安排食宿

庆典活动开始前，要根据已经获得的参加对象的信息、经费预算标准以及参加对象特殊要求,安排好就餐,预订好住房。如果安排宴请,要事先根据接待规格和人数,确定宴席的标准、地点和席数。

2)准备接待礼物

组织庆典活动,常常要赠送一些礼物给参加对象。准备礼物应注意:

①力求体现、宣传主办者的形象,或者体现民族特色和地方特色,具有纪念意义和象征意义。

②尊重客人的习俗和爱好。

③在庆典规格基础上,即显示出主办方的热情又做到不铺张浪费。

3)落实交通工具

庆典接待部门要配备一定数量的轿车、客车。此外,可同信誉良好的公交公司、出租公司签订用车合同,保证庆典接待用车。对所配备的车辆应进行编号、布置、安全检查,对司机应进行安全行车和外事纪律的教育。

4)布置安全保卫工作

对有重要领导人或重要外宾参加的庆典活动,应同区域派出所、安全保卫部门联系,做好警卫工作。

5)选派翻译和陪同人员

有外宾或有少数民族代表参加的庆典活动,要选派外语翻译人员或少数民族语言翻译人员。外语翻译人员应当根据庆典的工作语言选派。翻译人员应当政治上可靠,业务上过硬。

庆典活动中如安排参观、考察、游览活动的,要选派身份合适的人员陪同。专业性较强的参观考察,应当选派既懂业务又有身份的人员进行陪同。

6)准备接待物品

在接站和参加对象报到时,要树立醒目的接待标志,如:"××庆典接待处""××庆典报到处"等。同时,要准备好桌、椅、登记表、笔等参加对象报到时的必需用品以及车辆、通信工具等。

7)落实相关事宜

联系落实参观、游览、文艺演出、娱乐活动的项目、时间、地点以及相关事宜。

10.2.5 接站与引导

1) 接站

庆典接待人员前往机场、码头、车站迎接参加对象,这项工作叫做接站。接站是跨地区、全国性和国际性庆典活动接待工作的第一道环节。优质的接站服务会给参加对象提供极大的方便,带来宾至如归的亲切感。也是主办方服务周到热情的体现。接站的程序和要求是:

(1)确定迎接规格

重要领导或外宾前来参加庆典活动,要事先确定迎接的规格,主办方应当派有相对应身份的人士前往机场、码头、车站迎接。庆典接待人员要事先了解他们抵达的具体时间以及所乘的交通工具,并通知迎接人员提前到达迎接现场(最少提前15分钟)。

(2)欢迎

"出迎三步,身送七步"是我国迎送客人的传统礼仪,客人在约定时间按时到达,主人应主动迎接,笑脸相迎,先主宾后随员、先女宾后男宾的顺序欢迎问候。热情打招呼,先伸手相握,以示欢迎,同时应说一些寒暄辞令。对重要客人或团队到达时,要组织一定规模的群众性欢迎队伍列队欢迎。服装要求整齐,精神要饱满,客人到达时,要鼓掌,必要时有关领导要出面迎接。在来宾没有全部进店或车辆未全部开走前不得解散队伍。如果客人是长者或身体不太好的应上前搀扶,如果客人手中提有重物应主动接过来。

(3)树立接站标志

参加对象集中抵达时,在出口处以及交通工具上要有醒目的接待标志,以便参加对象辨识。接站现场较大、人员较杂时,还要准备好手提式扩音机。个别接站时,接站人员可以手举欢迎标志,上书"欢迎×××先生/女士"等字样。

(4)掌握抵达情况

接站人员要随时掌握参加对象抵达的情况,特别要留意晚点抵达的参加对象,避免漏接,同时注意与机场、火车站、码头等联系,了解抵达准确信息。抵达信息往往可以在参加庆典申请表中体现,或在单独的接站回执中反映。

表 10-1　参加庆典代表接站回执表

姓　名		单　位	
联系电话		到达航班 （车次）	
到达日期、时间		离开日期	

表 10-2　全国××职业教育教学指导委员会第二次会议
暨全国××职业院校书记、院长会议回执表

姓　名	性别	单　位	职务职称	手机号	预计到达时间 及相关信息
×××	女	××机电职业 技术学院	院长/教授	＊＊＊	7 月 25 日 MU2715 18∶19 到达×××
×××	女	××机电职业 技术学院	科长/ 经济师	＊＊＊	7 月 25 日 BK2811 18∶14 到达×××

（5）热情介绍

参加对象到达时,迎接人员应迎上前去自我介绍,并主动与其握手以示欢迎。如果领导亲自前去迎接重要的参加对象,且双方是初次见面,可由接待人员或翻译人员进行介绍。通常先向来宾介绍主办方欢迎人员中身份最高者,然后再介绍来宾。主客双方身份最高者相互介绍后,再按先主后宾的顺序介绍双方其他人员。这种介绍有时也可以由主办方身份最高者出面。介绍时要注意以下几点:

①被介绍人的姓名、职务、职称、头衔要准确、清楚,这要求接待人员事先掌握迎接人员的基本情况。

②按职务和身份的高低顺序进行介绍。

③介绍时要有礼貌地用手示意,不能用手指指点点。

④主动握手见面、介绍的同时双方要握手。握手是国际、国内常见的礼节。主人主动、热情的握手会增加亲切感。

⑤献花。

对重要的参加对象(如外国知名专家、劳动模范、获重要奖项者)可安排献

花。献花必须注意以下几点：所献之花最好是鲜花，花束要整齐、鲜艳，颜色选择代表热烈、热情的为主，如红色花系等，选择的花语以代表"友谊、喜悦、欢迎"的花材为主，一般选择康乃馨、百合、红掌等花材，配以相应叶材为宜。所选花材要尊重本土及对方的风俗习惯。一般安排少年儿童（一男一女）或女青年献花。如参加对象夫妇同时到达，由女少年向男宾献花，男少年向女宾献花。少先队员献花时，应当先敬礼。有时也可由主办方领导人亲自上前向来宾献花，以表示最诚挚的欢迎。献花一般安排在主客双方见面、介绍、握手之后。

⑥陪车。

陪同客人乘车时要注意座位次序。小轿车座位的礼宾次序通常为"右为上、左为下；后为上、前为下"，即小轿车的后排右位为上座，安排坐客人；后排左位为次座，安排坐主办方领导人；接待人员坐在司机旁的座位。接待人员受领导委托单独陪车时，坐在客人的左侧。上车时，接待人员应打开右侧车门，请客人从右门上车，自己从左侧门上车，避免从客人座前穿过。遇到客人上车后坐到了左侧，则不必请客人挪动座位。但如果是重要的外宾，车前挂有双方国旗时，则应严格做到主左客右。

还要注意乘车姿势。上车时避免从客人座前穿过。女士上车不要一只脚先踏入车内，也不要爬进车里，需先站在座位边上，把身体降低，让臀部坐到位子上，再将双腿一起收进车里，双膝一定保持合并的姿势，见图10-1。

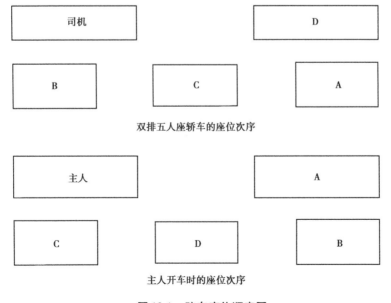

图10-1 陪车座位顺序图

⑦注意安全保卫,准备新闻报道。

迎接重要的参加对象,要布置好安全保卫工作,并与新闻单位联系,准备采访和发布新闻消息。

2)引导工作

引导是指庆典活动期间工作人员为参加对象指引会场、座位、住宿的房间以及参加对象所要打听的地方的路线、方向和具体的位置。引导虽然看似小事,但却能给参加对象提供许多方便,使他们感到亲切。一般有以下要求:

①引导工作贯穿于整个庆典活动中,每一位工作人员都应当履行为参加对象引导的义务。但参加对象报到以及进入会场时应当派专人负责引导,这类专职引导人员常常称为礼仪人员。

②负责引导的礼仪人员要统一着装,熟悉会场的布局以及各种配套设施的情况。大型庆典活动的礼仪人员还要了解本地的交通、旅游、购物等情况,以备参加对象随时咨询。有外宾参加的庆典活动,礼仪人员还要会熟练使用外语。

【知识链接10-1】 花的雅语

中国的十大名花是:梅花、牡丹、菊花、兰花、月季、杜鹃、山茶、荷花、桂花、水仙。每一种花都有它独特的含义,这就是所谓花的语言。花语因不同的国家、不同的文化背景而有所不同,因而使用时要加以注意。在国际交往中要注意保持花束的整洁、鲜艳,忌用菊花、杜鹃花、石竹花和黄色花朵。国际惯例送花要成单数(13除外),不送双数。花的雅语收集如下,以供参考:

水仙——凌波仙子　牡丹——国色天香　杜鹃——花中西施

玫瑰——天国之花　芍药——花中之相　月季——花中皇后

莲、兰花——花中君子 山茶——花之寿者 菊花——花中阳士

吊兰——绿色仙子　仙人掌——耐旱将军 桃花——春之使者

兰花——天下第一香(香祖)　茉莉——人间第一香

昙花——月下美人　一品红——圣诞花

松、竹、梅——岁寒三友

松、竹、梅、菊——花中四君子

兰、菊、水仙、菖蒲——花草四雅

10.2.6 报到与签到

1）报到

报到是指参加对象在到达庆典活动所在地时所办理的登记注册,但不一定证明其参加每一次具体的活动。参加对象报到时,接待人员要做好以下工作:

（1）查验证件

查验证件的目的是确认参加对象的参加资格。需查验的证件包括庆典通知书、邀请书、单位介绍信、身份证和其他有效证件。

（2）登录信息

登录信息即请参加对象在登记表上填写个人的有关信息,如姓名、性别、年龄、单位、职务、职称、联系地址、电话等。庆典报到登记表既可以据已统计参加庆典活动的人数,以便做好庆典活动期间的各项服务工作,又可据此编制参加对象通讯录。

庆典登记表样式:

表 10-3 ××××庆典报到登记表

（20××年×月×日）

序号	姓名	性别	年龄	工作单位	职务	职称	通讯地址	电话	房间号码

（3）发放材料

庆典活动报到时一般还会安排分发相关宣传材料,既能对主办方有较好较全面宣传,又能把相关庆典活动安排、信息集中、及时传递,还能给参加者留下文字的东西,以备参考和纪念。

（4）费用支付

有的庆典活动须由参加对象支付一定费用,如食宿费、考察费等。这些费用有的是事前通过转账支付的,有的是在报到时用现金支付,因此应该安排会务财务人员现场预收费用并开具收据或发票。

（5）安排住宿

要根据参加对象的身份和要求，在现有的条件下合理安排住宿。住宿安排好后，接待人员应当在登记表上标明每个参加对象的房间号码，以便庆典期间的联系。通常情况下，庆典的报到与住宿安排连在一起。大型庆典如果想要签到过程不出现混乱，必要的流程及准备是必需的：回执统计表、报到表格、引导及协助人员、住宿宾馆准确的房间数量及房间号、房间分配表、钥匙、标明入住者姓名及房号的小信封（内装客房钥匙，通常酒店可以提供）、入住酒店相对明显的路径指示、庆典须知、庆典详细日程、考察线路及参与方式、酒店功能开闭说明及付费标准、返程预订及确认、交通使用方式及付费标准，等等。如果可能，尽量使用计算机作报到、签到用。

2）签到

签到是参加对象在进入庆典场地前签名或刷卡，证明他参加了这一次具体庆典活动。

签到的作用和方式是：

（1）签到的作用

①便于统计实到人数。

签到能够精确统计参加庆典人数，这是庆典活动中不可缺少的重要程序。通过签到，统计出实到人数，为庆典相关安排和评价提供依据。

②检查缺席情况。

签到能够准确反映缺席情况，以便及时通知有关人员到场，保证庆典圆满进行。

③留作纪念。

庆典仪式的签到簿可以珍藏，留作永久的纪念。

④历史凭证。

参加对象的亲自签名是第一手签到记录，是其参加庆典活动的书面证明，可为日后的查考提供历史凭据。

（2）庆典签到的方式

①簿式签到。

参加对象在工作人员事先准备好的簿册上签名，以示到场。簿式签到宜于保存，也具有纪念意义，是庆典活动最佳选择。庆典活动规模较大、参加对象较多并且集中到达时,可采取分头、分册签到的方法,以避免产生签到时拥挤的现象,影响庆典活动按时进行。签到簿的封面或扉页上应当写明庆典活动的名称、时间和地点,以便将来查考。

②表式签到。

参加对象在工作人员事先准备好的表格上签名,以示到场。通常情况下,庆典活动都可以采用这种方式签到。规模较大、参加人数较多的庆典活动,要多准备一些签到表,采取分头签到的方法,庆典活动结束后,再装订成册。特别要提醒的是,千万不要随便拿一张纸签到,这样会给统计人数、检查缺席情况造成很多麻烦,也给参加对象留下主办方办事不严谨的印象。签到表包括下列项目:

a.标题。一般应当写明庆典的名称,如×××庆典签到表。

b.庆典活动名称。如标题中未写明庆典活动名称,则在表格内写明。

c.主办单位。写明主办单位的名称,应当写全称和规范化简称。

d.举行时间。写明具体的年、月、日、时、分。

e.举行地点。写明具体场馆名称。

f.应到单位名称或应到人姓名。这一栏由庆典工作人员事先填好。

g.参加对象签名。参加对象在相应的空格内对号签名。

庆典签到表样式

表 10-4 ×××庆典签到表

时 间	年 月 日 时 分		
地 点			
出 席	签 名	列 席	签 名
张 维		李 明	
王 立		李 伟	
王善祥		钟杰书	
施福生		×××	
×××		×××	
×××		×××	

表 10-5　××××庆典签到表

庆典名称			
主办单位			
时　　间		地　　点	
出席单位	签　名		
×××			
×××			
×××			
×××			
×××			

10.2.7　安排作息时间

庆典活动的作息时间是庆典活动举行期间全体参加对象生活起居和参加庆典活动必须共同遵守的具体时间、地点安排,一般由庆典工作部门提出并经庆典活动领导机构同意后印发。

1) 庆典活动作息时间的构成

①就餐时间,包括每天早、中、晚三餐的时间。
②庆典活动的开始、结束和休息时间。
③庆典活动辅助活动的时间,如晚上的娱乐活动时间安排。

2) 安排作息时间的要求

①服从是制订庆典活动作息时间表的基本要求。
②劳逸结合,充分安排休息时间,保证参加对象有充沛的精力参加庆典活动。
③庆典作息时间表应在参加对象报到时分发。
④作息时间如有变化应及时通知到每一个参加单位和每一位参加对象。

3) 作息时间表的格式

(1) 标题
庆典活动名称(可用简称)加"作息时间"或"时间安排"。

（2）庆典活动举行日期

位于标题之下居中，写明年份和开始、结束日期，外加圆括号。

（3）正文

庆典作息时间表一般以时间为线索，写明就餐、开会、休息以及辅助活动的具体时间。

（4）落款

一般写"××庆典秘书处"或"××庆典组委会"即可。

表 10-6　庆典作息时间样表

×××庆典作息时间	
（2010 年 5 月 5—8 日）	
7:00	叫早
7:30—8:00	早餐
8:00—8:30	乘车
8:30—9:00	报到
9:00—11:00	庆典
11:30—12:00	乘车
12:00—13:30	午餐
14:00—16:00	参观
16:00—18:00	自由活动
18:00—19:30	晚餐
17:30—21:30	娱乐、自由活动
	庆典秘书处

10.2.8　文艺招待

庆典活动中可以举行文艺招待以丰富庆典活动期间的业余生活，做到劳逸结合，同时也可以带动旅游消费。文艺招待的形式多样，如观看文艺演出、电影等。要注意以下几点：

1）安排好时间

观看文艺演出或电影应安排在晚上或休息天，不影响庆典活动的进行。最好安排在庆典开幕前后或中间，保证庆典招待演出的效果；不要安排在庆典的结束,由于参加人员准备离开,因而会造成庆典招待演出效果不佳。

2)安排好接送

组织观看文艺演出或电影,应当集体行动,因此要事先统计好人数,安排好来回接送的车辆,并注意上车后清点人数,避免漏接、漏送。

3)观看文艺演出注意事项

①紧密结合庆典主题,歌颂党、歌颂祖国、宣传主办单位文化氛围和精神。
②节目长短适中,最好以1~2小时为宜。
③节目花色搭配,避免重复乏味。
④组织好专场演出的入席与退席。

有必要可安排专场演出入席与退席。先安排普通观众先入席,主宾在开幕前由主人陪同入场。此时,全场起立鼓掌表示欢迎。演出进行中,观众不得退场。演出结束后,全场起立向演员热烈鼓掌以示感谢。观众应待主人和主宾退场后再离去。如果主宾向演员献花篮并合影,观众不应立即散去,应在主人和主宾与演员合影结束离去后方能退出演出剧场。

4)选好节目和影片要注意以下几点

(1)配合庆典的主题

文艺招待的节目和影片分为两类:一类是教育性,另一类是娱乐性。在指导思想上,应当以教育性为主,改革题材的节目和影片,适当安排娱乐性的节目和影片。

(2)照顾对象的兴趣

文艺招待在某种意义上说,是对参加对象的慰劳,适当照顾他们的兴趣和要求也是理所当然的。

(3)尊重对象的宗教信仰和风俗习惯

要特别注意审查节目和影片的内容,避免因政治内容或宗教信仰、风俗习惯等问题而引起参加对象的不愉快。

(4)体现民族特色和传统文化

民族的就是世界的,这样的安排一般都是恰当的。

(5)体现本单位、企业的文化

展现本部门人员的全方位的素质和能力,营造文化氛围。

10.2.9　参观、考察、游览的组织

1) 策划项目及线路

策划项目及线路要考虑以下几个方面：

（1）切合庆典主题

参观、考察、游览的项目要尽可能与庆典活动的目标和主题相适应。如召开校庆庆典可以组织沿途参观校企合作企业和知名院校。

（2）照顾对象的兴趣

参加对象的兴趣、擅长和要求也是项目和线路策划应当考虑的因素。要尽可能地安排大部分参加对象感兴趣的项目。例如庆典结束后，可考虑安排庆典参加对象参观当地及附近著名景点，以满足参加对象对当地旅游景点的兴趣。

（3）接待能力

要考虑参观、考察、游览的项目当地是否具有足够的接待能力，有些项目虽然非常合适，但如果当地的接待能力有限就可能被迫取消或改变考察的方式，如分批考察、减少考察时间等。

表 10-7　全国××行业职业教育教学指导委员会第二次会议
暨全国××职业院校书记、院校长会议日程表

日　　期		内　　容	地　　点	备　　注
7 月 26 日		接站、报到	机场、车站、翠怡酒店	
7月27日	7:00—8:00	早餐	翠怡酒店	自助餐
	8:30—12:00	行业教学指导委员会会议	××高校办公楼大会议室	8 点乘车至学校12 点乘车回酒店
	12:30—13:00	午餐	翠怡酒店	桌餐
	14:30—18:00	冶金院校书记院（校）长会	××高校办公楼大会议室	14 点乘车至学校18 点乘车回酒店
	18:30	欢迎晚宴	翠怡酒店	

续表

日 期		内 容	地 点	备 注
7月28日	7:00—8:00	早餐	翠怡酒店	自助餐
	8:30—12:00	参观	××高校安宁校区	8点乘车至学校安宁校区
	12:30	午餐	安宁	餐后前往民族村
	14:30—18:00	参观	云南民族村	18点乘车回酒店
	18:30	晚餐	翠怡酒店	桌餐

2)安排落实相关事项

①项目确定之后,应及时与接待单位取得联系。如对方无法接待,要及时更换项目。

②制订详细计划,安排参观游览的线路、具体日程和时间表,并明确告知参加对象,让他们作好思想准备和物质准备。大型庆典活动安排应当在庆典须知、邀请函中加以说明,并列明各条考察观光项目和线路的报价,以便参加对象选择。

③落实好车辆,安排好食宿。

④准备必要的资金和物品,如摄像机、照相机、手提扩音机、对讲机、团队标志、卫生急救药品等。

⑤人数较多时事先编组并确定组长,明确责任。

⑥旅游项目也可委托旅行社实施,但必须选择信誉好、价格合理的旅行社,并签订合同。

3)陪同安排

组织考察、参观、游览应当派有相当身份的领导人陪同。除必要的工作人员外,其他陪同人员不宜过多。每到一处,被考察、参观单位应当派有一定身份的领导人出面接待欢迎并作概况介绍。如果是游览,应配备导游。陪同外宾参观考察、参观游览,应配备翻译。

表 10-8　7 月 28 日参观安排

总体负责人:李××

时 间	内 容	地 点	负责人	备 注
8:00	代表乘车前往安宁校区	翠怡酒店	张×	
9:30—12:00	参观测绘学院实训设备	安宁校区测绘学院	太××	
	参观冶金学院实训设备	安宁校区冶金学院	余××	
	参观电气学院实训设备	安宁校区电气学院	周×	
12:30	午餐	安宁(待定)	杨××	餐后前往民族村
14:30—18:00	参观云南民族村	云南民族村	王××	18 点乘车返回酒店
18:30	晚餐	翠怡酒店	张×、王×	桌餐

4)介绍情况

每参观游览一处,应由解说员或导游人员作具体解说和介绍。介绍情况时,数字、材料要确切。向外宾介绍情况,要避开敏感的政治、宗教问题,保密的内容不能介绍。对外宾不宜用"汇报""请示""指示""指导""检查工作"等词语。

5)摄影

遇到不让摄影的项目或场所,应当事先向客人说明,现场应竖有"禁止摄影"的标志。

6)注意安全

参观游览,安全第一。参观施工现场,进入前要对参加对象进行安全教育,佩戴好安全帽。参观实验室要事先宣布注意事项。参观完一处,开车前要严格清点人数,避免遗漏。

10.2.10 返离工作

待客人走后,接待工作基本结束,但仍要善始善终,做好收尾工作。客人托办的事,一定要妥善办理:如通知客人单位接站时间及所乘(机、船)班次,邮寄一些资料或照片等。不要让人有"人走茶凉"的感觉。所谓返离,即庆典结束后参加对象的离开和返回。

返离工作的具体内容:

1)预定返程票

返程票是参加对象最为关心的问题之一,因为这直接关系到参加对象能否按时返回单位开展工作。提前做好这项工作,能解除参加对象的后顾之忧,使参加对象安心参加庆典活动,有利于提高庆典活动的效率。预定返程票要注意以下几点:

①在汇总庆典活动回执、报名表和申请表的同时,仔细登记参加对象对回程票的具体要求,具体包括回程的交通工具(飞机还是火车)、返程日期、航班或车次、舱位或座卧等级、抵达地点等内容。

②及时同有关部门联系订票事宜,用暂借款支付购票款。

③参加对象报到时,进一步确认其订票要求,如有变化及时与票务部门联系更改。如无变化,则当面交割回程票,并同时收取购票款。

④交割回程票时要作好记录,一旦出现问题或差错便可查对。

表 10-9 庆典返程票预定表

代表姓名:			单位:		
预定:					
( )飞机	目的地:	日期:		航班:	张数:
( )火车	目的地:	日期:		车次:	张数:
火车车票类型选择: ( )软卧 ( )硬卧 ( )硬座					
( )自行购买返程票					
注:请在选择项( )内打"√",退票或改签由代表自己办理。					

2）结算费用

报到时如预收了有关返程费用，在参加对象离会之前，要结清应由参加对象承担的那部分费用。

3）检查相关场地与房间

参加对象离开时可能会在相关场地（如车上、庆典场地、餐厅、房间）遗忘一些物品和文件，接待人员要仔细检查，一旦发现，及时归还。属于保密文件和物品的按保密规定处理。

4）告别送行

如同接站一样，参加对象离开时也要热情欢送，具体要求是：

①庆典活动的主要领导人尽可能安排时间出面告别。告别的形式可以是到参加对象住宿的房间走访告别，也可以庆典活动闭幕式结束后在会场门口道别。身份较高者还应当由领导人亲自到机场或车站送行。

②安排好车辆，将参加对象送至机场或车站。参加对象行李较多时，接待人员要主动为其提拿。

③进入机场、站台和码头送行的，当飞机、列车、轮船启动后，欢送人员应挥手向参加对象告别，直至对方的视线看不见欢送人员时。

案例分析 10-1　李秘书的返程工作

祥瑞公司承办了营销协会召开的年会，会务组的李秘书负责代表们的返程工作。由于这次会议会期较长，李秘书在会议通知的回执单中就已要求与会人员填写返程的时间、所乘交通工具的种类等内容。鉴于会议期间，有的代表可能在返程时间或工具上有变化，所以，在会期进行到一半时，李秘书又逐个找代表进行核对，落实最后的返程日期、乘坐工具，以及车次、班次、航班。

有的代表还不清楚车次、班次及航班的出发和到达的时间，不知道乘坐什么交通工具比较方便，一时难以确定。李秘书就掏出随身携带的铁路、民航、公路和港口的时刻表，与代表一起讨论，作一个最佳的选择。全部代表确定完毕后，李秘书抓紧时间预定车、船、机票。尽量满足代表的要求，实在不能做到的，及时跟代表沟通，重新选择，再行预定。

会议已接近尾声，李秘书开始忙碌起来，穿梭于代表之间送票。同时，统计需要送站的代表名单，把他们出发的时间分成几个集中的时间段，以便派专车送站。

与会代表离会那天,李秘书提醒代表及时与会务组结清费用,归还所借物品,拿好自己的物品和票据,准备返程。与代表们说完再见,看着他们登上送站的专车离开会场,李秘书松了口气。还有会议结束暂不返程的代表,需要暂住者,李秘书都给予了妥善的安置,尽量满足他们的需要。

在与会代表填写的会议评估表上,李秘书的返程工作得到了大家的一致好评。

分析：当会议结束时,秘书需要做好与会人员返程的相关工作。秘书要在会议期间按照先远后近的次序安排返程车、船、机票的预定事宜,及时分发到与会人员手中,以便他们及时返程。秘书还有责任帮助与会人员提前做好返程准备事宜,包括清退、结算、归还物品等事宜。秘书还须编制与会人员离开的时间表,安排好送行车辆,做好送站工作。对于暂不返程的人员,应安置好他们的食宿。李秘书的返程工作很出色,从与会人员填写的会议评估表中可以体现出来。

案例分析 10-2　特奥爱心盛会

2007 年 10 月 11—19 日,当被称为"爱心盛会"的特奥会在上海进行的时候,人们自然会想起五年来上海为筹备这届盛会的前前后后,上海市政府和上海市民用火热的爱心来迎接这次"爱心盛会"的点点滴滴。

一、组织方面

组委会挑选了上海最好的竞赛场地供运动员展示技能。修缮改造的 30 个比赛场馆已全部通过验收,无障碍设施建设达到预期要求。运动会共设 21 个竞赛项目。足球、田径报名参赛人数最多,分别达到了 1 263 人和 1 160 人。本届运动会还设 4 个表演项目(板球、龙舟、舞龙和机能活动),其中龙舟、舞龙更是有数千年历史的中华传统项目。1 890 名境内裁判员都经过三期培训并参加了模拟演练。所有竞赛项目都进行了综合式的运转。

二、接待方面

建立了六个服务"中心",即迎送(注册)中心,顾客接待中心、代表团接待服务中心、家属接待中心、新闻中心,以及运用多种语言提供 24 小时咨询、求助和信息服务的呼叫中心。食宿服务方面,为使参赛运动员能有一个舒适的休息环境,选择了全市 96 家三星级以上的宾馆以及近 2 000 户社区接待家庭。为尊重伊斯兰代表团"斋月"习俗,专门设置清真席、念经堂。出行服务方面,已经开通 18 条巴士穿梭线路,每天安排 300 多班次车辆往返于各场馆之间,提供点对点的专线服务。志愿者服务方面,4 万名志愿者经过培训已上岗工作,主要提供语言服务和其他专业服务。其中有 2 034 名志愿者为运动会提供 6 种官方语言(中、英、俄、法、西班牙、阿拉伯)及其他小语种服务。

三、保障方面

全面加密各项保障。比如:医疗保障方面,形成市、区定点医院和比赛现场医疗中心组成的三级医疗保障体系,37 家定点医院开辟了运动员就诊"绿色通道"。食品保障方面,已对所有接待宾馆、接待社区、比赛场所等供餐单位实行食品安全巡查和评估,在每个接待宾馆成立食品监督小组,全面实行动态跟踪。安全保障方面,组委会制订了全面的安全保卫方案和应急处置计划,确保赛事的有序进行和参赛人员的人身安全。按有关协议规定,还为相关人员购买了保险,涉及人身意外伤害、财产、货运等 14 项内容。

四、动员方面

整个筹办过程始终注意提高全社会的知晓率和参与度,动员社会广泛参与。特奥会是体现社会人文关爱的重要平台,整个筹办过程始终注意提高全社会的知晓率和参与度。举办了一系列有影响的活动,比如"走近特奥、支持特奥"图片巡回展,历时一年多,已有 50 多万人次现展。开通特奥热线、官方网站,推出公益宣传片和特奥专刊,在主要比赛场馆、商业街、交通枢纽等处张贴特奥招贴画 300 万张,悬挂宣传横幅、迎风彩旗等,还专门拍摄了特奥献礼影片《我的哥哥安小天》,发行了一套以特奥为题材的金银纪念币和特奥纪念邮品。这一系列的活动营造出了浓厚的特奥氛围。

"I KNOW,I CAN"的标语至今令我们难忘。而上海市在这次承办特奥会的过程中,其优秀的准备、组织和接待工作不仅赢得了上海广大市民的赞誉和参与,也获得了全体中国人民的广泛支持,同时也得到了国际的广泛认同和赞扬。

分析:上海举办 2007 年夏季特殊奥林匹克运动会具有重大的意义,如果我们是一名接待人员,应该如何参与到组织接待工作中值得思索。如果让我们接待一位来自伊朗的客人,在宗教礼仪方面应该注意什么可以借鉴。

10.3 庆典接待礼仪的要求

孔子曰:"有朋自远方来,不亦乐乎。"即是说宾客远道而来,不是很快乐的事吗? 由此可见,我国自古以来就十分好客,也非常讲究迎来送往张弛有度的待客礼仪。为宾客接风洗尘,馆舍问候,待到曲终人散,便是"十八相送"。而今,虽然时代变迁,人事变化,但是待客之道依然如故。无论是个人交往,还是组织与公众的交往,庆典接待礼仪尤为重要。

庆典的礼仪是互相仿效、约定俗成的,而且对礼仪的规范性要求比较多。下面就几个主要接待环节的礼仪规范作详细介绍:

1)迎宾

迎宾工作是接待工作的第一环节,一般由礼仪小姐承担。迎宾小姐一般站在单位门口两侧,身着鲜艳的旗袍,佩戴绶带,化淡妆,头发应盘起,穿高跟鞋。迎宾小姐的站姿应是优美而典雅的造型,给人以亭亭玉立的感觉。客人到来时笑容可掬地给人行标准的 45 度鞠躬礼,并亲切问候:"您好,欢迎光临。"

2)引导

通过客人手持的请柬确认是否是参加庆典的宾客。"先生(小姐)您好!请问您是参加庆典的吗?"确认身份后,热情地以手势引导"先生,请这边走。"有职务的尽量称呼其职务。单位应派一位或几位领导参与接待客人,对宾客表示欢迎,重要宾客要亲自接待,或引见给单位最高领导。

3)签到

迎宾小姐应将每个来宾引领到签字台。签字台应备有钢笔、毛笔、砚台、精致的签到本和纸,以便请名人题词留念。请来宾签字应讲究礼貌。对来宾的合作表示感谢。随后,将一胸花插至来宾的西服胸袋或西服领上的插花眼上。庆典尚未开始,可请参加对象到休息室。

4)次序

越是重要的礼仪场合,越要遵从次序礼仪。次序,虽然形式上只是一个先后问题,但在内容上却是一个关乎礼仪修养、形象素质和是否能给予来宾适当礼遇的大问题。因此,庆典上的次序千万不可忽视。

(1)招呼客人的次序礼仪

一般情况下,谁先到,先招呼谁,接待谁。如果有两位以上宾客同时到达,应先招呼职务高的那位;如果两位同时到的客人职务一样,要体现平等,接待时"先温后火",即后打招呼的,要先让座,先敬茶以平衡两者心理。

(2)座次礼仪

庆典仪式上的座次安排,应体现来宾的身份、地位、年龄的差别,明确按照地位高低、职务上下关系亲疏以及实力的强弱来排列。庆典的会场布置一般有两种情况：一是只为重要来宾安排席位，其余来宾及与会者站着开会；二是全部与会者站立开会。

（3）介绍来宾的次序礼仪

庆典进行中，一般只介绍主要来宾和单位主要领导。介绍顺序是先介绍来宾，后介绍单位领导，而且都应分别按地位高低依次介绍。宣读贺电、贺信时，先宣读上级领导及主要来宾的贺信、贺电，其他单位可不排先后顺序。

（4）行进中的次序礼仪

接待过程中，短距离的行进也同样要讲究次序礼仪。如迎宾时，引宾员应走在来宾的左前方两三步处；送客时，应走在宾客后面。陪同领导参观时，单位领导人应走在来宾最高领导的左边。

（5）主席台上倒茶水的次序礼仪

在主席台上倒茶应先从第一排最高领导人开始，往两边同时倒茶，然后到下排给来宾倒茶。次序仍是从职位较高的开始。

下面具体从接待人员的仪表、言谈、行为和细节要求等方面来介绍庆典接待礼仪要求。

10.3.1　接待人员的仪表要求

接待人员的仪表、对接待工作的影响是不可低估的。端庄、整洁的代表，能使前来参加庆典的客人们产生好感，从而有利于提高接待工作的效果，并突出主办者形象。研究证明，人们在判断对方时，从心理上往往无法消除由于对方外表所产生的影响。在人们交往过程中，外表因素往往有形地左右了人们之间相互关系的建立和发展。一些心理学家曾用观察、实验的方法研究证明：外表的魅力与想再次与之相见的相关系数为0.9。这要比其他特征，如个性、兴趣相同等的相关系数高。由此可见，仪表在人们之间的交往中产生着重要的影响，庆典接待人员更应注意着装和仪表。

仪表并不仅仅指人的容貌，它还包括姿态、神态和服饰等诸多方面。所以，除了好的容貌外，还需有良好的姿态、神态以及得体的服饰，才能更具魅力，给参加对象留下美好的印象。

1）服饰

接待人员在接待庆典来宾时所穿着的服装和佩戴的饰物是否得体，不仅反映了他的审美情趣和修养,同时也反映了对客人的态度。因此,必须认真对待。服装的种类、样式、花色千差万别,因场合不同、季节变化、个人爱好及不同民族特色而使穿着显示出多样性。在正式的、隆重的、严肃的庆典场合下,接待人员应着深色礼服,一般接待场合,可以着便装。无论穿着何种服装,都应注意清洁、整齐、合身。所谓合身,不单是指衣服的尺寸和人的体型相适应,还包括衣服的颜色、线条、样式和人种肤色、脸型等统一起来。例如,上身着深色毛料西装,下身穿浅色布料裤子,这就很不协调。

服饰除了服装,还包括首饰、戴饰等一类饰物。一般来说,男子的饰物比较少,仅有戒指、领带夹等,而且戒指主要是作为信物来佩戴的,其装饰作用不大。女子的饰物多一些,有戒指、项链、手镯、耳环、头饰等。

佩戴这些饰物应注意与自己的形体相协调,并考虑与服装风格的统一。在接待工作中,一般来说不宜佩戴过多的饰物,以免给人造成不稳重的感觉,从而降低对你的信任。

2) 姿态

一个人即使长得很漂亮,有出众的身材,但如果姿态不好,其外在美就会受到影响。所以,养成良好的姿态,是体现仪表美的重要内容。

古人主张,人的姿态要"站如松、行如风、坐如钟",这是对姿态美的形象概括。良好的站立姿势应该给人一种挺、直、高的感觉。人体不仅要直立,还要开阔,肩不要向前倾,胸要挺,手臂在身体的两侧自然下垂,手心向里,中指微贴裤线。从侧面看,从耳与面相接处至脚的踝骨前侧也要拉成一条竖直的虚线。腹部平,胸向前上方挺出,这样的站立姿态,才能给予人一种挺、直、高的美感。

行走的正确姿态是轻、灵、巧。行走时,要挺胸抬头以胸带动肩轴摆动,提膝,迈小腿,脚跟落地,脚掌接趾推送,不要颠跛摇摆,重心向后倒。

良好的坐态是端正、舒适、自然、大方。接待人员在有来宾的场合下,陪同时不论坐在椅子上或沙发上,最好不要完全靠在椅子或沙发上,上身应端正挺直,不要垂下肩膀,这样显得比较有精神,但不宜过分死板、僵硬。坐的时间长了,如果觉得疲劳可靠在沙发背上,但不可把脚一伸,半躺半坐,更不可歪斜地摊在沙发上。坐时两腿要并拢或稍分开,男性可以翘"二郎腿",但不可翘得很高,不可抖动;女性可采取小腿交叉的姿势,但不可向前直伸。入座时,动作要轻而稳,入座后手不要乱放,不要用手托着脑袋,以免显得无精打采,心不在焉,让客人以为你不高兴,从而降低对你的信任程度。

3）神态

神态是人的内心世界的外在显露。一个人如果服饰、姿态都不错,但神态却不佳,精神不饱满,那也难以给人留下良好的印象。所以,在与人交往中,尤其是接人待客时,要保持良好的神态。

庆典接待人员在接待客人时的神态表情,应该是和颜悦色、满面春风、诚恳热情、大方开朗。实践证明,面带微笑最容易受到客人的欢迎。这不仅是因为微笑在外观上给人一种美感,而且微笑常常给人带来使人满意的信息和友好热情的情感。微笑的内涵十分丰富,它既表示友好、礼貌,又是自信、成熟的象征。因此,微笑是人们交往中的一种最积极的热情。

在接待客人时,还要注意运用好眼神。俗话说,眼睛是灵魂之窗。人的内心活动,微妙的情绪变化,以及不可名状的思想意识,都可以通过眼睛透射出来。

一个人的眼神能表达各种意思。但眼神不可乱用,以避免引起误会。接待客人时,一般不要用轻蔑或审视的目光看人。在与客人交谈时,不要东张西望,表现出心不在焉的样子。看人时不要去注意人家的生理缺陷。总之,眼神应该是自然、温和、坦诚、稳重,使人感到亲切,可以信赖。

4）仪容

在接待客人时,接待人员除了要重视上述几个方面外,还需注意自己的仪容。在接待客人前,应将头发梳理整齐,胡须刮净。女性接待人员还可做一些必要的化妆,如描眉、扑粉、涂口红、洒香水等,但不要浓妆艳抹,香味刺鼻。在接待客人时,还要注意自己的卫生习惯。当着客人的面,不要挖鼻孔、搓双手、剔牙齿、掏耳朵、剪指甲。打喷嚏时应用手帕捂住口鼻,面向侧旁,避免发出大的声音。不要随地吐痰、乱扔纸屑果皮。在接待客人前,不要吃葱、蒜等味道较重的食物,必要时在口内含一点茶叶或口香糖以除异味,但在接待客人时,应马上吐掉。

10.3.2 接待人员的言谈要求

与客人进行交谈,是庆典接待工作的一项重要内容。接待人员语音优美,谈吐文雅,往往会给客人留下很深的印象,增强信任和好感,最终为庆典的顺利召开产生积极的促进作用。往往同样的意思、同样的词,可以有不同的说法。

而通过天生的禀赋和艰苦的努力、积累、训练,无论是对于日常生活语言和专业语言,或是对于文学语言、理论语言和艺术语言,每个人都可以熟练掌握。这门艺术取决于思想的内涵深度、语言的丰富、驾驭语言的能力和发现各种事物典型特征的观察力,还取决于接待人员对工作的敬业精神及责任感。因此,接待人员必须重视交谈。

1)谈话的要领

谈话是一门高级艺术,要使谈话达到良好的效果,应注意以下几点:

(1)谈话时的态度

人们用语言交谈,但语言并不是交谈的全部。以人类的感官而言,眼睛对刺激的反应最为强烈。研究证明,各种感官对刺激的反应程度,视觉占 87% ,听觉占 7% ,嗅觉占 3.5% ,触觉占 1.5% ,味觉占 1% 。可见,谈话的态度,对于交谈至关重要。在交谈中,正确的谈话态度是真挚、平易、稳重、热诚;而虚假、傲慢、慌乱、冷淡则是不良的态度。虚假,会使你失去对方的信任;傲慢,会伤害对方的自尊心;慌乱,会让对方低估你的能力;冷淡,会使对方感觉受到了不亲切的待遇。

(2)谈话时的目光

与客人谈话时,目光高度要恰到好处,也就是说要适中。谈话时,如果一个人坐着,一个人站着,那么,两个人的目光,一个仰视,一个俯视,这在心理上就会给人造成一种不平等的感觉。在这种情况下的交谈,会影响谈话效果。一般来说,在交谈时把目光放在对方目光同一水平方向上比较好。

交谈时,应注视对方的眼睛或头部,但不要死死地盯住对方的眼睛,那样会使对方感到窘迫。注视对方的眼睛,应做得轻松自然。如果两个人面对面地交谈,目光距离应该是 1~2.5 米。这时看对方,目光在对方胸部以上,头顶上方 5 厘米以下,两肩外侧 10 厘米以内的范围里比较好。

(3)谈话时的手势

在与客人谈话时,为了加强语气,强调内容,适当地做一些富有表现力的手势,可以加强语言效果。但手势不宜过多,也不宜重复。过多了,显得指手画脚不稳重,会惹人讨厌。反复做一个同样的手势,则显得单调、乏味、缺乏艺术性。

在做手势时应注意,当讲到自己或自己的公司时,不要用手指着自己的鼻子尖,而应该将手掌按在自己的胸口上,这样显得端庄、大方、谦虚斯文;讲到庆典的客人时,则不可用手指指着他,这样会使他觉得受到污辱,从而收不到好的交谈效果。

（4）谈话中的语言和内容

与客人谈话中所用的语言要文雅、简洁、清楚、明白。谈话的内容一般不涉及疾病、死亡等不愉快的事情，不谈荒诞离奇、耸人听闻、黄色淫秽的事情。一般不询问女性来宾的年龄、婚姻，不询问对方的履历、工资收入、家庭财产、衣饰价格等私人生活方面的问题，更要注意不可说她长得胖、身体壮等语。客人不愿回答的问题不要追问，不要追根究底。如遇对方反感的问题应表示歉意，或立即转移话题。谈话中，一般不过多纠缠；不高声喊叫，不恶语伤人，出言不逊；不斥责，讥讽辱骂。在交谈中，不要喋喋不休讲个不停，要给客人发表意见的机会。

另外，谈话时还要注意使用礼貌语言。培根说过："得体的客套与美好的仪容一样，是永远的推荐书。"接待人员使用礼貌用语，就会显得彬彬有礼。以下是在庆典接待中常用的礼貌用语：

宾客来时说："欢迎光临"。

请人批评时说："多多指数"。

看望客人时说："拜会""拜望"。

等候客人时说："恭候大驾光临"。

中途先行一步说："失陪"。

请对方勿相送说："您请留步"。

麻烦别人说："有劳""打扰"。

请客人原谅说："请多包涵"。

请客人指点说："多赐教"。

请求客人解答说："请问""请教"。

赞成客人的见解说："高见"。

陪伴客人说："陪同""奉陪"。

感谢时用"承蒙帮助"。

感谢客人赞赏用"承蒙夸奖"。

总之，接待人员的语言要礼貌、真诚、文雅、得体、自然、言必由衷。过多客套、热络、做作则会让客人感到不自在。

2）聆听的要领

在与客人的交谈中，不但要善于表达自己的意思，而且要善于聆听对方的谈话，这样才能使双方进行有效的交谈。有的时候，"会说不如会听"。因此，庆典工作的接待人员,也应体会聆听的要领,掌握聆听的艺术。

在聆听对方谈话时,应注意做到以下几点:

(1)主动积极

对对方的感觉和意见表示出极大的兴趣,并且积极努力去听,去了解对方。在交谈时,应该让对方有时间不慌不忙地把话说完,即使对方为了理清思路,做短暂的停顿,也不要打断他的话,影响他的思路。

(2)要去体察对方的感觉

一个人感觉到的往往会比他的思想更能引导他的行为,越不注意感觉的真实面,就越不会彼此沟通。体察感觉,意思是指将对方话语后面的情意复述出来,表示接受及了解他的感觉。

(3)耐心

对方谈话时,要全神贯注地聆听,不要做无关的动作或低头只顾做自己的事情,或面露不耐烦的表情;不要分散自己的注意力,应将注意力放在谈话的内容上,注意信息的反馈。往往客人无意识说的话,对你是一个重要的信息来源,说不定对你的决策大有帮助。

(4)思考

要学会思考,要使思考的速度与谈话相适应,大脑要抓紧工作,勤于分析。如果对方在谈话时,你心不在焉、不动脑筋,就会记不住对方谈话的内容,不得不让对方重复谈话内容,这样就很耽误时间,影响工作效率。

3)电话交谈要领

在各种庆典活动中,有见面的交往,也有不见面的交往。电话联系就是一种不见面的交往。它可以节约时间、节约人力、节约财力、缩短空间距离、提高工作效率。因此,接待人员要学会利用电话与对方沟通。

如果参加对象的时间、地点、日程安排等具体情况还不是十分清楚,那么,他很可能先打电话进行询问。作为接待人员,当电话铃声响起来后,就要尽快地拿起听筒,一般不要让铃声响第三下。如果动作慢了,要说声:"对不起,久等了。"一般拿起电话就道声"你好",再自我介绍。

在确认对方后,可以简单寒暄几句,但不要冲淡对方来电话的主题意义。当对方对庆典的召开有不清楚的地方,要详细、耐心地加以解释。在正确听取事情内容后,必须马上判断哪些问题自己可以处理;对不能处理的问题,可以请客人稍待片刻,等自己问清楚处理的方法后,再告诉对方,尽量使对方满意。当然,要做到这一点,接待人员平时必须熟悉业务,这是很重要的。当事情谈完后要等对方切断电话,自己再放下听筒。

总之,因为打电话只能察言,不能观色,所以一定要重视语言正确、语气谦虚、语调亲切、语音合适、回答圆满,给客人以好感。

10.3.3 接待人员的行为举止要求

1) 介绍

庆典接待人员有时需同客人联系,见面时应先自我介绍。陪同领导人看望、拜访客人时,应先将领导人介绍给客人,再将客人介绍给领导人。如前去看望客人的领导人和陪同人员较多,可按身份高低逐一介绍。在其他活动场合为他人介绍时,应先了解双方是否有结识的愿望,不要贸然行事,尤其是涉外活动,更应谨慎。介绍时,应先把身份低、年纪轻的介绍给身份高、年纪大的,把男士介绍给女士。

2) 握手

与客人见面和离别时表示友好的礼节有若干种,如握手、双手合十、举手礼、抱拳、贴面颊、亲脸、鞠躬、点头或脱帽致意、亲手等。一般情况下,接待客人最常用的表示友好的礼节就是握手。握手这种方式,看似简单,实际上也是有讲究的。首先,握手要把握次序。之所以要讲究谁先伸手,是出于礼貌,我们要尊重别人。在交往中要尊重对方的尊严、感情、爱好、意见等。一般来说,在性别差异里,先伸手的应是女性,而男性则应立即伸手回握。身份职位有高低时,下级要等上级先伸出手,以示对主管的尊重,然后下级要立刻回握。老幼之间,年幼的一般要等年长的先伸手。总之,握手时让女性、长辈、主管先伸出手,表示对他们的尊重。其次,还要注意握手的姿势。正确的姿势是右臂平伸,掌心向左,双方以温暖的掌心相握,眼睛看着对方,脸上要有表情,在握手中流露诚挚、温暖、亲切的笑容,敷衍了事是不礼貌的,也显得不热情。有时,握手时还要随机地讲一两句话,就是"握手语"。握手语随握手方式、对象及环境等的不同而不同,它能活跃气氛、加深印象、增进友谊和沟通情感。

3) 名片

与客人相见时,接待人员应做自我介绍。如有名片,应递上名片。如果没

握手前的手势

握手中的手势

图 10-2　握手的手势

有,则要自我介绍。介绍应该做到简洁明了,口齿清楚,不要使客人听不清。在接受客人的名片时,要毕恭毕敬,这样会使客人感到你对他的名片感兴趣。接过客人名片后,一定要看一遍,绝不要不看就收藏起来。看不清楚的地方或客人的姓名有难读的文字,应马上询问。例如说:"很抱歉,先生,请问您的名字应该怎样称呼?"这样非但不是失礼,相反是很礼貌的,如果客人没有名片,他的话你就应该认真倾听并牢记在心了。在与客人接触过程中,记住客人的名字就等于给客人最亲密的赞美。如果记不住名字或反复多次询问客人的姓名,这便是不礼貌的。

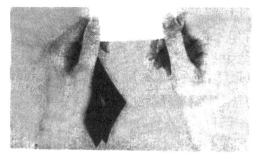

递名片的手势

图 10-3　递名片的手势

4) 行为姿态

接待人员举止应当文雅、庄重、大方。站立时身体不要歪靠一旁;不能坐在桌子上与客人交谈,坐时不要跷腿摇脚,坐在沙发上不要半躺;走路时脚步要轻,遇急事可急步行走,但不可慌张奔跑。在庆典活动、会议、会谈、会见等活动中,接待工作人员如有急事通知领导人或参加对象,不应大声叫喊,而应当轻轻走上前去耳语或递纸条告知。引导参加对象时,应走在左侧稍前的位置,并侧着身体走路,拐弯时应用手示意,进门时应为客人打开门并让客人先进。平时和参加对象同乘电梯、进门或入座时,应主动谦让。

案例分析 10-3   另谋高就

小刘的公司应邀参加一个研讨会,该研讨会邀请了很多商界知名人士以及新闻界人士参加。老总特别安排小刘和他一道去参加,同时也让小刘见识见识大场面。

小刘早上睡过了头,等他赶到,会议已经进行了 20 分钟。他急急忙忙推开了会议室的们,"吱"的一声脆响,他一下子成了会场上的焦点,刚坐下不到 5 分钟,肃静的会场上响起了摇篮曲,是谁在播放音乐?原来是小刘的手机响了!这下子小刘成了全会场的明星。

没过多久,听说老总已经让小刘"另谋高就"了。

分析:不管是参加自己单位的会议还是其他单位的会议,都必须遵守会议礼仪。因为在这种高度聚焦的场合,稍有不慎,便会严重有损自己和单位的形象。

案例分析 10-4   光辉形象

某集团公司的卫董事长要接受电视台的采访,为郑重起见,他事先特意向公司为自己特聘的个人形象顾问咨询。对方仅仅向卫董事长提出了一项建议:换一个较为儒雅而精神的发型,并且一定要剃去鬓角。果然,改换了发型后的卫董事长在电视上亮相时,形象焕然一新。他的形象使他显得十分精明能干,他的谈吐使他显得深刻而稳健,二者相辅相成,令电视观众为之倾倒。

分析:卫董事长正是通过一定的修饰,使自己原来的形象变得更完美,更具有魅力,因而获得成功。可见,在社交活动中,一个人的仪容仪表将给人留下非常深刻的印象,仪容不仅代表着外在形象,还体现着内在修养。

10.3.4   庆典接待细节要求和建议

负责庆典接待的人员常常是在接待处,也是最先与庆典代表见面的人。他们的表现是庆典代表对整体活动最重要的第一印象,但在庆典接待中会有一些细节问题会被忽略,而庆典成功举办,参加者满意而归,往往与庆典接待人员考虑庆典细节问题的准备和临时处理有很大的关系,因此要强调庆典细节的处理要求,处理好庆典接待细节有以下值得注意的问题:

1)要有足够的人手

按标准,一个人应当可以承担40人左右的登记工作。如果人数很多,就需要请人来帮忙了。在登记高峰期可以考虑从庆典组委会借调接待员。

2)合适的鞋子

①应当穿您能找到的最舒适的鞋子,哪怕看着不怎么样。一天的多数时间您都要走来走去,为保证工作状态的饱满,挑一双舒适的鞋比好看的鞋实用得多。

②不要发出噪声的鞋子,有些女性接待人员的高跟鞋走路时会发出刺耳的响声,如果发言恰好没什么意思,那所有人马上会注意到接待人员鞋子的声音。而若是发言人正讲到激动人心之处,接待人员的行为就会激怒听众。在现场穿梭工作的人员,所穿鞋子一定要确保行动时要尽量没有声音。

3)安排椅子

负责接待处的工作,则要在那里放几把椅子以让大家放松休息。合理安置一两把椅子是很有用的,至少那些到达接待处后很疲劳或是气喘吁吁的代表们可以稍做调整。

4)避免高层管理人员到接待处"帮忙"

避免高层管理人员遍布接待处四周(就算是来欢迎庆典代表的高层管理人员)。也许他们将会同远道而来的久未谋面的同行交流这一年来的经验心得,这将为登记流程造成阻碍,干扰顺利进行的登记流程,使您无法迅速、快捷地办理登记手续。

5)了解场所的情况

要熟悉各个房间的位置。这样的话,在议程间歇时,如果有代表询问接待人员这样那样的房间位置时,他们就不会傻眼了。要确使自己知道回到基地的最快路径,这样当代表们需要您陪同前往时,才能迅速地将他们带往目的地。

6) 合理安排材料文件的放置,避免杂乱无章

不要把材料堆成一摞或是堆积得像小山一样,从而让参加对象感觉庆典组织接待混乱,接待人员工作能力差。如果文件很多,最好分批发给与会代表,防止文件发放的遗漏。

7) 留心计算数字

如果参加对象人数与庆典登记安排相关,就一定要将人数查清,例如某一专业协会庆典上的人数就与会员折扣相关。不要靠会员自己去查清人数。

8) 凡事要想在前头

参加对象参加庆典,可能有各种问题需要咨询庆典接待人员,因此事前需要早作准备,把握好各方面的情况。例如,很有必要问一下即将前来参加庆典的来宾他们在离开的时候是否需要搭乘出租(这种交通工具总是受欢迎的),什么时间需要。

9) 自备工具

尽量带庆典可能需要的工具——钉书器、钉书钉、胶带、大头针、图钉、剪子、尺子、橡皮擦、钢笔、铅笔、记事本、打孔器、易纸簿、备用钢笔、计算器、备用电池以及其他日常工作中要用到的东西。有时在庆典工作中,也许需要用到所有的东西——常常是立刻找到就能解决问题。事先准备好了就没有必要四处寻找、东拼西凑。

10) 展示专业形象

尽可能要使接待处保持整洁、井然有序。合理设计接待处,以使其有足够的空间容纳即将到达的来宾。接待处混乱拥挤的局面将使参加对象产生不良的第一印象,尤其是正当他们因长途旅行而疲惫不堪或是为不熟悉的环境焦虑不安的时候。

11) 决定需要多少接待人员

多数参加对象在活动开始前的一段较短时间内到达,因而需要确定登记高峰,而且要安排足够的人手来应付局面。要在整个登记过程中对接待人员进行

详尽的指导训练。这样的话,当有人尚不熟悉您设计的登记系统时,他们就不必从同事那里寻求帮助了。

12)让参加对象感觉宾至如归

无论接待工作有多忙,都要友好地接待每一位来宾。准备一份您需要提供的或是参加对象代表提供的主要信息清单。还要预测一些您会被问到的问题。

13)合理安排接待人员

参加对象到达后经常会感觉不安或是由于长途跋涉而感觉疲惫。这时一定要有足够多的、训练有素的人手来提供建议、帮助搬运行李,以及在庆典场所给代表指路等服务。大型庆典活动可以招聘一组服务生。如果可能,在当地招聘服务生——他们对于庆典场所及其环境会非常熟悉,这对参加对象和庆典接待都是很有帮助的。

14)登记处要以方便的形式提供信息

一些信息最好在登记处公布——最后确定的时间表、标明姓名的会徽,等等。但是如果代表们到达会场时携带着很多行李,他们可不希望再拿一手零零散散的材料。想清楚您将提供哪些信息与文献,然后以恰当的形式提供给参加对象。您还将决定是否提供钢笔、白纸或是免费的礼品。在决定接待时分发什么材料时,以上这些都要被考虑到,包括以何种形式提供材料:是用装订好的与会者手册、多层文件夹,还是便携文件袋。对于命名会徽、特殊信息、行李标签以及其他与特定的代表有特殊联系的信息内容,可以考虑放在标注姓名的信封里(需要事先准备好)。

15)明确提供何种信息,何时提供

如果最后登记时庆典接待人员要提供修改版的庆典手册,那么在活动当天记得带着庆典手册的人也将寥寥无几。与其提供纸质材料,倒不如通过网站发布早期信息,鼓励人们自己预先熟悉活动内容。

16)不要断定参加对象会按照主办方的要求把东西都带齐

这将涉及确定合适的时间来分发事先起草好的庆典手册、地图以及其他文字材料。一些参加对象会收不到这些材料——他们可能正在休假,也许直接来参加庆典了。有些人还会把材料弄丢了。所以任何已经分发的材料都要准备相当数量的备用拷贝。但是不要把拷贝放在接待处,否则大家会以为每个人都需要再拿一份拷贝。

17)计划如何将庆典接待过程中借用的东西要回来

事先打印好提醒参加对象在庆典结束后将原物归还的标签,贴在所有物品上。而且现场遗留的所有文件与资料都需要带回来。

18)关心工作人员并要使他们知道如何照顾自己

庆典接待组将在活动现场工作很长一段时间。例如在在膳宿活动中,他们会承担值班任务等工作。事先要让他们明确工作时间。提醒接待人员照顾好自己,安排好休息与饮食时间。对于庆典这样的长时间活动,应当考虑为接待人员提供一间公共休息室,并要准备饮料和快餐。如果接待人员需要在室外工作,建议他们根据季节、当地天气准备好防晒霜、帽子等工具。

19)计划安排一次假期

如果可能,在庆典结束后安排一周的休假——不然接待人员会很疲惫的。这样再次面对压力时,他们才会有更多的精力与毅力去应付。

【知识链接 10-2】　国际商务活动中打招呼的礼节

打招呼是人们见面时最简单的礼节。最简单的话语是"早上好""下午好""晚上好",或者说一声"您好"。

与西方人打招呼,要避免用中国式的问候语,比如:"你上哪儿去呀?"或"你到哪儿去啦?"他会认为你想探听他的私事,是一种不礼貌的话语。也不要说:"你吃过饭了吗?"否则他会误解为你想请他和你一道吃饭。

与日本人打招呼,最普通的语言"您早""您好""拜托您了""诸多关照"等。

在巴基斯坦及中东地区的国家,由于大多数人信奉伊斯兰教,所以,打招呼的第一句话就是"真主保佑",以示祝福。而在泰国、缅甸等信奉佛教的国家则说:"愿菩萨保佑"。

复习思考题

1. 通过本章中对庆典接待要求分析,阐述庆典接待工作所涉及的内容?

2. 在庆典注册工作,如果你是庆典接待组织管理人员,你会考虑哪些因素,如何安排组织?

3. 在庆典接待工作中,对于庆典接待人员仪表有哪些要求,同时对于庆典接待中行为举止又有哪些要求?

4. 秘书应怎样做好与会代表的返程工作?

5. 为与会代表预定返程票非常烦琐和麻烦,秘书应怎样做好这项工作?

6. 本案例中你又体会出秘书工作的哪些特点?

第11章
庆典现场管理

【本章导读】

　　本章主要介绍了在庆典现场管理中,对于庆典主持人的要求,庆典主持工作要求、庆典期间服务工作内容和要求、庆典发言等工作,使学习者全面把握庆典现场管理工作中涉及的庆典现场管理知识和技能。

【关键词汇】

　　庆典主持人　主持工作　庆典期间服务　庆典发言

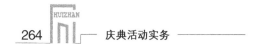

【引例】

尴尬的周经理

华天公司的周经理前几天遇到了一件让他"尴尬至今"的事情。原来,华天的重要合作单位在某大酒店举办周年庆典,特别邀请周经理作为嘉宾出席庆典活动。那天刚好是周六,周经理认为穿得"随和点"也没事,正巧因出门匆忙又忘了带请柬。到了酒店之后,保安没好气的一句"既没带请柬,又穿成这样,到底是不是参加庆典的?"把他挡在了门外。幸亏组织方的接待人员及时认出了周经理,才替他解了围。但等周经理步入会场时,庆典还是已经开始约5分钟了。周经理就在大家的"关注"中尴尬地坐在了嘉宾席。

分析: 许多人认为着装、个人气质是自己的事,与工作无关,这是一种错误的看法。不管什么样的庆典,都是重要的公关活动。作为嘉宾来说,其穿着打扮、言行举止更代表了对举办方等相关单位的尊重与否及对这次活动的重视程度。周经理既没有注意着装,又迟到入场,难免尴尬。

11.1　庆典主持人

11.1.1　庆典主持人人选

主持人是庆典的中心,引导和掌握庆典的进展和气氛,以达到预定的效果,其作用举足轻重。主持人的礼仪、素养如何,直接关系到庆典的成败。其仪表、着装、举止言行等都对整个庆典有着直接的影响,在选择会议主持人选时,有以下几种方法:

1)单位头面人物之一

在单位身居要职,有权代表单位讲话。

2)庆典中领导地位高的人

地位高的领导担任庆典主持人的优势是显而易见的,由于职务显赫的缘故,所以较之其他参加者考虑问题更具有全局性和权威性。

3）庆典组织者

庆典组织者成为庆典主持人的优点是相当明显的,因为庆典的议题、议程、时间、地点等各种因素都是由庆典组织者所确定的,所以庆典组织者有现场控制能力,可以充分控制和调整现场气氛。

4）其他

与庆典议题有紧密关系且有良好的外形和表达能力,知识面丰富,外表大方得体的人

11.1.2 庆典主持人的职责

主持人是庆典的"总工程师",庆典主持人的职责,就是根据庆典的性质、目的和要求,按庆典议程规定的内容,完成庆典规定的任务,主持人的职责主要有以下几个方面:

1）主持人必须提前熟悉庆典会场、庆典主题、内容、主持的议程等

只有熟悉了庆典会场、庆典的议程等,做到心中有数,才能在庆典进行时熟练地驾驭庆典会场,并且沉着冷静地应付一切难以预料的突发性问题,确保庆典顺利进行;议程表应在庆典会场利用视听设备(如投影机)公开展示;同时,作为主持人应预先多作一些假设,对各种可能出现的情况多作思考并制订应对措施。

2）拟订、熟悉发言人姓名等信息

拟订并熟悉每位发言人的姓名、经历与职务简介,当发言人上台前要进行介绍;熟悉发言人的讲话主要内容。

3）执行议程

主持人无权变更庆典议程,尤其是其中的主要议程。无论遇到什么情况,主持人都必须想方设法履行自己的职责,以确保庆典按照既定方针办,完成预定任务。若主持人认为确有必要对议程进行临时调整时,必须征求庆典主席团或主要负责人的意见。

4）检查设备

检查主持人和主讲人的出场音乐、中间休息时音乐是否调试;检查麦克风

是否调整好,不高不低不尖不嗡。

5)控制时间

主持人的简短概括应限制在半分钟内,及时地概括是占一些时间,但不会影响会议进程;相反,通过简短概括,你为与会者树立了一个珍惜时间的榜样。主持人要保持按时开会、散会,保证宣布的时限不予变动。在庆典结束后,主持人应再次强调庆典的目的,告诉并通知与会者庆典已经在某种程度上达到了预期目的。

6)掌握庆典现场

在庆典进行期间,主持人掌握庆典现场能力的大小往往会影响到庆典活动的成败。在掌握庆典会场时要少讲多看,主持人的主要任务是主持庆典,而不是主要的发言人,因此一定要注意恪守本分,不要抢风头。在主持庆典时,主持人所要做的,就是使既定的庆典议程得以贯彻。认真观察庆典的进行情况和现场的气氛与反应。尽可能不出问题或者少出问题,并且及时地发现问题并解决问题。

7)心态调整,酝酿激情

主持人表现好坏决定了庆典是否能成功,有时他比主讲人还重要,因为主讲人和听众的情绪都靠他来调动。

注意现场观众反应,采取必要的措施,调节现场气氛,令其保持良好的状态。事先准备好活跃会间的话题、活动。

8)总结

主持人在每位发言人讲话结束后,要做简单的总结,并再次提议大家掌声感谢;庆典结束时,要有激情总结,总结要全面、扼要、准确。

【知识链接 11-1】 剪彩的由来

剪彩仪式最早起源于美国的店铺开张。一商店的店主慧眼独具,从一次偶然发生的事中得到启迪,以它为模式,开一代风气之先,为商家创立了一种崭新的庆贺仪式——剪彩仪式。据说美国人做生意保留着一种习俗,为了讨个吉利,一清早必须把店门打开;为了使人们知道这是一个新开张的店铺,还要特地在门前横系上一条布带。因为这样做既可以防止店铺未开张前闯入闲人,又起到引人注目、标新立异的作用。布带要等店铺正式开张时才取走。1912 年,美国圣安东尼州的华狄密镇上有一家大型百货公司即将开张,老板威尔斯严格地按照当地的风俗办事,在早早开着的店门前横系着一条布带,万事俱备,只等开张。这时,老板威尔斯 10 岁的女儿牵着一只哈巴狗从店里匆匆跑出来,无意中碰断了这条布带。这时在门外等候的顾客及行人以为正式开张营业了,蜂拥而入,争相购买货物,真是生意兴隆。不久,当老板的一个分公司又要开张时,想起第一次开张时的盛况,他认定自己的好运气全是由那条被小女儿的小狗碰落在地的布带子所带来的,他便如法炮制。这次是有意让小女儿把布带碰断,果然财运又不错。于是,人们认为让女孩碰断布带的做法是一个极好的兆头,群起仿效,用彩带代替布带,用剪刀来代替小孩碰断布带,沿袭下来,就成了今天盛行的"剪彩"仪式。

图 11-1　剪彩仪式

11.1.3　庆典主持人的素质、修养规范

庆典能否成功,与庆典主持人的素质和修养关系甚大。为了使庆典能够成功举行,庆典主持人应具备一定的素质和修养,具体体现在以下几个方面:

1)出众的语言表达

首先要说普通话,口齿清晰、发音准确、语速适当;其次,词汇丰富、用词准确、逻辑性强;再次,知识渊博,引经据典、左右逢源,让人心悦诚服,受益匪浅。主持人的语言基本功好,清晰流畅的表达能力会吸引观众,为庆典增添光彩;反

之,会使观众产生抗拒力,庆典也随之逊色。

2)良好的个人形象和素养、气质

主持人在庆典中是最引人注目的人物。主持人的气质、风度对庆典的成败起决非定性作用。外表不要求美丽英俊,但是要端庄严谨大方。主持人的气质、风度来自于主持人端庄的仪表、得体的服饰、平静的心态和坚定的自信心。作为主持人一定要注意整洁,注意发式发型,化妆要淡雅,着装不可太露,也不可猎奇。

3)感情投入,富有激情

主持人必须全身心地投入到庆典的情境之中,犹如"导演",将观众的情绪和热情激发出来。主持人的激情是观众的兴奋剂。主持人要有一定的煽动性,控制观众的情绪,控制现场的气氛和节奏。作为主持人一定要灵活,在运用口头语言的同时,适当运用一些动作语言,但动作不可太多、幅度不宜大。

4)具备解决问题的能力

主持人应当做到五个"W"和一个"H",即 What(什么事)、Why(为什么干这件事)、Where(哪个单位或什么地方执行)、Who(由谁来执行)、When(什么时间执行,什么时间完成)、How(如何执行)。这些都是解决庆典问题所必须遵循的原则,每位庆典主持者都必须要有这种素质。

5)朴实无华的亲和力

主持人与观众要有一种亲切友好的感情,态度要诚恳,坦率热情,这就在心理上、感情上逐渐加强了对主持人的信任感,主持人在观众心目中占有的位置也就越来越重要。甚至会形成一定的"权威性"。比如中央电视台的《对话》栏目在现场录制时总是能形成一种热烈的参与气氛,主持人既与嘉宾积极对话,又与现场观众直接对话,而且充分调动现场的气氛,形成观众的主动参与,使观众与嘉宾也形成直接的积极交流的良好状态。这一切,使电视机前不曾进入现场的观众同样体会到现场的参与气氛,与节目中的现场参与者共同思考,共同对话,形成一种主动的交流关系。主持人在这种平等互动的良性状态形成过程中起了很重要的作用。

6)良好的心理素质和处乱不惊的冷静

主持人应当以平和、安适、端庄大方的仪态真诚地出现在观众面前,诸如自我表现、为个人情绪影响,都要在排除之列。每一次主持,都要以充满自信的情绪面对观众。

7)拥有自己的个性

主持人的个性主要是通过自己的外在气质和内在修养以及语言表达出来的。比如:崔永元在主持《实话实说》的时候深受广大观众的喜爱,除了他的机敏和含而不露的幽默以外,还在于他给众多观众提供了一个自由言说的空间。并且他总是以幽默的语言化解观众的每一次尴尬,即为对方着想、替对方解围。

案例分析 11-1　不应发生的现象

《羊城晚报》报道,2005 年 5 月 11 日,中国台湾亲民党主席宋楚瑜访问内地,去某名校演讲。

在这个被海内外媒体聚焦的重要场合,该校领导在与宋楚瑜的互动中,居然连续发生了若干个不该发生的失误。从不认识所赠书画作品上的字,到说话时结结巴巴、几次中断更正,再到把"馈赠"说成"捐赠",引起现场师生及众多网友的不满。

分析:主持人良好的个人形象和素养、气质,渊博的知识,是成功举办庆典活动的必要条件。主持人在行使公务中,其言谈举此不仅代表个人,还代表着一个社会组织的形象,无论是重要接待还是一般接待,做好接待前的准备工作,是接待工作成功与否的关键,这更是对来宾的尊重。

11.2　庆典主持工作

11.2.1　主持人的开场白

一段精彩的开场白能赢得听众的注意,为整场庆典的成功打下基础。开场白是一段系统、简洁、审慎及有明确宗旨的3~5分钟的讲话。旨在阐明庆典的指导思想、目的、议程、重要意义。

【知识链接 11-2】　福祥阁西餐厅开业庆典开场白

是一个春后的正午

图 11-2 庆典主持

阳光如圣水轻泻洒满抚河

孺子桥上的少男少女

中山桥上的名绅名淑

姗姗款款地

横溯那线铺满阳光与音符的抚河

斜徜那条铺满花影与欢笑的绿茵

赶赴一场浪漫的都市盛典

双桥之间　绿波之前　正是福祥阁

她与滕王阁亲密相望

西方浪漫与东方古典激情对话

关于伤感快感　关于友情爱情

都交付给她吧

享一顿西餐　啜一壶茗茶

品一杯咖啡　赏一幅名画

听一段心曲　唱一阕雅歌

让你的味觉挑战考验

让你的感觉神游列国

相信吧

这里就是心情天堂

1）开场白的作用

①吸引听众的注意力，激发听众的好奇心。

②概述庆典的主要内容。

③向听众阐明庆典的必要性。

2）开场白的几种形式

有的开场白只要几句话就行,长一点的演讲则需几段。如何在几分钟内有效地做到吸引听众,引出话题,建立信任,介绍要点呢?

①或激情开场或幽默开场,开场要精彩,听众就会马上进入状态。

②主持人上场问好、做自我介绍。

③主持人请当地领导人致辞。对主讲人表示欢迎,说明此次庆典的重要意义和作用。

④主持人介绍第一位主讲人主讲题目、内容及简历。要做到激情的推崇,要能够自然到你一介绍完,就立刻赢得听众以热烈掌声欢迎主讲人上台。

⑤主持人始终要热情洋溢、声音高亢,使听众保持一个高昂的情绪。

案例分析 11-2　校庆庆典开场主持词

(9:40 左右)

男:尊敬的各位领导、各位校友、各位来宾,

女:亲爱的老师、同学们,

合:大家上午好!

男:在这美好的金秋时节,我们在这里隆重集会,共同庆祝××××学校建校××周年。

女:在这激动人心的时刻,××××学校的全体师生员工向莅临庆典的各级领导、各位校友、各位来宾表示热烈的欢迎和衷心的感谢!

男:历经半个世纪的岁月流金,××××与共和国一同成长。

女:站在××年的岁月之巅,回望学校的成长历程,我们心潮澎湃。

男:××年风雨兼程,

女:××年艰辛创业。

男:××年沧桑巨变,

女:××年春华秋实。

男:××年薪火相传,

女:××年累进跨越。

男:今天当我们带着收获的喜悦欢聚一堂,

女:怎能忘记那些与我们携手并肩的人们。

男：××的××年岁月，是因为有领导的关心和支持才峥嵘如歌。

女：××的××年征途，是因为有校友们的足迹相伴才风雨如磐。

男：××的××载春秋，是因为有老师们的辛勤耕耘才成绩斐然。

女：××的××年历史，是因为有同学们的加入才洋溢桃李芬芳。

男：让我们为××的××年喝彩！

女：让我们为××的××年欢歌！

（介绍领导和嘉宾主持词）

男：今天前来出席庆典大会的有云南省委、省政府、省人大、云南冶金集团、省教育厅、省财政厅、省发改委、省科技厅、省知识产权局、省总工会等领导；云南锡业集团、云铜集团等合作企业的领导、代表；兄弟院校、著名学者、社会各界知名人士、校友代表，他们是：离退休老教师代表、师生代表等共计 6 000 余人。让我们以热烈的掌声对各位领导、各位嘉宾、各位校友的光临表示热烈的欢迎和衷心的感谢。

女：出席此次庆典的还有球场方阵的 5 000 名学生代表，他们精神饱满、朝气蓬勃，代表了××××11 900 名在校学生，今天你们以母校为荣，明天母校以你们为荣。

男：球场方阵左侧的是我们尊敬的 400 名教师代表，四度春风化绸缪，几番秋雨洗鸿沟。

黑发积霜织日月，粉笔无言写春秋。老师！您辛苦了！

男：××学子心系母校，永怀师恩，许多校友因为公事在身，没有办法亲临庆典现场，不少校友写来了贺信贺词。他们是……

女：在我校建校××周年之际，还有一些与我校长期往来的单位和友好人士也发来了贺信，他们是……

男：让我们以热烈的掌声向为××学校××周年校庆发来贺信的部门或单位表示衷心的感谢！

下面，有请庆典活动司仪××召集、组织会议。

分析：这是一篇校庆庆典开场主持词，首先致词人用愉快、富有激情与真诚的语言向莅临庆典的各位来宾表示热烈的欢迎和衷心的感谢；其次介绍了庆典的背景、目的、重要意义，将喜庆、热烈的情感传递给观众，最后介绍了领导和嘉宾、宣读了贺信，营造出了热烈的欢迎气氛。

11.2.2　庆典主持的方法

庆典主持人要灵活运用主持的技巧，一般情况下，应作好以下几个方面：

1) 语言的运用

(1) 少用华丽的辞藻

庆典礼仪讲究的是一个热烈欢乐的气氛,但主持人不能光顾追求热烈气氛而使用华丽的辞藻,言过其实,让人听了有些失真,影响来宾的情绪。

(2) 语言安排朴实易懂

主持人在运用台词时要合乎会场的气氛,尽量使用通俗易懂的语句,少用书面语,运用朴实的语言,发自内心地述说,这样会让来宾更容易接受。

2) 对己方单位人员进行礼仪教育

主持人能否成功地主持好庆典,与本单位的全体员工有直接关系。为了让庆典仪式顺利进行,在举行庆典仪式之前,主持人应当对本单位的全体员工进行必要的礼仪教育。在庆典仪式上,假如这些人在庆典中精神风貌不佳、穿着打扮散漫,举止行为失当,很容易对本单位的形象进行"反面宣传"。因此,主持人应事先要求出席庆典的员工做到以下几点:

(1) 仪容要整洁

不允许本单位的人员蓬头垢面、胡子拉碴、浑身臭汗,有意无意去给本单位的形象"抹黑"。

(2) 着装得体

绝不允许在服饰方面任其自由放任,把一场庄严隆重的庆典,搞得像一场万紫千红的时装或休闲装的"博览会"。

(3) 要有时间观念

如果庆典的起止时间已有规定,则应当准时开始,准时结束。上到本单位的最高负责人,下到级别最低的员工,都不得姗姗来迟,无故缺席或中途退场。要向社会证明本单位言而有信。

(4) 严于律己

在出席庆典时,不要"想来就来,想走就走",或是在庆典举行期间到处乱走乱转。不要找周围的人说悄悄话、开玩笑,或是朝自己的"邻居"甚至主席台上的人挤眉弄眼、做怪样子。

3) 严肃认真

在庆典举行期间,主持人不得有嬉皮笑脸、嘻嘻哈哈,或是愁眉苦脸、一脸晦气、唉声叹气,否则会给来宾产生很不好的印象。假若庆典之中安排了升国旗、奏国歌等程序,一定要依礼行事:起立,脱帽,立正,面向国旗或主席台行注目礼,并且认认真真、表情庄严肃穆地和大家一起唱国歌、唱厂歌。此刻,不允许不起立、不脱帽、东张西望、不唱或乱唱国歌。

4) 言简意赅

应不慌不忙,走向讲坛时;在开口讲话前,应平心静气,不要气喘吁吁、面红耳赤。在表示感谢时,应郑重地欠身施礼。对于大家的鼓掌,则应以自己的掌声来回礼;发言一定要在规定的时间内结束,而且宁短勿长,不要随意发挥,信口开河。

5) 良好的外形形象

庆典主持人要有良好的外形形象,得体的装束,优雅的风度,给人一种清爽之感。

6) 要熟悉庆典的议程和程序

略。

7) 程序不能太多

程序过多,不但会让时间拉长,还会导致分散出席者的注意力,让出席者感到庆典内容过于凌乱。总之,不要使庆典成为内容乱七八糟的"马拉松"。

【知识链接11-3】 经验丰富的组织者

某公司的公关部在操作一个约4 500人参加的庆典晚会。直至晚会开始前几个小时,突然接到通知。某重要领导无法准时出席。在活动日程中看,这位领导将在晚会开始时致欢迎辞。经过请示、协商,最后该领导决定在活动中途的某个特定时间保证赶至会场再致辞,从而不影响整台晚会的进行,不影响参加者的兴致。一定下这个安排,富有经验的晚会组织者立即做出书面调整通知,下发给各个环节的工作人员。活动开场时的电子屏幕在出席领导人名单中取消该领导人的名字,主持人宣读名单时也必须省略,且要求主持人和现场控制负责人联系,在某个特定节目后宣布该领导致辞,而且指定专人负责和该领导保持密切联系。在预定时间前5分钟,该领导终于赶到会场。晚会现场负责礼仪工作的人员立即将贵宾胸花给他别上,悄悄地将该领导领至主席台,现场控制负责人随即通知主持人按照已经变更的日程宣布领导致辞,而观众丝毫未察觉出其中的变化。

11.2.3 对庆典主持人的要求

庆典主持人要学会主持庆典的科学方法和应变技巧。一般来说,庆典主持人主持经验越丰富,主持庆典的技巧就会越精湛。因此,主持人成功主持庆典的技巧还有如下要求:

1) 主持人应衣着整洁,大方庄重,精神饱满,切忌不修边幅,邋里邋遢

走上主席台应步伐稳健有力,入席后,应双腿并拢,腰背挺直。持稿时,右手持稿的底中部,左手五指并拢自然下垂。双手持稿时,应与胸齐高。两手轻按于桌沿,主持过程中,切忌出现搔头、揉眼、拦腿等不雅动作。

图 11-3　主持人着装

2) 清晰流畅的口头表达能力

主持人言谈应口齿清楚,思维敏捷,简明扼要。主持人普通话纯正,声音悦耳,表达准确、生动、有个性,这是基本要求。同时,还要讲究表达技巧。如果主持人的基本功不扎实,就会不同程度地存在语言表达、吐字发声不准确的问题,这样就严重地影响了语意的准确传达,甚至会给观众、听众造成一些不必要的误会。

3) 机敏的控制现场的能力

在主持现场,随时都有可能发生各种情况。这时,主持人应围绕主题控制现场,使其朝着庆典主题定位方向发展。比如:有的发言者很能说,滔滔不绝,偏离主题,庆典主持人可以恰到好处地提醒他注意他的发言已经跑题了。

4)精通业务知识,具有广泛的知识面

主持人要对庆典所涉及的专业知识有较深的研究。渊博的知识可以提高主持庆典的能力并且要求掌握具体操作技巧,只有这样主持人才有可能自如地驾驭节目。比如:文化素质高的主持人主持节目,轻松自如,落落大方,在传递知识和信息的同时也给人以美的享受。享誉全球的《看东方》节目主持人靳羽西曾获得音乐和政治双学士奖,她在节目中那种如数家珍地解说,显示出她的博学。持有硕士学位的敬一丹主持的节目,经常集选题、采访、撰稿、编辑、主持于一身,既朴实无华,又可入高雅之堂,显示出其扎实的专业功底。

5)能调节庆典会场气氛

主持人应具有一定的幽默感,善于同各种公众打交道,并在短时间内缩小与观众之间的心理距离。应该根据节目的基本内容进行明确的风格定位,主持人更要对特定的内容进行明确的风格定位,做到心中有数;对节目的基本氛围要进行精心的设计,多设想几种方式;在主持节目中,主持人对现场气氛的变化应保持一种敏感,以便用适当的方法进行调整,并在主持过程中时刻把握分寸,从而保证庆典的最终成功。

6)能成功地驾驭庆典

主持人在庆典驾驭方面要有一定的弹性和个性。面临不同的场景或稿件时,要随机应变,照顾内容、场景的连贯性、延续性。比如,邀请的重要人物未到、嘉宾讲话出现小的失误,等等,在这些时候主持人都要想出及时的应对方法。这都需要良好的心理素质和应变能力。

7)独创新意,形成自己的风格

主持人要运用自己独特的思维方式和表达方式,可以表现出不同的个性,形成不同的个性化形象,

总之,主持庆典的技巧无定规,追求无止境,需要庆典主持人自己去创造和积累,要学会运用各种技巧,使庆典在隆重热烈的气氛中达到目标。

11.2.4　有效控制庆典活动的进程

冗长的庆典是使每一个参加者都深感头痛的问题,而过短的庆典不能取到预期的效果。于是庆典究竟应当持续多长时间最为恰当是必须认真考虑的问

题。庆典时间的长短要依据庆典的实际需要来确定。庆典的实际需要一般要考虑几个问题：

①庆典的各项议程是否能够完成；

②庆典的发言是否充分；

③庆典中是否会有临时动议提出，如果提出动议，大致需要花多少时间进行；

④是否需要留出一定的机动时间，以应不测。

在主持现场，随时都有可能发生各种情况，如何有效控制庆典的进程？

1）主持人应围绕主题控制现场

各项活动尽可能地依照事先预定的进程进行，不要轻易变更，应向庆典主题定位方向发展。比如：遇到停电、话筒不响要有应急措施；遇到发言者讲错和其他尴尬局面，要及时上前补救，等等。

2）具有现场的应变能力

这就包括现场沟通能力、即兴应变能力和对整个庆典场面的驾驭及节奏把握等。现场控制是体现主持人应变能力的一环，事实上，一个好的主持人会将工作做在前面：首先是预防变数的发生，比如平时做一些培训，事前做一些排练；从实践来看，现场的突变往往是因为沟通不畅，考虑不周，以及礼节上的疏忽，应该重点重视这些方面。其次，要在事前准备好备选方案。再次，注意积累现场的灵活应变的处理技巧。

3）艺术地控制时间进度，确保会议效果

（1）要把握起止时间

一次庆典的成功与否，往往与它何时举行、举行多久关系甚大。任何一次庆典都有自己宣布的起止时间。这段时间一经确定便应得到全部参加者特别是庆典工作人员的遵守。因此主持人在主持庆典时应该什么时候开会，就要在什么时候宣布开会；应该什么时候散会，就要在什么时候宣布散会，没有非常重要的特殊情况主持人是不应拖延开会或散会时间的。

（2）限制发言时间

不仅会议的具体时间要认真遵守，发言的具体时间也要有明确的限制。在一般情况下，在预定会议议程时，应当对每位发言人的发言时间有所限制，并一律通知到本人。

（3）留有休息时间

倘若庆典举行时间较长，一般在期间安排一定的休息时间，在进行会间休息前须明确具体的休息时间，以便参加者能准时返回会场。

（4）恰当提醒偏题发言者

对于发言偏题者，要在不冒犯发言者的前提下，使对方意识到自己的发言离题了，从而回到正轨上来。

4）主持人要维持好庆典现场秩序

在气氛的控制上，主持人处于一个平衡的"重心"上，气氛轻松活泼，与会者的心情才会舒畅。所以，必须善于辞令，反应灵活。

11.3　庆典服务相关工作

11.3.1　庆典活动期间服务

1）庆典检查工作

在庆典正式举行之前，庆典组织人员应先到庆典会场，安排庆典会场检查工作，检查内容包括设有主席台的会场，桌签或座签是否安排正确的放置，庆典标志、标语等正确布置，如有鲜花或植物装饰的情况，检查是否摆放到合适的位置。音响设备是否正常运转，如有在庆典上发放的文件、物品是否已经到位，庆典所用的茶水、饮料、用品等是否齐备。

2）做好签到工作

为了准确统计参加庆典人数，庆典签到环节必不可少。庆典签到是一项重要的会务工作。

（1）庆典签到的方式

庆典签到主要有簿式签到、证卡签到、庆典工作人员代为签到、座次表签到、电脑签到等方式。簿式签到其优点在于利于保存、便于查找，但它只适合小型庆典。证卡签到其优点在于方便，避免签到拥挤，多用于大、中型庆典，但不便于保存和查找。庆典人员代为签到简便易行，但要求庆典工作人员认识绝大

图 11-4　庆典签到、佩戴胸花

部分参加人员,所以只适宜于小型庆典和一些常规性庆典。座次表签到,参加人员在签到时就知道了自己座位的排数和号码,能起到引导的效果。电脑签到快速、准确、简便,一些大型庆典都是采用电脑签到,签到工作结束后,工作人员应及时将实际参加庆典的人数等相关情况报告庆典主持人。期限较长的大中型庆典,通常要在参加人员住地设报到处并安排专人负责报到工作。负责报到工作的工作人员应提前进入庆典住地,安排好参加人员的食宿事项。在报到的同时,要发放庆典票证及材料,报到结束后,要及时向庆典领导人报告报到结果等。

表 11-1　庆典签到样表

时　间			地　点	
主持人			记录人	
庆典典礼 名称:				
序　号	单位(部门)	姓　名	职　务	电话(手机)

表 11-2　出席庆典情况报告样表

庆典名称	召集单位及主持人	应到人数	实到人数	批　示
庆典时间	重要出席人员	列席人数	缺席人数	请假人数
庆典地点	报告人： 　　　　年　　月　　日			

（2）签到应注意的事项

①认真准备。

庆典前要将签到的相关工具、设备准备好,如签到簿、签到卡、花名册、座次表和签到机等,且准备的数量要充足。还需准备记事本、签字笔等必备文具。

②有序组织。

工作人员要事先安排好签到处,并提前在签到处等候。如果签到时同时发放庆典文件,则应将有关材料袋装好,以免代表签到时等候,显得手忙脚乱。

③及时统计汇报。

统计庆典到场人数是一项细致工作,领导往往会在庆典前一两分钟向会务工作人员要实到庆典人数、缺席人数及其名单,这就需要会务工作人员以最快的速度统计并且不能出现差错。同时,会务主管一定要嘱咐登记人员记住发言者、贵宾和其他重要人物的到达时间,以便安排他们庆典间的活动。

④耐心服务。

大型庆典的签到工作比较麻烦,这就需要会务秘书耐心细致,热情服务,不能因为签到的人数众多而降低服务质量。对于持续时间较长的庆典,参加人员几乎庆典期间的每次活动都要和负责签到的工作人员打交道,如果这些工作人员服务耐心细致,办事高效有序,可为整个庆典增色。

3）发放庆典文件

庆典文件的发放是庆典的一项最基本的工作,大中型庆典要发送的文件很多,包括议程、参会须知、礼品和资料包等,这就要求会务工作人员了解发放庆典文件的基本要求,及时、准确地把庆典文件发放到参会者手中。庆典文件的

发放主要有三种形式:

（1）庆典前发放

在参加庆典人员签到时发放或由会务工作人员在庆典现场入口处分发给参加人员;也可以把材料在庆典开始前按要求摆放在每位参加人员的座位上。

（2）庆典期间发放

庆典期间发放的文件材料一般是庆典活动中讨论、交流产生的文件,或者是庆典前不便发放的机密文件。庆典期间发放的文件材料,会务组可把工作人员分成几个小组,分头负责某种文件的发放和回收。

（3）凭票自由领取

在代表签到时发给代表领取庆典文件的票证,代表们在会前凭票领取。一般而言,如果发放资料相同,则凭票领取非常方便;如果发放资料不同就要严格按庆典前准备的具有个性化的票证领取资料,其上要印有代表的姓名和编号。代表领取资料后,要求在票证上签字并将票证交于会务工作人员妥善保管,以便日后查询。

4）引导参加庆典人员入座

参加人员事先可能不熟悉庆典现场,因此,会务工作人员负责将参加者引导到相应的座位,这样既方便参加人员,又维持了庆典现场秩序。一些大中型庆典更需要会务人员引导参加人员入座或是将庆典现场划分为若干区域,以地区或部门或行业为单位集中就座。采用印刷座次表的引导方式,即在庆典现场上设立指示标志、在签到证或出席证上注明座次号码等方式,能让参加人员顺利找到自己的座次,同时也可以减轻会务工作人员的负担。无论采取对号入座,还是随便入座,或是划分区域入座,都应设立指示牌或是由庆典相关工作人员引导入座。对于参加庆典非本单位人员,会务工作人员和相关领导应在单位门口或会庆典现场周围迎候,引导到庆典现场周围的休息场所或会议室进行休息,等待其他嘉宾到来,一起出席庆典,需要时,还要为重要的参加者佩戴鲜花和胸徽。

5）做好庆典简报

大型庆典往往要编发庆典简报,以及时反映庆典情况,指导庆典正确进行。简报一般分为标题、导语、主体、结尾四部分。编写简报应遵循真实、新颖、简洁、迅捷的原则。视其内容,可发给庆典参加者或只发给庆典领导人。

6) 做好后勤服务

后勤服务工作包括以下几个方面:

(1) 生活服务工作

要妥善安排参加者的食宿,保证庆典饮水供应。

(2) 安排文娱活动

庆典期较长的庆典,可安排看戏、看电影或组织联欢活动等,以调节庆典期间生活。

(3) 医疗卫生工作

包括配备专职医务人员或指定就医地点,重视饮食卫生,保持庆典和住地内外的环境整洁等。

(4) 安全保卫工作

包括验证、文件管理、防火、防破坏。

7) 内外联络工作

庆典现场信息需要及时传递。所以,庆典典礼过程中需要会务工作人员内外都要保持密切联系,以便保证信息的畅通。具体而言,会务秘书要掌握庆典动态,随时向主持人汇报庆典的进展情况等,同时及时将有关领导和主持人的意见传达下去,做到上通下顺。做好庆典前提醒工作。在正式庆典典礼开始前,庆典主持人或庆典组织者有必要提醒对庆典参与人员会场纪律等问题,使庆典进程不受影响。如:请大家关闭手机,注意庆典现场秩序等要求,保证庆典不受干扰,顺利进行。

11.3.2 庆典活动记录

记录作为庆典情况的真实情况,是日后分析研究整理的重要依据。庆典记录是记录原始情况和具体内容的文字材料,是庆典后研究工作、总结经验或编写庆典纪要的重要依据,它具有原始性和客观性。庆典不仅要留有文字性记录资料,而且要留有图片声像资料。还要做好摄影、拍照工作。做到每场庆典都需要记录,并要妥善保管以备查考。

1）秘书人员进行庆典记录的要求

（1）如实记录

庆典记录应如实记录庆典目的、议程、重要发言等，庆典记录要用速记的方法记录材料，庆典后应及时转化成规范的文字材料以备查考。

（2）归纳总结

庆典记录应及时归纳总结，做到有条有理、重点突出。记录是一项需要培养和锻炼的能力，会务人员只有善于归纳和总结，才能更好地记录庆典信息。

（3）内容完整

庆典记录的内容要做到完整。如果是重要庆典，记录完毕后记录人员和主持人要签字。需要注意的是庆典记录应使用专用记事笔和记录纸，必要时应配有两名记录员。

2）庆典记录包括两方面内容

（1）庆典各方面信息

这就包括庆典的组织情况、庆典名称、届次、时间、地点、主持者、出席者及记录人姓名等。

（2）记录的主体

这包括对庆典议题、参加者的发言和主持人总结性意见及庆典议定事项的详细、准确的记载。记录方法可分为摘要记录和详细记录两种。庆典记录必须遵循真实、准确、完整的原则，特别对议定意见，必须忠实于原话。

3）庆典记录的基本结构

庆典记录一般由标题、基本情况、主体和记录者签字四部分组成。

（1）标题

庆典记录的标题比较简单，结构：庆典名称＋记录，如"××公司××××年×月×日庆典记录"。

（2）基本情况

基本情况即庆典记录的开头部分，要分项完整记录庆典的有关情况，包括时间、地点、主持者、出席者、缺席者、列席者、记录者七要素。

（3）主体部分

主体部分是庆典记录的核心内容，包括议程和发言记录。议程的记录要求会务人员在庆典开始之前了解，以便庆典前记录。发言记录要求详细，其方式可用文字记录和配备录音设备记录两种，记录的内容主要包括主持人的开场白、单位主要负责人致辞、嘉宾讲话以及现场情况，比如：鼓掌、献花等。

表 11-3　庆典活动记录样表

庆典活动名称			
时间			
地点			
出席人			
缺席人			
主持人		记录人	
庆典会议记录：			
主持人（签名）：		记录人（签名）：	

（4）庆典记录人员

好记录人员是做好记录的关键。记录人员需要有良好的素质。首先要有认真负责的态度，具备一定的秘书工作知识，掌握一些基本技能，如果能学会速记就更好。同时也需要实际训练，提高记录速度。

4）做好摄影、拍照工作

根据庆典需要，做好庆典全程或部分重要时段的摄影、拍照工作，为庆典后的宣传、学习、报道发挥作用。有的庆典安排在庆典大会后代表合影留念，对此，有关会务人员要对拍照的地点、座次早作安排，以便利用庆典会议间隙，快速完成。拍摄时要注意以下几点：

（1）拍摄空镜头

一般全景拍摄签到台、宴会厅、贵宾厅、庆典现场场的布置。

（2）拍摄签到台

全景拍摄来宾的签到过程，特地拍摄礼仪小姐为重要领导佩戴胸花的细节。特别需要注意领导和贵宾到场时，主办方上前迎接、握手的场景以及领导、贵宾签字的特写。

（3）拍摄合影

合影的拍摄要求很高，对人的排列、光线、背景都有讲究。在拍摄合影的时候，拍摄过程要尽可能短，这就要求事先安排好前排就座的领导、贵宾的座次。拍摄时，摄影师一定要提示所有人集中注意力，连续拍摄几张供选择。

（4）进行拍摄领导时，构图还要注意不要去犯一些低级的构图错误

比如：发言时麦克风遮住了领导的半个脸，桌面的水平面与领导的脖子等高，领导抽烟或者手拿着烟，会场烟雾弥漫，把隔壁领导的半个头或半只手也拍摄进去，等等。

（5）主要领导拍摄

单个主要领导拍摄：首先应充分运用各种动态构图法，更加突出的表现主体形象，不能呆板、没有活力。多个主要领导拍摄：在大多数情况下，拍摄要以平摄为主，但是庆典的主要领导很多时候都有多个，这个时候就更加要注意拍摄要领。

（6）拍摄领导和贵宾发言

无论是拍摄主持人还是领导讲话、参加代表发言，一般都用特写镜头，重点注意讲话人表情的抓拍。在拍摄时尽可能接近庆典的主要领导，这样才会保证不会有不相关的人或者由于拉动镜头过远而导致手颤动，所出现画面的走样和摇晃。能够在领导面前拍摄时，就尽量靠前，要抓紧时间，选择好时机。

（7）拍摄主要领导时，不要给所拍的人物头顶留太多的空间

如果这样的话，就会造成构图不平衡缺乏美感，很容易把领导拍摄成中年"地中海"。对领导一定要少用俯拍镜头，特别是对于高个子的记者。因为从高角度拍摄人物特写，会削弱人物的气势，使观众对画面中的人物产生居高临下的优越感。画面中的人物看起来会显得矮一点，也会看起来比实际更胖。

（8）避免抢眼色彩

庆典中，一些抢眼的背板色彩也要注意，特别是红色、鲜黄色和深蓝色尤其

会吸引眼睛的注意,画面中要避免出现跟庆典主要领导没有关系但却会抢眼的色彩。

庆典组织如果没有专业的摄影师和摄影设备,在举办重要庆典典礼时就要去聘请专业的摄影师来拍摄。在这种情况下,会务组需要注意对摄影师的选择,最好选择专业的、现场拍摄经验丰富的摄影师。

5)计算机速记服务

计算机速记是使用计算机对语言、文字等中文信息实时速记并生成电子文本的速记方法。随着科技信息的快速发展,计算机速记在众多庆典中成为一种潮流。与传统的记录方式相比,计算机速记具有速度快、效率高、强度低等特点。

6)外语翻译服务

随着国际化程度的提高,要求庆典组织在选择外语翻译时一定不能马虎,要注重外语翻译服务的质量。在选择外语翻译时要注意以下几点:

①外语水平一定要高;

②专业水平较高;

③服务意识强。

同时,庆典组织要让翻译人员事先熟悉庆典的相关内容和要求,为庆典的同声传译作好充分准备。

11.4　庆典出席、发言

参加者因在庆典中所处角色的不同,因而有不同的礼仪要求。

图 11-5　庆典发言人

11.4.1　主办方参加者出席会议

参加庆典时，不论是主办单位的人员还是外单位的人员，均应注意自己临场时的举止表现。其中主办单位的人员的表现尤为重要。出席庆典者要注意以下几个方面的问题：

1）注重仪容仪表

在举行庆典仪式之前，主办单位应对本单位的全体员工进行必要的礼仪教育。所有出席本单位庆典的人员，须规定好有关的注意事项，并要严格遵守。事先都要做好个人的清洁工作，整理好个人的形象。若有统一式样制服的单位，应要求以制服作为本单位人士的庆典着装。无制服的单位，应规定届时出席庆典的本单位人员必须穿着礼仪性服装。

2）遵守庆典的时间

遵守时间是基本的商务礼仪之一。无论是本单位的最高负责人，还是级别最低的员工，都不得迟到或无故缺席，更不能中途退场。从而证明本单位的信誉度良好。

3）保持庆典现场的秩序

在庆典举行期间，不允许嬉闹，或是无精打采，这样会破坏单位的整体形象，给来宾留下很不好的印象。在举行庆典的整个过程中，都要表情庄重、聚精会神。假若庆典之中安排了升国旗、奏国歌的程序，一定要依礼行事：起立、脱帽、立正、面向国旗或主席台行注目礼，并且态度认真、表情庄严肃穆地和大家一起唱国歌。

4）态度要友好

当来宾在庆典上发表贺词时，或是随后进行参观时，要主动鼓掌表示欢迎。不允许打断来宾的讲话，向其提出挑衅性质疑，或是对其进行人身攻击。

11.4.2　主席台就座者的礼仪

主席台上的所有就座者，也应遵循相应的礼仪规范。进入主席台时，应该依序而进。若此时参加会议者鼓掌致意，主席台就座者应该微笑着鼓掌作答。

有些会议,主席台的长桌上已标明就座者姓名,就应按照会议工作人员的引导准确入座,切忌坐错位置。会议进行中,主席台就座者应该认真倾听发言人发言,一般不要再与其他就座者交头接耳,更不能擅自离席。

11.4.3 外单位参与人员应当遵守的礼仪

外单位的人员在参加庆典时,同样有必要遵守礼仪,以自己良好的临场表现来表达对主人的敬意与对庆典本身的重视。当外单位的人员在参加庆典时,若是以单位而不是以个人名义来参加的话,则要特别注意自己的临场表现,不可举止粗俗或放纵不羁,必须遵守会场纪律。进入会场前要先关掉自己的手机或把手机调成振动式。在别人发言或报告时,应该认真倾听,必要时还要作好记录,切不可在台底下与人交头接耳,也不要随便走动。即使对发言不感兴趣,也不能鼓倒掌,吹口哨,或者起哄,因为这是非常失礼的行为。在会议进行中,若要离开会场,时间较短的,行走时注意尽量不要影响其他会议代表;若时间较长或需提前离开会场,应向有关人员简要说明情况,应在征得同意之后方可离席。

11.4.4 发言人的礼仪

1)如果有幸在庆典上发言,务必谨记的重要问题

(1)上下场时要沉着冷静

对庆典发言人来说,其礼仪主要表现在发言上。若话筒距离自己的座位较远,则应以平缓的步子走向话筒。不要刚一落座就急着发言。在发言之前,可面带微笑,环顾一下会场四周。如会场里响起掌声,可以适时鼓掌答礼,等掌声静落后,再开始发言。发言时应掌握好语速和音量,以使会场中所有的人都能听清为宜。发言或报告一般应使用普通话。发言或报告中还应注意观察与会者的反应,以便根据具体情况对内容作相应调整。如果期间出了问题,则应将发言、报告内容适当压缩,使时间尽量缩短。发言结束时,应向全体与会人员表示感谢。

(2)要讲究礼貌

在发言开始勿忘说一句"大家好"或"各位好"。在提及感谢对象时,应目视对方。在表示感谢时,应郑重地欠身施礼。对于大家的鼓掌,要以自己的掌

声来回礼。在讲话末了,应当说一声"谢谢大家"。发言态度要谦恭,举止要文雅,措辞要得体,符合场合、听众层次的要求。

(3)遵守庆典规则

发言权的取得,要靠庆典安排或主席许可。庆典上发言不能随心所欲,要严守庆典规则和纪律。发言的顺序、时限,都要符合会议的要求。发言一定要在规定的时间内结束,宁短勿长。发言必须紧扣会议主题,这样才会得到参加者的关注,才能引起参加者的共鸣。

(4)应当少做手势

含意不明的手势容易使人迷茫和误解。

(5)借助一些辅助手段

运用视听器材和适当展示物品物件,有时可以为发言增色。例如,投影机可以解除口才欠佳者的苦恼,物品物件可以作为阐述观点的有力佐证。

2)安排庆典发言要注意的问题

(1)注意国家、地区或部门的平衡

一些大型的国际庆典,安排发言者应考虑到参加国家所属的区域。在国际庆典上,既要安排来自发达欧美国家的代表发言,又要重视来自亚洲发展中国家的代表,同时还要安排不发达的非洲国家的代表发言,体现全球经济一体化协调发展的精神。在全国性庆典上,安排发言人要照顾地区间的平衡,倾听不同地区的声音。即使是单位也应照顾各个部门发言者的平衡,以便全面掌握情况。

(2)注意高层领导与基层领导(或普通会议代表)的平衡

高层领导的发言,可能站位高、内容全面、理论性较强;而基层领导或做具体工作的参加人员的发言,可能内容具体,材料丰富生动。将两种发言者的发言适当穿插安排,可使庆典发言有起有落,避免单调。

(3)注意主题平衡

每个发言者的主题要符合庆典主题,但要避免重复。除非为达到某种效果,最好不要安排内容相同的庆典发言。这就要求会务工作人员提前熟悉发言者的发言稿,提示发言者应在同一主题的统领下反映不同的风格,避免单调乏味。

案例分析 11-3　一次失败的发言

王丽来公司三个月了。在即将到来的公司十周年庆祝大会上,王丽被领导安排作为新员工代表发言。为了准备发言内容,王丽前后忙活了近半个月。

庆祝大会当天,王丽的发言,与其说"发言",还不如说是念稿,台上不到八分钟的时间里,双手始终紧紧地抓着讲稿,低头念着,与听众没有任何眼神交流,上下场也几乎是一路小跑。台下的听众由开始的凝神关注,很快变成了窃窃私语、坐立不安。当她如释重负地回到座位上,看到的是部门领导一脸失望的神情。

分析:在职场中,无论是会议发言、竞职演说,还是典礼致辞等,都能体现一个人的修养、风度、学识、专业程度以及应变能力。本文中发言者没有投入真感情,缺乏经验,以至精神上没有放松,所以怯场,没有取得很好的效果。

11.5　庆典的仪式安排

庆典举行的成功与否,与其具体的程序不无关系。议程是庆典所要通过文件解决问题的概略安排,用简练文字逐项写出即可。顾名思义,议程即是庆典的程序表,一份议程应该在庆典召开之前准备好。

11.5.1　安排庆典议程的依据

议程从属于庆典主题,受庆典主题支配,为主题服务。确定庆典议程的目的是让与会人员对庆典的主要内容心中有数,以便预先作好准备,确保庆典质量。庆典组织者应根据庆典议题的性质、主次、轻重缓急,安排好先后顺序,保证庆典议程的明确,重点突出,环环相扣,节奏适度。庆典议程一般应打印成文,由庆典组织者和主持者掌握,安排议程的依据主要有以下几点:

1)顺序要正确

议程的先后顺序非常重要,切不可前后倒置或杂乱无章。这就要求组织者会前要进行周密细致的安排,重要的议程还要事先进行预演和排练,防止出错。会议过程中如因组织不周出现差错或失误,轻则影响单位的威信,重则造成工作的被动或失误。

2) 多少要适度

为了确保庆典效果良好,同时也是为了尊重全体出席者,尤其是为了尊重来宾,一次庆典议程既不能安排过多,也不能太少。过多,因与会人员的精力和时间所限,使庆典收不到应有的效果;太少,庆典则会过于松散。此外,庆典议程的多少还应考虑到庆典的性质、内容、目的和要求的不同。一般宜短不宜长,它应以一小时为限。议程应逐项周密细致地安排,确保不错、不漏、不互相冲突。

3) 操作性要强

议程是具体、详细、实际的活动内容。议程应明确具体,与会人员才能集中精力围绕议程开展活动,发言才能抓住中心和重点,才能避免不着边际,离题万里。

4) 主次要分清

当庆典议程较多时,要注意分清主次轻重缓急。一般情况下,重要的事项,可安排在前面,一般性事项可放在后面。

5) 要留有余地

做任何工作都要留有余地,以应付临时出现的各种情况,安排庆典议程亦应注意这个问题。如果时间安排得过紧过满,一旦出现临时情况就无法应对。因此,时间安排不要满打满算。机动余地的大小则视庆典规模而定。

11.5.2 庆典的具体程序

①介绍来宾。
②宣布庆典正式开始。
③由本单位主要负责人致辞。
④嘉宾讲话。
⑤安排文艺演出(可省略)。
⑥来宾参观(可省略)。

案例分析11-4 ××学校建校××周年庆典大会议程

时间:2010年11月4日上午10:00—11:00

地点:学校田径场(备用:学校礼堂)

人员:约 6 000 人,其中:

    1.应邀单位、个人代表约 200 人

    2.校友代表约 400 人

    3.校本部各学院学生代表约 5 000 人(统一着装)

    4.各学院、部门教师代表约 400 人

一、序幕

    8:00—8:30   庆典活动工作人员及学生志愿服务队等全部就位

    9:00 前   学生处组织学生入场、就位

    9:30 前   人事处组织教职工代表入场、就位

    9:10—9:40   接待组引导来宾、校友入场,就座嘉宾席期间,会场反复穿插播放《迎宾曲》《友谊地久天长》或相关校园歌曲

二、准备

    9:40   大会工作人员(2 名在校生,1 男 1 女)开场词,庆典活动热场:介绍庆典活动背景,介绍参加庆典的学生、教师代表,公布部分参加庆典来宾单位和个人,公布发来贺信、贺电的部分单位和个人

    9:45   迎宾组引导全体贵宾到主席台入座

    9:50   暂停场内音响

    9:55   庆典活动司仪(校友,学校前广播站站长)召集、组织好会议,庆典活动司仪请庆典大会主持人主持庆典大会

三、庆典大会开始

    10:00   ××教授介绍在主席台就座主要贵宾(5 分钟)

            庆典大会主持人××书记宣布庆典大会开始

    (一)全场起立,奏唱国歌 (3 分钟)

    (二)昆明××学校校长、×××教授讲话(10 分钟)

    (三)工作人员宣读主要贺信、贺电(2 分钟)

    (四)云南××集团股份有限公司领导讲话(5 分钟)

    (五)云南省教育××厅领导讲话(5 分钟)

    (六)杰出校友代表××董事长讲话(3 分钟)

    (七)教师代表×××讲话(3 分钟)

    (八)学生代表讲话(3 分钟)

    (九)支持昆明××学校新校区建设捐资助学仪式(由工作人员宣读部分首批支持昆明××学校新校区建设捐资助学名单)(5 分钟)

（十）请省领导宣布昆明××学校新校区启用（按动彩球、鸣礼炮）（2分钟）

（十一）庆典大会主持人××书记宣布庆典活动结束（背景音乐《难忘今宵》）

分析：这是一个规模比较大的庆典大会。议程包含了介绍来宾、宣布庆典正式开始、本单位主要负责人致辞、嘉宾讲话等事项，庆典的议程具体而全面，合理的安排有力地保证了庆典大会的圆满成功。

11.6 庆典的社会活动安排

为庆典活动安排别致的社会活动是为了让参会的人能够更多地交流。在设计社会活动的节目之前，应该了解：参会代表的人数、参会者的构成（年龄/性别/国籍/社会地位/专业/婚姻状况）、庆典期以及会议召开的季节。如果在第一次的通知中已经把社会活动作了详细的介绍，而在接下来的操作过程中，发现要作部分修改，请务必不要修改活动的开幕式，因为这是庆典的重点，而且必须尽量提前让代表知道安排了哪些社会活动。一般庆典有以下社会活动安排：

图 11-6　庆典军乐表演、庆典主席台

1）VIP 接待

在所有参会人员中。VIP 是"A"类客人。特邀发言者是"B"类客人。在各个环节中一定要注意 VIP 的特殊性。负责 VIP 接待的人员必须熟记每一位贵宾。而且最好是用不同的请柬颜色从而便于所有工作人员辨别。

2）机场迎接

通常情况下在报到当天，在机场内设置欢迎台以迎接代表。在已经注册的代表中，我们根据不同航班和要求进行机场迎接。

3）开/闭幕式

大多数的代表都会参加开幕式,当然还有一些特邀嘉宾和新闻记者。而参加闭幕式的代表则会少一些。开闭幕式一般设计得比较严谨一些,可以有一些演出,如交响乐、合唱、舞蹈等。有时只是一场庆典大会。

4）欢迎鸡尾酒会

这项活动通常放在开幕式后,可以放在同一个地点举行。也可以在开幕式附近的饭店,建议使用自助餐。而且尽可能不要有严肃的讲话,播放的也是轻松的音乐。组委会主席可以在入口处欢迎每一位代表。

5）特色的文化之夜

这里主要是让代表们进一步了解举办地城市的文化内涵。可以安排当地特色的舞蹈和民俗表演。

6）自由活动

组织者无法为代表们安排所有的活动。总是要留有一定的时间让他们自由发挥。但是应该给他们提供相应的信息。比如推荐本城市最有特色的餐厅和娱乐场所,并协助他们进行预订和交通安排。

7）告别晚宴

告别晚宴一般安排在较宽敞的宴会厅举行,要有舞台、有适当的文艺表演。让代表们一边用餐一边欣赏文艺演出并让他们在刻意营造的氛围中对这次活动产生留恋。

8）工作午餐

工作午餐则要求简单,口味适中,价格也不很贵。

9）会间茶点

一般上午和下午各供应一次,每次约30分钟。

10）代表配偶活动安排

在安排这些配偶活动时,不能和正式活动相重叠。如果人数多可以按照语种来划分成不同的团组进行游览。

11）召开新闻发布会

重大的庆典应请记者采访活动的组委会成员。

12）典礼仪式过程中为了活跃气氛,可以适当安排一些助兴节目

如鞭炮、礼花、舞龙耍狮、游艺活动、敲锣打鼓、挥舞彩旗、合唱歌曲、呼喊口号等,这类活动还有典礼后的歌舞演出、电影放映、音乐会等。并不是任何一次庆典都要安排文艺演出等辅助活动,主办方可以根据自身实力、庆典的影响力大小等情况,来最终权衡是否有必要安排辅助活动。如果准备安排演出,应当慎选内容,注意不要因图热闹而有悖于庆典的主旨。

图 11-7　庆典文艺演出、音乐会

13）为了配合庆典的主题活动而安排的辅助活动

这些活动包括茶话会、学术报告、捐赠活动、绘画摄影作品展、××论坛、酒会、恳谈会、综合运动会、参观、游览等。

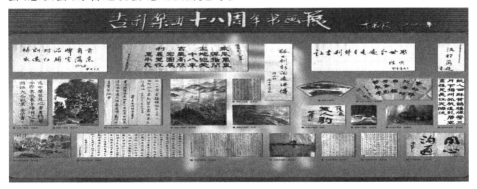

图 11-8　庆典书画展

【知识链接11-4】 剪彩的方式

在剪彩仪式上担任剪彩者是一种很高的荣誉。通常情况下秘书不会担任剪彩者,但是影响大的总公司秘书或总裁秘书在特殊时候也有可能代替上司剪彩。作为秘书,即使不作为剪彩者出席,也应懂得剪彩的礼仪。按照常规,剪彩者应着套装、套裙或制服,将头发梳理整齐,不允许戴帽子和戴墨镜。若剪彩者仅为一人,剪彩时居中而立即可;若剪彩者不止一人,则应按职位高低顺序排列站位。一般的站位排列规矩是:中间高于两侧,右侧高于左侧,距离中间站立者越远位次便越低。剪彩时,礼仪小姐会先捧着剪彩物品排队登台,然后是剪彩者在引导者的引导下从剪彩台的右侧登台,登台后应与两旁的剪彩者保持一人位的距离,以便礼仪小姐上前递上剪刀和手套并拉开红绸带。在主持人向全体到场者介绍剪彩者时,被介绍的剪彩者应面含微笑向大家欠身或点头致意,在正式剪彩前,剪彩者应首先向礼仪小姐示意,然后集中精力,右手手持剪刀,表情庄重地将红色缎带一刀剪断。注意除了要一刀剪断外,还要与其他剪彩者动作协调一致。剪彩以后,红色花团应准确无误地落入礼仪小姐手中的托盘里,而不能让其坠地。在剪彩成功后,剪彩者可以右手举起剪刀,面向全体到场者致意,然后放下剪刀、手套于托盘之内,举手鼓掌。接下来,可依次与主人握手道喜,并在引导者的引导下退场。退场时,一般宜从右侧下台。值得注意的是,在上下台时,要步履稳健、神态自然;在剪彩时,要不卑不亢、落落大方。剪彩完毕,全体参加典礼者应热烈鼓掌,必要时还可奏乐或燃放鞭炮。

案例分析11-5 IBM公司的"金环庆典"活动

美国IBM公司每年都要举行一次规模隆重的庆功会,对那些在一年中做出过突出贡献的销售人员进行表彰。这种活动常常是在风光旖旎的地方,如百慕大或马霍卡岛等地进行。对3%作出了突出贡献的人所进行的表彰,被称作"金环庆典"。在庆典中,IBM公司的最高层管理人员始终在场,并主持盛大、庄重的颁奖酒宴,然后放映由公司自己制作的表现那些作出了突出贡献的销售人员的工作情况、家庭生活乃至业余爱好的影片。在被邀请参加庆典的人中,不仅有股东代表、工人代表、社会名流,还有那些作出了突出贡献的销售人员的家属和亲友。整个庆典活动,自始至终都被录制成电视(或电影)片,然后被拿到IBM公司的每一个单位去放映。

分析:IBM公司每年一度的"金环庆典"活动,一方面是为了表彰有功人员;另一方面也是同企业职工联络感情,增进友情的一种手段。在这种庆典活动中,公司的主管同那些常年忙碌,难得一见的销售人员聚集在一起,彼此毫无拘束地谈天说地,在交流中,无形地加深了心灵的沟通,尤其是公司主管那些表示关心的语言,常常能使那些在第一线工作的销售人员"受宠若惊"。正是在这个过程中,销售人员更增强了对企业的"亲密感"和责任感。

11.7 庆典的专业活动安排

由于庆典专业活动的复杂性,如果组织者能够全面掌握每项工作的要点,将有助于将来的实际操作。

1)确定庆典活动主题、目的

庆典要围绕主题策划安排活动内容,并进行适当的宣传。

2)确定庆典组织结构职责和人员

庆典组织结构的多少要根据庆典的规模和难易程度来确定,要明确整个庆典组织结构的总指挥或总负责人,应根据具体的需要,下设若干专项小组:秘书、公关、礼宾、财务、会务等各管一部分,并落实任务,明确职责分工,明确完成工作的时间和质量要求,不定期的检查准备工作的进度。

3)根据庆典的目的选择地点,并布置会场

庆典地点的选择要根据庆典的目的和规模及与会者的方便程度来确定,为了烘托出热烈、隆重、喜庆的气氛,可安排现场悬挂彩旗、彩带、鲜花等装饰,张贴一些宣传标语,并且张挂标明庆典具体内容的大型横幅。

4)选择活动日期

决定日期的因素主要有天气、宗教假日以及同一段时期内的其他活动等。

图 11-9　庆典现场装饰

5)拟定出席庆典仪式的宾客名单

一般包括以下人员:

(1)上级领导

地方党政府领导、上级主管部门的领导,主要是为了表示感激之情。

(2)社会名流

根据公共关系学中的"名人效应"原理,社会各界的名人对于公众最有吸引力,能够请到他们出席庆典,将有助于更好地提高本单位的知名度。

(3)大众传媒

在现代社会中,报纸、杂志、电视、广播等大众媒体,邀请它们的领导,有助于加深社会对本单位的了解和认同。

(4)合作伙伴

请他们来与自己一起分享成功的喜悦。

(5)社区关系

社区关系是指那些与本单位共居于同一区域、对本单位具有种种制约作用的社会实体。例如,本单位周围的居民委员会、学校及其他单位等。

6)拟订庆典议程

一般为:签到、宣布庆典开始、宣布来宾名单、致贺词、致答词、剪彩等。确定主持人、发言人,并拟好的贺词、答词、主持词,贺词、答词都应言简意赅。

7)确定关键仪式人员

如剪彩、揭牌、托牌等关键仪式中致辞人和剪彩人分己方和客方。己方为组织最高负责人,客方为德高望重、社会地位较高的知名人士;选择致辞人和剪彩人应征得本人同意。训练庆典工作人员如接待人员、礼仪、志愿者、导游人员等,这些人员都要加以培训并在现场进行演练。

8)安排各项接待事宜

事先确定签到、接待、剪彩、摄影、录像、扩音等有关服务礼仪人员;设置接待室。对所有来宾,都应热情接待,耐心服务;对重要来宾,要由组织领导亲自接待;他们的签到、留言、食、宿均应由专人负责。

9)安排编写宣传材料和新闻通讯材料

(1)现场宣传方案策划,联系媒体宣传、庆典环境装饰美化,照相、摄像等工作

加强外宣工作,加大中央和省级重点媒体的宣传报道力度,组织好庆典大会现场直播;拍摄庆典电视专题片。

(2)宣传方案的拟订和组织实施

列出庆典主题、背景、活动内容等相关材料,将材料装在特制的包装袋内发给来宾。对记者,还应在其材料中添加较详细的资料,以方便记者写作新闻稿件。

(3)宣传手段的选择

在现代信息化社会,还应该制作一个专门的网址,进行网上宣传;同时,还可以制作一些方便携带和使用的光盘、宣传册。发放、邮寄给相关的代表、单位。

(4)以多媒体和展板、实物、橱窗相结合的方式全面反映单位的成就、发展历程

略。

(5)组织安排庆典图书、报纸、刊物、宣传栏、简讯的编研、出版活动

略。

(6)庆典活动的环境布置

这就包括横幅、彩虹门、立柱、空飘等;征集、确定庆典宣传口号;撰写庆典新闻稿件,特别报道,统一发布庆典信息;庆典新闻工作者的邀请及接待,邀请《××日报》《××晚报》、××××电视台、×××新闻中心等媒体。

10)安排活动日程表

其中应包括活动的总体框架、活动的天数、使用会议室的规模和位置;在庆

图 11-10　庆典立柱、彩虹门

典活动中安排节目,尤其是同一档时间内的平行节目、设备的使用等。同时还要处理好自由交流的时间,集体活动时间的安排。

11) 组织参观

为了使上级、同行和公众了解组织,适当组织参加典礼的宾客对本组织的工作现场、生产设施、服务条件、商品陈列等进行参观。

12) 庆典总结

典礼活动结束后,要通过座谈会或留言簿等多种形式广泛征求宾客的意见和建议,以检测效果、总结经验。

13) 后勤服务

庆典现场清洁卫生、绿化美化、庆典活动用电保障、餐饮服务等工作。会场、主席台的布置;领导、来宾和工作人员的食宿安排;庆典现场环境的整修和景观的实施;庆祝活动的相关后勤保障工作。

14) 活动场地和技术结构

根据活动需要提供必备的设施,如幻灯片、普通投影仪、多媒体投影仪、同声翻译、摄像机、电视机、照相机、计算机、复印机、打印机等;落实专门的技术人员,并按照规定时间放置在指定场所等。同时,在举行庆典之前,要把音响准备好,并认真检查,避免在现场出错。在庆典举行前后,要播放一些喜庆、欢快的乐曲。但是对于播放的乐曲,应先期进行检查。

15) 对活动参加者进行分类统计

按年龄、性别、社会地位、单身/已婚、籍贯、专业等。根据这些数据选择饭店,活动场所以及安排相应的社会活动。

16)确定通用的语言

规定使用一种或几种语言同时使用,并体现在信纸信封、所有邮寄品、所有相关的出版物、同声翻译、活动标志上和现场工作人员的相关认识上;与专业协会联系,对各种文件、设备和日程安排进行必要的翻译。

17)印制物品

胸牌、议程、纪念册、论文集、庆典简报、所有标语标牌、收据、邀请函、菜单和证书等。

18)预算和先期财务控制

积极筹措、保障、管理庆典专项资金。经费使用状况,所有活动的条目和需要提供的服务内容必须在预算和财务控制中得到体现;捐赠资金、物品的接收以及活动所需经费的支付和管理;根据需要准备好捐赠发票等发票。

19)安全保卫工作

安全保卫工作主要是保卫工作及来宾车辆的引导、停放、秩序维护;庆典现场的消防安全和火灾处置工作。具体为:安排庆典期间保卫人员值班;庆典现场及周边环境治安的综合整治;进出庆典现场的人员、车辆的检查和指挥,疏通交通,停车场的合理安排;庆祝活动期间的治安保卫工作突发事件的处理;审核庆典活动有关设施设备、器材及会场布置是否符合安全保障,消除各种安全隐患;庆典现场报到区礼品及财物安全的保卫等。

20)医疗服务

为与会人员提供健康保障的常用药品和应急救护,配备好日常药品及急救药品、氧气袋等物品,以备参加庆典人员需要时救治,安排庆典期间每天1~2名医护人员值班。

21)交通服务

这主要是指负责活动所需车辆的组织与调度。

22)其他服务

其他服务则包括银行、邮局、新闻报刊、鲜花的预订、其他特色餐饮预订等。

在与会者住宿处设立会务住房,以便全天候提供服务或回答与会者的电话咨询等。建议并制作庆典礼品:为了让与会者有更好的回忆,庆典通常会以本土风格设计或采购特色礼品,如当地名片夹或特色资料提袋等。

23)突发事件处理

庆典组织者必须灵活处理活动现场所发生的一切非计划内的事件,做到临变不乱,并保证活动正常顺利进展下去。

【知识链接11-5】 庆典工作相关事宜安排

经2010年10月29日上午学校庆典活动指挥部工作会议讨论研究,协调了庆典工作相关事宜,并作如下安排。请各工作组、各邀请来宾学院、部门知悉,并做好相应准备工作。未尽事宜请与有关工作组责任人协调。

一、庆典会议名称:××××高等专科学校××校区启用暨建校58周年庆典大会

二、庆典会议议程

三、贵宾坐席:主席台,20~30人

其人员为:

1. ××书记、××校长(其他校领导佩戴鲜花陪同嘉宾就座嘉宾席);

2. 参会主要领导;

3. 主要捐赠单位代表和个人代表。

由秘书组提出初步名单,校领导审定。贵宾佩戴鲜花及贵宾飘带。

四、嘉宾坐席

嘉宾佩戴鲜花及嘉宾飘带就座主席台两侧,重要嘉宾(名单由会务组确定)就座前排折叠椅80~100人(折叠椅上贴红纸嘉宾姓名)。

五、外地来宾接待

1. 希桥酒店:接待省外来宾,由学校领导或指定工作人员机场宾馆迎送(名单由秘书组、会务组商定),晚宴由××校长致辞,学校有关领导陪同。

2. 白云大酒店:接待地州来宾,原则上不迎送(安排一部车辆应急),晚宴由××书记致辞,学校有关领导陪同。

六、礼品礼金发放管理

1. 礼品发放由财务组、秘书组现场指挥处置,由接待组具体发放(原则上按已回执报到册发放,司机等随行人员发茶砖)。

2. 礼金发放:由财务组准备,会务组提供名单并实施。

七、庆典大会资料袋600份,由接待组11月3日装袋完毕。内装:

1.庆典大会议程;

2.××报第2期;

3.迎接60周年校庆,支持新校区建设校友宣传册;

4.迎接60周年校庆,支持新校区建设捐资捐物简介;

5.中餐券。

八、校友总会资料袋200份,庆典大会资料袋加校友总会机构名单、以及会议议程、章程

九、一对一接待:学校领导、相关部门、学院和学校指定的专门人员负责。特别是对贵宾和重要嘉宾,学校全体领导和相关部门负责人要做好亲自接待。其余安排教师或学生做好接待。

十、中餐安排

1.来宾及学校陪同人员(各接待学院、部门领导、工作人员11月3日前发中餐券)在新食堂三楼(单独通道)用餐。其中贵宾一桌(20人),重要嘉宾10桌(100人),其余嘉宾自助餐,回民自助餐在二楼专门区域。

2.教师工作人员和保卫人员(含支援庆典大会的公安、交警)在鑫海餐厅用餐,由产业总公司负责(每桌×××元)。

3.学生志愿者发放误餐补贴××元/人。

十一、接待用车:由产业总公司统一安排。属统一调度的私车公用,给予适当补贴。

十二、新校区参观:学校不统一组织,由相应邀请部门、学院负责。注:回执确认参观人数较少。

庆典活动指挥部

2010年10月29日

案例分析11-6 美美百货开业庆典方案

鉴于本商场"引领时尚消费,倡导精致生活"的经营理念,所以,如何有针对性地吸引高端消费者,如何将活动形势和活动内容同商场的高端定位及高端消费人群的消费形态相契合,就成了本次活动的关键。在策划过程中,我们着重考虑将开业庆典、促销活动和树立商场高端形象有机结合起来;活动主题尽可能艺术化地"扯虎皮做大旗",淡化促销的商业目的,使活动更接近于目标消费者,更能打动目标消费者。把举办第一届"美美"杯网球赛事的开幕式作为本次

活动的亮点及持续的新闻热点,力求创新,使活动具有震撼力和排他性。在前期的广告宣传和活动中的主题风格,我们都从特定的消费人群定位,进行了全方位考虑。在活动过程中为尽量避免其他闲杂人等的滞留,所以庆典场面不宜盛大,时间不宜过长,隆重即可。

一、活动主题

1. 开业庆典

2. 第一届"美美"杯网球友谊赛开幕式

二、活动风格

隆重　高雅

三、活动目的

(1)面向社会各界展示美美百货高档品牌形象,提高美美百货的知名度和影响力。

(2)塑造江苏第一高档精品商场的崭新形象;塑造美美百货精品氛围。

(3)通过本次开业庆典活动和"美美"杯网球赛事开幕仪式,开拓多种横向、纵向促销渠道,掀起国庆黄金周的促销高潮和持续的新闻热点和促销高潮,奠定良好的促销基础和良好的社会基础。

四、广告宣传

1. 前期宣传

(1)开业前10天起,分别在江苏日报、南京晚报及各高档写字楼的液晶电视传媒网等媒体展开宣传攻势;有效针对高端目标消费人群。

(2)周边各高档社区及高档写字楼内作电梯广告,有效针对周边高端消费者,有效传达美美百货开业及其相关信息。

(3)以各网球场为定点单位给各网球场的会员及网球界名流、精英发放设计精美的邀请函,邀请其参加美美百货开业庆典暨第一届"美美"杯网球友谊赛。

2. 后期广告

(1)开业后5日内,分别在江苏日报、南京晚报及各高档写字楼的液晶电视传媒等媒体进一步展开宣传攻势,吸引目标消费者的眼球,激起目标消费者的购买欲。

(2)进一步跟踪报道"美美"杯网球友谊赛,掀起持续的新闻热点。

五、嘉宾邀请(由主办方负责出面)

嘉宾邀请,是仪式活动工作中极其重要的一环,为了使仪式活动充分发挥其轰动及舆论的积极作用,在邀请嘉宾工作上必须精心选择对象,设计精美的请柬,尽力邀请有知名度人士出席,制造新闻效应,提前发出邀请函(重要嘉宾应派专人亲自上门邀请)。嘉宾邀请范围:A.政府领导;上级领导、主管部门负责人;B.主办单位负责人、协办单位负责人;C.业内权威机构、高尔夫球界权威或精英;D.知名人士、记者;E.赞助商家;大型企业老总。

六、活动亮点

1.以开业庆典为平台,举行第一届"美美"杯网球大赛开幕式以江苏各网球场的会员为主要参赛对象,给每个会员发放邀请函,并符上参赛的相关事项。商场内各商家为赞助商,还可邀请南京市内知名品牌的网球用具商为赞助商或协办单位;邀请江苏各网球协会为协办单位,凡参赛者均可在商场开业当天获得精美礼品,优胜者可考虑取前三名获得现金奖励及商场内各世界品牌提供的高档礼品。凡参赛选手在商场内购物可获得相应优惠,在协办单位消费也可获一定礼遇等(或到场嘉宾可当天加入紫荆VIP会员)。在良性的联合运作状态下,使主办方、协办方及赞助方三方在合作中获得共赢。

2.千份DM杂志免费赠送为了扩大商场的开业效应和品牌影响力,发行DM杂志(美美百货《精致生活指南》)赠阅消费者。此DM杂志为大16K、68P、四色铜版纸印刷,发行量为1 500册。主要发行渠道为在开业庆典上所有到场者的礼品和开业促销期间商场赠阅。

分析:这个案例首先确定了庆典的类型,即开业庆典,接着结合公司的特点对庆典的风格和所要达到的目的有了一个准确的定位,并开展声势浩大的广告宣传。它所确定参加庆典的对象不仅有政府官员还有相关人士和同行,符合商业运作的需要,庆典活动的程序安排也很有特色,结合体育活动,并将宣传工作贯穿始终。

复习思考题

1.庆典大会签到应注意哪些事项?

2.会议文件的发放方式有哪些?

3.庆典程序如何安排?

4.安排庆典大会发言应注意哪些问题?

5.如何作好庆典大会记录?

第4编　庆典活动评估与庆典后工作

第12章
庆典评估

【本章导读】

庆典评估是庆典组织工作后续管理的核心,也是庆典活动管理的一个重要过程。本章着重介绍庆典评估的作用、内容以及评估的时间和方法,还有如何对庆典组织的科学的总结。其目的是使学习者认识到通过评估能总结庆典活动的筹备、实施和运作,并通过预测对庆典活动的未来进行新的分析评价,其目的是为了总结经验教训,为以后的庆典活动工作提供效率和效益提供建议,提供更完善的管理体系和提高管理水平服务。

【关键词汇】

庆典评估　庆典评估的作用　庆典评估的方法　庆典工作总结

【引例】

金鸡百花电影节的尴尬

在整个 20 世纪,当多数中国观众还不知道奥斯卡的时候,金鸡奖、百花奖就已经深入人心了。但是近年来,金鸡百花电影节却不太景气,社会各界对"金鸡百花"评奖机制及公信力褒贬不一,也有"电影节越办越小""戏不够,亮点凑""星光不够灿烂"等指责。是什么原因导致"金鸡无力百花残"?

第 17 届金鸡百花电影节,原本应该是中国电影的盛典,然而事实却是星光黯淡、老气横秋、各项活动草草了事……如此景况,在整个电影节期间,成为持续的尴尬。虽然主办方不惜血本,包括耗费 16 亿元打造一条江边上的星光大道,上面要留下明星们的手模,并称要堪比美国的好莱坞。但是,原先提名邀请的诸多大腕,像商量好了似的没有出席。可以说,仅仅只有 17 岁的金鸡百花电影节,已显现出"鸡老花陈"之态。说金鸡无力百花残,那是因为过去评金鸡奖,可以牵动整个电影界的神经。更有甚者,不少观众也"掺和"进去,常出现观众与专家评委"论理"的新闻。而现在,正如新闻报道的,整个国产片,一年里也就放映区区十来部,所谓几十部国产片,除电影频道播放部分,其他都躺在仓库睡大觉。不是国家不开放,而是观众不买账,想放也没人看。那么,有多少人关心电影艺术,也就可想而知了。金鸡,故而再也无力高飞。

图 12-1　第 16 界金鸡电影节徽标

至于百花奖,从 1962 年评奖开始,观众投票越来越踊跃,简直可用长江后浪推前浪来形容。特别是改革开放之初,百花奖选票一度年年超百万张,以至主办者《大众电影》杂志社居然要以小汽车抽奖来回报观众,那可是在 20 世纪 80 年代初呀! 可见观众之多,主办方之大喜。如今呢? 投票观众寥寥无几,以至 2006 年开始,百花奖选票悄悄地不再面世了,百花奖也悄悄地改由专家评委和观众评委现场投票了。如果不是百花奖人气骤减,谁愿出此下策。

分析:电影节的市场价值的理性评估,是对"金鸡""百花"电影节商业价值的理性评估。通过评估可以深入探讨电影市场不景气,而引发评奖的滑落,还有电影评奖机制与市场严重脱节,公信力受到观众质疑,异地举办电影节,对电影节有不利影响等因素都困扰中国电影走向世界。

分析一:电影市场不景气,引发评奖的滑落

在进入20世纪90年代以后,随着人们精神文化生活的日渐丰富,尤其是电视、影碟的大量普及,以及外国大片的进入,中国电影市场受到了较大的冲击。

分析二:电影评奖机制与市场脱节,公信力受到质疑

观众对参评影片印象模糊,失去了新鲜感,投票不踊跃;另一方面评奖规则不够健全,透明度不够,在"百花"评选中出现了"假票"现象。"金鸡"评奖经常评出并列奖,最高次评出了三部"最佳影片",难以真正体现"最"的含义,而且一些被评出的影片甚至没有在影院放映过。种种因素,使观众对投票数的真实性与代表性产生了质疑。

分析三:异地举办电影节,对电影节有不利影响

金鸡奖每年都在不同的城市举办,由举办地政府出资举行,但政府没有经验也没有太多的精力为电影市场服务,只是借助当地的特色举办形式不一的文化活动,"文化搭台,经济唱戏""借节造势"的成分过于浓厚,在很大程度上使电影节的艺术氛围完全被商业淹没,冲淡了电影界的主题。如电影交易会是电影节除评奖外的重要项目之一。戛纳电影节就是因为其电影交易量的丰厚,成为世界上最大的电影交易市场。奥斯卡颁奖典礼虽然是一个彻底的商业电影活动,但整个活动却让人感觉到浓厚的电影氛围,成为其成功的主要因素之一。为此,金鸡百花电影节如何把商业运作与电影艺术较好的融合,这将是值得电影工作者认真思考的问题。

12.1　庆典整体工作的评估概述

12.1.1　庆典评估的作用

庆典评估是一个收集有关庆典目标实现情况的信息的过程,庆典工作中有

许多亮点值得去发现,同时工作中出现的不足之处也要及时总结,庆典议程的结束并不意味管理工作的结束。由此,庆典的评估总结也是管理过程中的重要环节,有效的庆典评估不仅能获得关于已经结束的庆典举办质量的信息,而且更重要的是可以通过对已经结束庆典的总结分析而获得宝贵的经验教训,从而对庆典组织、服务的有关人员进行针对性的培训提高,使以后举办的庆典的质量越来越高。庆典工作的组织只有不断总结,才能不断提高。

1)庆典评估的参与者

所有参加庆典活动的人,庆典选派代表、陪同人员、领导都是庆典评估的参与者,他们是庆典评估的主角。

(1)庆典选派代表

庆典代表参加了庆典的主要过程,从庆典的宣传、报道注册、住宿餐饮、参观访问,他们都亲身经历,所以他们对庆典好坏最有发言权。他们最应该参加对庆典的评估。

(2)陪同人员

陪同人员也参加到庆典组织活动和宴会等社交活动,也参加了访问、旅游等社会活动,他们对庆典组织安排和服务的好坏有直接的感受,他们也要成为庆典的评估者。

(3)庆典合作单位

参加庆典的合作单位,他们出席庆典活动,对庆典组织等一系列工作的组织环节、服务项目的好坏作出评价,他们也要成为庆典的评估者。

2)庆典评估的作用

(1)检查庆典目标是否实现

庆典组织者在组织策划时都要制订庆典目标,实施细则,那么这些目标是否都实现了? 实现得如何? 通过评估就可以解答此类问题。

(2)明确庆典举办的成功亮点与不足之处

有效的庆典一点有诸多可以量化的指标,庆典评估就是看指标是否实现,如果实现,庆典就是成功的;否则,就是失败的。明确庆典的成功与不足可以为以后组织、举办庆典活动提供可以借鉴的经验与教训,以提高庆典组织者对庆典事务的管理水平,使以后的庆典举办得越来越好。

（3）明确参会者的满意程度

参加庆典的与会者对庆典的内容以及各方面的工作安排是否满意以及满意的程度如何,是庆典成功与否的主要指标,它关系到庆典活动是否具有经典意义,以后能否继续举办的问题。通过庆典评估,可以对参与者的满意程度进行调查,作出量化的表格,从而了解与会者的满意程度。

（4）为庆典的总结写准备材料

在庆典结束后也需要一个总结报告来总结得失。庆典评估的结果是庆典总结报告的重要内容,庆典评估也为写好庆典总结报告打下了基础。

【知识链接 12-1】 城市节庆活动的主要功能

节庆活动是城市营销的重要媒介之一,节庆活动在宣传城市、促进地域经济发展方面有不可替代的作用。其功能主要有以下:

①提升城市形象,提高公众关注度。

②宣传地域文化。通过举办节庆活动宣扬本地文化、风俗,向世界展示自己。

③促进经济发展。通过配套开展一系列经贸活动,开展经济文化交流,带动经济发展。

④带动旅游业发展,节庆的举办可以带来大量旅游者,提高旅游业收入。

⑤推介优势产业,这是许多物产类节庆举办的主要目的。

图 12-2 国庆庆典晚会

图 12-3　节庆庆典开幕式

12.1.2　庆典评估的内容

庆典评估是对庆典筹备到庆典结束全过程的评估,庆典组织安排中的任何一个环节,都关乎庆典活动的成功与否,可以分以下三个阶段来分析庆典效果的评估因素:庆典前期筹备情况效果评估、庆典中效果评估、庆典后总结评估。

1)庆典前期筹备情况效果评估

是否成立庆典组委会应视实际情况而定,当庆典活动庞大而隆重,为体现庆典节日般的热烈气氛,整个活动过程组织要严密而周全,这时就需要临时性成立庆典组织工作委员会。庆典工作应在组委会的统一协调下有序开展工作。

①庆典目标是否明确。

②庆典活动议程是否合理、完备。

③每一项庆典议程时间分配是否合理。

④庆典活动安排的时间、地点是否恰当。

⑤参加庆典活动的有关人员、与会者、合作单位人数是否得当。

⑥庆典会场指引标志是否明确。

⑦庆典会场的地点选择是否得当。

⑧庆典活动设备是否准备完善。

⑨与会者是否做了充分的准备。

⑩庆典过程中的住宿、餐饮是否安排妥当。

2）庆典中效果评估

对庆典中进行各环节的评估,应考虑以下因素:

图 12-4 庆典宴会餐饮酒店现场

①庆典中接待工作如何?

②庆典是否准时开始?

③参加人员是否到齐?

④庆典大会是否有秘书在做记录?

⑤庆典接待工作的质量。

庆典活动中的同声翻译质量如何?

庆典活动自然环境质量如何,是否有干扰?

庆典中礼仪服务。包括一对一的服务(指针对重要嘉宾接车、跟随)、礼仪人员的迎送服务是否到位?

⑥庆典活动中住宿、餐饮。

庆典指定酒店离庆典场所的距离是否够近?

庆典指定酒店的硬件设施如何? 星级如何?

庆典指定酒店的服务水平有多高?

餐饮服务的水平如何?

⑦对参加庆典活动的嘉宾准备一定份额的精美礼品。

⑧庆典活动中目的地旅游景点的吸引力。

⑨庆典目的地的形象。

⑩庆典宣传促销工作的成效。

图 12-5　庆典礼仪服务

图 12-6　庆典礼仪迎送服务

⑪庆典会场气氛是否热烈？

⑫庆典是否如期完成各项议程？

⑬主持人是否总结庆典成果。

⑭庆典的欢迎宴会、欢送宴会是否得当？

⑮参观、访问、游览安排的合适性、安全性的考虑。

⑯其他可变因素考虑在列。

3) 庆典后总结评估

等待庆典结束后有很多工作要做,做得如何,也要评估,主要是以下几方面因素:

①庆典整个过程的文字记录材料是否整理好?

②是否印发庆典会议纪要、工作简报?

③是否对与会者的满意程度进行调查?

与会者对庆典的总体印象如何?

庆典对与会者的价值有多大?

庆典达到与会者的期望值吗?

与会者是否愿意参加下一次相关活动?

④是否对庆典组织工作的成败进行总结?

⑤是否核发礼品发放得当?

⑥是否对庆典组委会的工作进行评估总结?

⑦其他因素。

12.1.3 庆典评估的时间

1) 普通小型的庆典(如参展商会庆典)

其最佳评估时机是在该庆典活动刚刚结束的时候。这对庆典主办方来说可以有效借助时机,总结庆典得与失,可以挖掘相关庆典活动的潜在价值,发现商业运作机遇,当庆典议程活动全部结束时就进行庆典评估。

2) 大型庆典(校庆、民俗节日、电影节)

对此类庆典来说,持续时间长,活动内容多,有大型会议、若干小型的分会和各种参观、访问、游览等活动,还有欢迎宴会,等等。考虑到可能有些参加庆典的与会者参加完大会和某个分会或活动后就走了,如果在整个庆典活动全部结束后再进行评估,很多与会者就无法参加评估了。所以,大型庆典活动的评估可以分阶段、分活动场地进行,在庆典组织进行到一定阶段,或在某个分会场立即对刚刚过去的事件进行评估。这样,整个大型庆典就可以得到有效的跟踪和评估,评估结果就比较全面了。

12.1.4　庆典评估的方法

图 12-7　民俗节开幕式庆典

1)庆典评估的各种方法

(1)问卷调查

问卷调查是最常用而有效的评估方法。问卷设计者把要评估的各方面的问题列举出来,每个问题后面给出几个评价性的术语,评估者只要从中选择一个或几个打"√",最后再写几句意见或评论就可以了。它对于庆典评估者来说操作简单,只需花很少时间就能完成,因而广受欢迎。

问卷调查可以通过以下方式进行:

①手工填写。

即把调查问卷用纸印刷出来,在适当的时候发给评估者,请其现场手工填写。

②电脑填写。

即把设计好的调查问卷放置在电脑中,请评估者现场在电脑上填写,所有评估者填写完毕后,电脑即可统计出调查问卷中量化的部分。

③庆典后电脑填写。

庆典结束后,把调查问卷发到评估者的电子信箱里,请评估者在规定的日期内填写后 E-mail 回复给评估组织者,评估组织者收集后再进行处理。

(2)面谈

庆典结束时邀请部分调查对象集中或分别面谈,征求他们对会议的意见和评价。这种方法只能对庆典进行定性评估。

(3)电话调查

庆典结束后打电话给调查对象,征求他们对庆典的意见,并请他们对庆典作出评估。这种方法也只能对庆典进行定性评估。

(4)现场观察

在庆典现场和各个活动过程中派人观察会议和各个活动进行的情况,并观察与会者和活动参加者的反应,讲意见汇总到庆典组委会,从而做出对庆典的评估。

(5)述职报告

庆典结束后,要求每个庆典工作小组人员对所负责的工作内容作出述职报告。这可以从一个侧面了解庆典的情况,对庆典进行评估。

以上方法可以结合使用,可使庆典评估更趋合理性、更具科学性。

2)庆典评估的表格设计

通常,庆典评估的目的就是为了总结庆典组织工作各个方面的经验教训,以便今后改进。所以,在设计表格时,只根据内容考虑就可以了。表格设计可以分为两部分进行,一部分是庆典整体评估表,一部分是庆典服务者各个环节的评估表。前者如庆典情况反馈表、庆典效果分析表等;后者如主持人的行为表现评估表,工作人员的表现评估表,表中内容可根据调查目的、调查对象等进行设计。

几种常见庆典评估表格:

表 12-1　庆典情况反馈表

姓名		性别	
工作单位		职务	
电话		电子邮箱	
公司类型			
你对本次庆典的评价：　　□很好 □较好 □一般 □较差 □很差			
你认为本次庆典服务水平：□很好 □较好 □一般 □较差 □很差			
你认为庆典活动有何特色亮点？			
你认为本次庆典需要改进的地方：			
你的总体满意度：			

表 12-2　庆典效果分析表

（一）目标
1. 本次庆典的目标是什么？ 2. 目标是否达成？ 3. 哪些目标没有达成？
（二）参加单位
参加单位对庆典活动支持程度。 参加单位对庆典安排整体反馈。
（三）与会者
列举出与会者姓名及庆典结束后他们的满意度 分析"不满意"的原因？ 下次举办同类庆典，哪些项目将保持？哪些有所改进？

表 12-3　庆典管理评估表

一、庆典安排	
庆典计划	□很好 □较好 □一般 □较差 □很差
庆典设施	□很好 □较好 □一般 □较差 □很差
庆典费用	□很合理 □较好 □一般 □不合理 □很不合理
预订安排	□很好 □较好 □一般 □较差 □很差
二、庆典服务	
交通	□很好 □较好 □一般 □较差 □很差
庆典会场布置	□很好 □较好 □一般 □较差 □很差
住宿酒店条件	□很好 □较好 □一般 □较差 □很差
休闲设施条件	□很好 □较好 □一般 □较差 □很差
商务中心条件	□很好 □较好 □一般 □较差 □很差
三、庆典目标是否实现　是：　　　　　否：	
庆典主题与计划主题的符合度：□完全符合　　□部分符合　　□完全不符合	
庆典的价值：	
建议改进的方面：	

表 12-4　主持人的行为表现评估表

主持人行为	次　数	引言或例句
组织、安排会议		
确定、检查目标		
遵守时间		
鼓励发表意见		
澄清事实		
检查理解程度和意见是否一致		
引入主题还是偏题太远		
过早结束,结果不明		
会场、庆典现场速度的控制		
处理冲突能力		
检查进程或作出总结		
结束会议		

案例分析12-1 "以人为本"的慕尼黑啤酒节

德国慕尼黑啤酒节据称是世界上规模最大的狂欢节,600多万人喝掉600多万升扎啤,吃掉近50万根烤肠和5万多只烤猪腿。

慕尼黑啤酒节可以追溯到1810年。巴伐利亚加冕王子路德维希和特蕾瑟公主于当年10月完婚,官方的庆祝活动持续了5天。人们聚集到慕尼黑城外的大草坪上,唱歌、跳舞、观看赛马和痛饮啤酒。从此,这个深受欢迎的活动便被延续下来,流传至今。每年9月的第三个星期六至10月第一个星期日就固定成为啤酒节。历史上,除因战争和霍乱中断外,慕尼黑啤酒节已整整举办了170届了。

图12-8 慕尼黑啤酒狂欢节

慕尼黑啤酒节最大的感受是狂欢,一种有着浓郁巴伐利亚风情的狂欢。想不到德国人也会如此热情奔放,无拘无束。狂欢节设在慕尼黑市中心的一个当地人叫WIESN的广场,占地42公顷。顺着熙熙攘攘的人流,走进一个临时搭起的巨形啤酒棚,里面人声鼎沸,近半个足球场大小的空间挤满了人,想找个座位已经是奢望了。天快黑的时候,记者来到保拉纳啤酒帐篷里,这里的人们站在一排排长凳上,和着大厅中央乐队的演奏,载歌载舞,尽兴狂欢。碰上脍炙人口的歌曲,全场近千人手拉着手,一起随着音乐引吭高歌。

啤酒节当然离不开啤酒,占地42公顷的节日会场就是一个巨大的欢乐海洋,到处是开怀畅饮的人们。让记者想不到的是,慕尼黑啤酒节只出售优质的慕尼黑本地啤酒,德国其他地方的啤酒,甚至慕尼黑之外的巴伐利亚本地啤酒都没有机会露脸,更谈不上外国的牌子了。啤酒节并非各啤酒厂商借机搭台唱戏、寻找商机的商品交易会,它就是一个纯粹的民间节日。

啤酒节组委会工作人员对记者说,慕尼黑啤酒节规定,只有那些保留慕尼黑传统酿造方法、符合1487年"慕尼黑纯度要求"和1906年"德国纯度要求"的优质慕尼黑本地啤酒,才可以在啤酒节上亮相。目前啤酒节只允许销售6家啤酒酿造厂的啤酒,包括保拉纳,奥古斯丁,勒文和狮子等品牌。

节日期间,规定每晚啤酒供应到10时30分,10时45分乐队演奏流行乐曲,催促人们离去,这时,万千酒兴未尽的游客久久不肯离去,保安人员不得不把他们推向出口,强行让他们离开。

图12-9　啤酒节上人们尽情狂欢

分析:庆典被迫戴上种种光环的时候,节庆最根本的因素被遗忘了,这就是"群众参与"。我们很多节庆都是"以物为本"而非"以人为本"。这种本末倒置的做法导致了很多庆典、节庆活动单纯追求经济效益,而忽视人们的情感和精神文化,应此吸引不了人们的参与兴趣。从长远看,这种庆典节庆活动注定是短命的。

12.2　庆典财务决算

庆典会有很多方面的开支,庆典结束后,要对庆典所发生的开支进行总结。

庆典预算本着节约、精简、实用的原则,严禁铺张浪费、滥发财物、以会谋私;庆典决算本着科学、专业的原则对实施过程中经费使用进行有效的监管。

12.2.1　庆典开支决算内容

1)交通费用

(1)出发地到庆典地的交通费用

这就包括航班、铁路、公路运输、客轮,以及目的地车站、码头至住宿地的交通费用。

(2)庆典举行期间的交通费用

这主要是庆典地的交通费用,包括住宿地到庆典会场的交通、会场到商务中心的交通、商务考察游览交通以及与会人员其他可能预订的交通。

(3)欢送交通和返程交通费用

这就包括航班、铁路、公路运输、客轮,以及住宿地到车站、码头的交通费用。

2)会场费用

(1)庆典主会场租金

(2)庆典主会场设备的租赁费用

庆典会场要租赁一些特殊设备,移动式同声翻译系统、会场展示系统、多媒体系统、摄录系统。

(3)庆典会场布置费用

庆典有些是特殊要求的,如需要配合有产品发布会,欢迎宴会、联谊会等。

(4)其他支持费用

这就包括广告、印刷、礼仪、秘书服务、运输、娱乐、媒体、公共关系等费用。

3)住宿费用

住宿费用有些是完全价格,有些需要另外加收政府税金,还有些可以通过各种渠道获利较好的折扣。住宿费用根据情况可选庆典期间全部由代表自行承担,或主办单位承担一部分、还有就是主办单位全部承担等几种形式。不管采用那种形式,会前一定要告知与会代表。

4)餐饮费用

餐饮的费用根据庆典的档次、规模、目的的不同而有很大的区别。

(1)早、中、晚三餐

该项费用通常是自助形式,也可是采取围桌式就餐,费用按人数计算即可。

(2)酒水及服务费

如果在星级酒店就餐会收取一定比例的服务费。

(3)庆典期间会议会场茶歇

此项费用是按人数计算的。决算时可以提出不同时段茶歇的食物、饮料组合,和按一定比例收取的服务费。

5)活动宣传册的设计、印刷费用

庆典活动一旦确定,请柬、邀请函、宣传册必不可少。一项活动的开展都需要对活动主旨、内容作大量的宣传,邀请函是对参加庆典代表发出的正式邀请,设计要精美。相关印刷品的设计印制费用不可小视,把受邀人员和印制份数尽量做到一定的控制线内,以免造成很大的浪费。庆典结束后,对这部分的决算是至关重要的。

6)游览费用

庆典组织期间会安排一些与会代表参加有特色的游览活动,费用决算是根据内容、人数、天数来定制的。

7)宣传交际费

庆典期间新闻媒体联系,录音、录像等发生的相关交际费用。

8)各种耗材费用

庆典期间宣传册印制、打印;光盘、磁盘、纸张、办公文具等相关费用。

9)纪念礼品

为庆典代表准备的纪念礼品,礼品要考虑到特色和纪念意义,不宜费用过高,发放需要控制。

10）劳务费用

这就包括工作人员的劳务费；庆典筹备组织期间，需要各小组人员通力配合，同时也会产生加班费用、奖金等。

11）各种临时发生费用

这类费用就包括如卫生勤杂、临时采购、临时司乘、打印复印、临时运输、临时道具、传真通讯、临时翻译、礼仪司仪等项目的花费。

12.2.2　庆典决算的格式

庆典决算包括以下几部分：

1）庆典的基本信息

其中就包括庆典的主题、起止时间、地点、人数、要求。

2）庆典的目的和意义

清楚、简要地写明庆典目的和意义，为决算提供充分的理由。

3）庆典的主要经费开支项目

各项费用开支需列出，并附和各项经费审批。

4）每个项目的经费决算

在做预算时要对有关项目费用做周全的考虑和比较，经费尽可能准确和实际，庆典结束后对各项指标费用作出决算，跟预算相比较，看是过高还是过低，这对庆典意义和评估认定具有很重要的意义。

5）备用金

每个活动过程中都不可能完全准确，而且会产生一些临时性的费用，需要提取一定数目的备用金。备用金的具体数量可根据庆典规模、档次、人员来定，庆典结束后对这部分费用决算。

案例分析 12-2　　××学校 2010 年校庆庆典经费预算决算表

序号	列支内容	预算			决算			超支或盈余
		单价	数量	金额（元）	单价	数量	金额（元）	
1	场地费用:翠怡大酒店二楼会议室租用	3 000 元/天	2 天	6 000	3 000 元/天	2 天	6 000	0
2	录像及设备租用费:邀请专业人士现场录像,并制作VCD光碟。	1 000 元/天	2 天	2 000	1 000 元/天	2 天	2 000	0
3	宣传费:校庆期间印制邀请函、校庆宣传册、捐赠册等	3.5 元	600 册	2 100	3.5 元	800 册	2 800	−700
		4.5 元	500 册	2 250	4.5 元	800 册	3 600	−1 350
		2.5 元	500 册	1 250	2.5 元	500 册	1 250	0
4	庆典会场鲜花	1 000 元		1 000	1 000 元		1 000	0
5	学生服装费	50 元	3 000 名	15 000	50 元	3 000 名	15 000	0
6	宴请费用	500 元	10 桌	5 000	500 元	12 桌	6 000	−1 000
		10 元	1 000 人	10 000	10 元	600 人	6 000	400
7	纪念品费用	100 元	300 份	30 000	100 元	350 份	35 000	0
8	租车费(参观新校区)	500 元	2 辆	1 000	500 元	2 辆	1 000	0
9	临时性费用			5 000			2 000	3 000
1	合计			80 600			81 650	3 400

×× 庆典筹备组委会

××××年×月×日

　　分析:值得注意的是,庆典举办过程中,许多预算外支出会增加,会出现投入比例不合理的问题。庆典开支是一个争议比较多的评估内容。对于绝大部分庆典举办者而言,庆典只是其经营过程中的一个环节,是许多其他工作的一部分。因此,庆典直接开支并不是庆典的全部开支,庆典的隐性开支可能更大,要准确计算比较困难。但是,庆典开支仍需要计算并评估,因为庆典开支是计算庆典成本的基础,是庆典评估中一些重要指标的组成部分。庆典开支评估主要包括:预算制定是否合理;预算执行状况;如果超支,原因何在;等等。

12.3 庆典工作总结

12.3.1 庆典后工作概述

对庆典评估的过程也是对庆典工作进行总结的过程,评估工作完毕之后,庆典组织者要根据评估情况,写出总结报告,总结出庆典工作的成败得失。

庆典结束后,除了作为庆典接待工作中提到的会议送站等服务工作之外,还有一些零碎的后续工作要做,这些工作虽不像庆典筹备时的工作那样重要,但也是不容忽视的。正是在这些细节的操作方面,才能体现庆典组织管理的高水平。庆典后工作做好了,整个庆典活动才算圆满地结束。一次庆典的圆满结束,预示着下次庆典将会有一个良好的开端。

1)完成结尾工作

庆典工作结束之后,作为庆典主办者还需要完成庆典评估和总结,并完成庆典经费的决算,以及会议场地、设备租用,餐饮住宿、交通等费用的结算和支付,如果是政府行政经费开支或补贴的庆典活动,应按照经费管理的办法,完成经费报销等财务手续。

2)完成庆典文件整理和发放工作

有许多庆典活动,庆典后需要贯彻会议精神。因此,庆典材料对与会者非常重要。庆典资料应尽量在会议召开期间整理好并发给与会者。工作人员由应及时整理领导讲话、庆典取得的成果之类的材料,争取在庆典结束时分发给与会者。庆典活动资料常见的是领导讲话、会议决定、交流学习材料等,对于与会者相互不熟悉,且今后可能联系的庆典主要参与者,应印制参与代表的通讯录。虽然有些庆典活动较短暂,但相关资料也应在庆典结束前发给与会者,这样做既可提高效率,又可避免庆典后寄送。同时对于会议重要的文件、资料、音响视频等材料,应立卷归档长期保存下来,以备使用。另外庆典活动结束安排与会者合影留念的合影照片应及时洗出送给与会者,这也是体现会议效率的一个缩影。

3) 印发庆典活动简报、会议纪要

会议简报是用简练的文字及时向上级领导同志反映情况、向与会同志通报情况的一种文件形式。会议纪要是在会议记录的基础上加工整理而成的一种公文形式,是传达贯彻党和国家的方针政策、指导工作、解决问题、交流经验等的重要工具。会议决定事项通知是将会议内容、决议等传达给有关单位的一种公文形式。党政机关召开的日常工作会议一般均产生会议纪要,并需印发会议决定事项通知。有些专业性工作会议也产生纪要,如农村工作会议纪要。

4) 进行庆典工作总结

庆典结束了,要对庆典的方方面面进行总结,写出一份会议总结报告。如前所述,不管是帮助参加庆典的客户组织庆典活动,还是自己今后组织庆典,在庆典结束后,都需要一个庆典总结报告来向庆典代表或领导汇报会议的各项工作,总结庆典的成败得失。

庆典评估的结果是庆典总结报告的基础,也是会议总结报告的重要内容。除此之外,还要对庆典筹备期间的组织、营销宣传、论文征集录取、预先注册、资金筹措、资金管理等各项工作进行总结;还要对庆典现场注册、现场接待、现场协调、会议专业活动情况、庆典社会活动情况、庆典餐饮活动情况等工作进行总结;还要对庆典结束后的收尾工作、庆典评估工作、财务结算工作等进行总结。

12.3.2　庆典工作总结要考虑的方面

庆典总结的目的是分析庆典组织过程中的经验教训,发现工作中的亮点,对组织环节中工作出色的个人和小组进行表彰,总结的结果对以后的工作提供参考依据,总结主要考虑以下几个方面:

①庆典活动的所提出各项议程是否如期完成;
②庆典中的准备工作是否充分,配套设施是否周全;
③庆典组织工作是否完善,有无明显失误或疏漏;
④庆典人数规模是否控制有数;
⑤庆典大会主持人水平能力是否令人满意,达到预期目标;
⑥庆典与会者对整个庆典反馈满意度。

总之,整个庆典各环节要有统一的量化指标来科学评估,这样才能起到总结经验,提高庆典举办者的实务操作水平。

【知识链接12-2】 庆典总结内容

庆典工作简介

简介包括庆典会议名称、主办单位、参加人员、会议议题、议程安排、召开的背景和庆典举办所预期的效果。

庆典工作的组成元素

(1)成立筹备组委会的组织机构,并确立组委会人员名单。

(2)庆典组织工作安排。

(3)庆典工作千头万绪,重点注意的几项工作要落实到位。

(4)每个小组各负其责。

(5)做好各小组的工作总结。

做好庆典满意度调查的情况

做好满意度的反馈,各量化指标的归类、分析,并对各项指标进行统计,找出亮点和不足之处。

问题分析

在庆典组委会的分类布置下,通过有序的评估过程,发现存在的明显问题,以及从中获得经验教训,相关改进的意见。

经验总结

(1)完成庆典一系列工作,总结本次庆典举办的成功之处,积极有效地进行推广或借鉴。

(2)此外,还要对筹备期间的营销手段、经营安排、资金筹措、资金管理、礼品发放等系列工作进行总结。

(3)对庆典期间会务安排的服务情况包括餐饮、住宿接待进行总结。

(4)对庆典结束后的收尾工作、财务结算等工作进行总结。

案例分析12-3 ××学校建校60周年校庆庆典工作总结

60载沧桑砥砺,60载春华秋实。2010年是××学校发展史上不平凡的一年,新校区即将落成,学校步入了崭新的跨越发展的阶段。为"凝聚校友,展示成就,推动学校更快、更高水平发展",××学校于2010年11月4日隆重举行了"××学校建校60周年庆典"的活动,本次庆典举办的热烈而隆重,取得了预期效果并得到与会者的高度评价,现将此次庆典工作总结如下:

一、本次庆典的一般情况

受邀参加本次庆典的校友 500 名,其中杰出校友有 100 多名,社会各界嘉宾、兄弟院校代表 300 名,在校学生 4 000 名,参加了校庆庆典;本市主要各媒体、电视台等多家新闻单位参加了对庆典的报道。许多校友毕业出去多年,回来看到学校蓬勃发展的今天,都表达了对母校深深的眷恋和感慨,学校的庆典活动组织情况及 60 年的改革发展成果给社会各界留下深刻的良好印象。

二、本次庆典的特点

1. 安排的周密性

学校成立庆典组委会,直接管理相关校庆庆典筹备组织工作。

2. 服务很贴心,很到位

学生、老师直接参与一对一的对接服务,有一些重要嘉宾从车站接站一直到校这段时间,都由学生、老师全程陪同。

3. 对校友宣传学校,组织一些捐赠项目的募捐活动

4. 宣传杰出校友

校友对母校慷慨回报,以及对母校的大力支持,可以激励在校的莘莘学子。

三、本次庆典的经验

1. 探索现代化的信息交流途径

本次庆典充分利用网络和电子邮件作为信息交流手段,基本上取消了信件来往,不能仅节约了开支,而且及时掌握庆典参会人员的人数。

2. 严密组织、精心服务

庆典的组织工作繁重,各会场的组织工作、墙报的组织、宣传的张贴、来宾接待、参观服务、礼仪服务都是在校教师和学生在第一线服务。分工明确、各司其职,与会代表普遍反映本次庆典的接待工作出色,让他们感到非常亲切。

3. 坚持高标准、严要求,但主张力求节约,降低成本开支

使用计算机数据统计分析,参加庆典的人数力求做到统计准确(以邀请函回执为准),给各项服务提供保障,形成一个合理的安排流程。

4. 体现学校人文特色

学校在筹备校庆工作中,注重加强校园文化建设,处处体现学校育人和学术精神。集中体现全校师生和校友的热爱母校、报答母校的强烈精神力量。

5. 本次庆典邀请到省级领导 3 名,市级领导 8 名,体现各级领导对学校给予充分的关心和支持

以上各项经验和教训是一个基本总结,不足之处请批评指正,同时借此机

会向支持我们工作的各级领导和部门表示衷心感谢。

×××学校校庆庆典组委会

附件:
1. 校友来宾对庆典组织工作的抽样评价表
2. 各界嘉宾对庆典效果的抽样评价表
3. 新闻单位对庆典组织工作中亮点及不足之处的报道
4. 社会各界嘉宾对庆典组织工作中不足之处的反馈意见
5. 校友给母校的感谢信

分析:该庆典工作总结内容较为全面,不足之处在于对庆典工作中存在的不足未予以提及。

12.3.3　评估成果归档

将上述庆典工作简报、庆典总结立卷归档,组成案卷,并为案盒中的文件排序,并设计、填写归档文件目录。

表 12-5　成果评价表

项目达标要求 ＼ 评分标准	实训情况	问题总结	解决方法	自我评定	教师评定
庆典方案合理					
庆典议程安排符合原材料要求					
庆典日程表设计合理					
责任和分工表设计合理、科学					
经费预算科学合理					
庆典通知格式、内容符合规范					
会场布置图符合原材料要求					

续表

评分标准 项目达标要求	实训情况	问题总结	解决方法	自我评定	教师评定
证件,席签设计美观、科学					
主持词符合格式要求和现场气氛					
消息内容和格式正确					
简报格式和内容正确					
调查表设计科学、全面、合理					
归档文件排序正确、目录填写及案盒、封面填写正确					

复习思考题

1. 庆典评估方法有哪些?

2. 如何让选择合适的时机对庆典进行评估?

3. 如何对庆典各个环节进行有效的评估?

4. 在庆典结束后,会后工作涉及哪些方面的内容?

5. 庆典工作预决算中主要的内容有哪些?

6. 请你给一简单的庆典,做一套经济合理的(预)决算方案?

7. 设计一份庆典活动的调查问卷,要求设计问卷调查目标信息明确,能够迅速反映与会者对于会议的评价?

第13章
庆典后工作

【本章导读】

庆典结束后,除了作为庆典接待工作中提到的送站等服务工作之外,还有一些零碎的后续工作要做,这些工作虽不像庆典中工作那样重要,但也是不容忽视的。正是在这些细节的操作方面,才能体现出庆典运营管理的高水平。庆典后工作做好了,庆典才算圆满地结束。一个庆典的圆满结束,预示着下次庆典活动将会有一个良好的开端。

【关键词汇】

收尾工作　总结　答谢　奖励

【引例】

××学校校长庆典总结讲话

各位老师、同学们：

××高中十年校庆暨××学校新校区揭牌仪式庆典活动已经圆满落幕，受××教育公司委托，现在我对庆典活动总结如下：

春华秋实，岁月如歌。十年，对于一般的学校也许不算什么，可是对于××高中却有着不同平凡的意义，是历史性的。因为十年，××高中从无到有，从弱到强，从租赁校园办学到自有校园，从当初200名学生的学校发展到今天有1 700名学生的学校，这是一批又一批××人坚忍不拔、辛勤耕耘的结果，是社会各界以及广大家长关心支持的结果，是千百名像你们一样的××学子自强不息，前后传承的结果。××十年的创业历史，可以说浸透了奋斗的泪泉。因为创办××高中，我们像这样的冬天睡过冰冷的水泥地面，我们过过40多天无水无电的日子，我们这些受过高等教育的人甚至被迫与人武力相向……那么，是什么使我们能坚持走到今天？是信念，是我们××团队精神的互相支撑，才使我们看到如今的硕果累累。所以，我们如此地看重这十年，看重今年的庆典活动。

××高中自2000年创办以来，为社会输送合格毕业生3 000多人，有500多学子考取了二本以上学校，有100多学子考取了硕士研究生，先后解决了两百名毕业学生就业。因为教育教学成绩突出，多次受到县市教育主管部门表彰，是安徽省民办学校"先进单位"、是国家教育部"十一五"重点课题——"生本教育理论实验基地"、安庆市优秀民办学校。

办学十年来，我们曾经接待过许多大型活动，这次庆典活动，涉及的人数之多，规模之大，规格之高超过了以往，参加庆典的社会各界有200多家500多人，安徽省教育厅、安徽省教育学会、安庆市委、市人民政府、市人大、市政协、宜秀区政府政协人大、怀宁县政府政协人大、怀宁县教育局、宜秀区北部新城指挥部、安庆市怀宁县宜秀区各机关、安庆市高校、市属县属新闻媒体、安庆市民办学校、大龙山镇月山镇、凉亭乡政府及直属单位、怀宁县各高中初中中心校、五横大龙山海口巨网山口初中、新校区建设单位、学校业务单位、友好人士、学生家长代表、校友代表均以不同的形式对学校这次庆典活动表示了祝贺，可以说这次嘉宾，群贤毕至，名流齐聚，因此这次庆典活动也是充分展示学校形象的最好机会。

首先我要总结的是庆典活动的筹备工作。一个月前，庆典活动才正式提到公司和学校的议事日程,毋庸置疑时间非常紧迫,因为一般学校启动这样大规模活动要花大量的时间准备,也许要一个学期或者一年。一个月里,学校硬件方面,完成了大门牌匾对联制作,文化墙土建、装饰装修、亮化及周边广场铺砖等附属工程,大门前广场花坛绿化景观、灯饰量化,实验室、图书馆、电子阅览室建设。学校软件方面,完成了文化墙橱窗栏目设置、素材收集、编审排版、制作布置,宣传册栏目设置、素材收集、编审排版、印刷制作。特别值得表扬的是在校容校貌校风建设方面,在德育处的领导下,在班主任的支持下,强化德育教育,在养成良好的日常行为规范方面狠下工夫,校纪校风明显得到好转;全体同学积极参与,加强公共环境卫生整治,校园面貌得到大大改善。为期一周的国歌校歌演练,××老师热情投入,同学们群情高涨,在寒风中坚持,这些都成为校庆筹备工作亮丽的风景。

其次,我要总结的是庆典活动。任何事情筹备的最终效果还是需要时间的检验,准备的再好也还有砸场的情况发生。可是我们这次的庆典活动其效果之好超过了我们的预期。第一,庆典活动安排有条不紊,会场功能区布置喜庆大气:主席台区、花卉隔离带、记者活动带、贵宾观礼区、人员方阵等活动区域以及鞭炮、烟花炮、礼炮施放区等区域划分明确。第二,××董事长的致辞激情澎湃,洋溢着浩然之气;××老师讲话跌宕起伏,文采斐然;××校友发言对母校满怀感激,对学弟学妹们充满期待;××同学表态情真意切,尽显新时代学子风采;各位领导致辞充分肯定学校业绩,对××关爱备至。虽然天气寒冷,台上台下洋溢着融融暖意,秩序井然,没有一点嘈杂之声,特别值得表扬的是全体同学一改往日与会的表现,充分展示了××学子的良好素养,从会场布置到庆典仪式到仪式结束始终如一,积极配合,具备高度的责任感和荣誉感,保持了良好的风貌,很好地贯彻了班主任会前的要求。

最后我要总结的是嘉宾评价。各级领导对我校校庆庆典活动评价很高,第一,校园文化建设很有特色,尤其是中华传统文化的传承做得很到位,大门里外的文化是全省仅有的。第二,组织得很好,唱国歌、唱校歌很有气势,尤其是校歌,歌词典雅,曲调充满朝气,全体学生唱得有气势,节奏感好,指挥××老师很有风度。第三,升旗手配合得好,堪称完美!让他们对民办学校、对××高中留下了深刻的印象。许多中小学的领导都感叹,想不到我们的庆典活动这样有气势。

同学们,校庆及揭牌庆典活动已经落下帷幕,它是我校发展史上的一个重要的里程碑,是××建校十年来规模最大、最具有影响力的一次盛大的活动。既是××高中十年历史的总结,又是××教育承前启后、继往开来的新起点。

希望全体同学能以此次庆典活动为契机,巩固庆典成果,切实做到××同学在庆典活动中表态的那样:一、坚守校规,以"仁义礼智信"的校训为准则,陶冶情操。二、提高素养,做弘扬中华民族优秀文化的传承者,尊敬师长,孝顺父母;三、勤勉好学,以优异的成绩为我们的中学生生活画上圆满的惊叹号!

这次校庆活动,是在领导的高度重视与精心指导下,在全校师生员工的协同下,各尽其责,各尽其职,表现出高度的热心和责任心的结果。同时,在社会各界、媒体的关心下,校庆活动得以顺利进行。校庆活动的成功举办,极大地提升了××教育的影响力,展示了办学实力,推进了校园文化建设,增强了广大师生员工的归属感。

最后,我谨代表××教育在此衷心感谢全校师生对这次庆典工作的大力支持与无私奉献!

分析:通过总结讲话,对整个庆典工作进行了总结与评价,同时对参与此次活动的师生、支持本次庆典活动的社会各界人士表达了谢意,应该说很有必要。

13.1 工作收尾及总结

13.1.1 收尾工作

庆典返离工作结束之后,作为庆典主办者还需要完成庆典评估和总结,并完成庆典经费的决算,以及庆典场地、设备租用,餐饮住宿、交通等费用的结算和支付;如果是政府行政经费开支或补贴的庆典,应按照庆典经费管理的办法,完成经费报销等财务手续。

1)合同收尾

合同收尾指活动接近尾声时,了结合同并结清账目,包括解决所有尚未了结的事项。合同没有全部履行而提前终止是一种特殊的合同收尾。

(1)依据和前提

合同文件至少应包括合同本身及所有有关的表格和清单、经过批准的合同变更、由分包商、承包商、赞助商提出的技术文件和进度报告、单据和付款记录等财务文件以及所有与合同有关的检查结果。合同收尾需要对整个采购过程进行系统地审查,找出进行本活动项目其他产品或本组织内其他活动项目采购时值得借鉴的成功和失败之处。

（2）可交付成果

一套经过整理，编上号码的完整合同记录，连同活动记录一起存档。应当向分包商、承包商、赞助商等发出本合同已经履行完毕的正式书面通知。

2）行政收尾

活动在举行后或因故中止时，必须做好行政收尾工作。收尾工作就是整理、收集和散发有关信息、资料和文件，正式宣布活动或活动阶段的结束。

（1）依据和前提

行政收尾包括所有为了记录和分析活动进展而编写的文件，如活动实施和控制状况主要步骤的规划文件；对活动项自产品进行说明的文件，如图纸、技术要求说明书、技术文件、电脑文件等也必须在收尾工作期间准备好，以便有关人员随时查阅。

行政收尾包括将项目结果形成文件，供委托人或顾客对活动产品进行正式验收。具体工作包括搜集活动记录、确定这些记录所反映的是最后技术指标、分析活动的成功与有效之处和应汲取的教训，以及把这些资料存档以备后用。其实，活动的每个阶段都有行政收尾工作，各项活动不能拖延到活动项目完全完成之后再进行。恰当的收尾可以保证不丢失重要与有用的资料，而且人员库数据库也应更新，以反映员工所掌握的新技能以及熟练程度的提高。

①绩效量度文字记载。所有记录与分析活动项目绩效的文字记载，包括确定绩效量度构架的规划文件，均应在行政收尾过程中准备就绪，以备审查；

②产品文字记载。用来描述活动项目的文件（计划、规格、技术文件、图纸、电子文档等等——所用术语因应用领域而异）也应在行政收尾期间准备就绪，以备审查；

③其他项目记录。

（2）可交付成果

活动临近结束时，行政收尾需交付一套编了号的完整活动记录：经过更新的所有同本活动项目有关的数据库，保留反映项目最后真实情况的数据资料。行政收尾时还要考虑总结评价，应当明确活动项目和活动项目管理的成败所在，研究本活动用过的哪些方法和技术值得推广，并考虑如何继续研究因受本活动的启迪而提出的各种方法和技术。

①项目档案。一套完整的、编有目录或索引的项目记录应由有关方面整理

就绪,准备存档。任何与本活动有关的历史数据均应刷新。当活动项目按合同进行时,或者涉及大宗采购时,应特别注意将财务记录归档。

②项目收尾。确认活动的全部要求,如活动项目结果和可交付成果,以及交付成果组织的要求——例如,工作人员评价、预算报告、汲取的教训等。

13.1.2 工作总结

庆典结束了,每个活动项目,不论其是否成功,不论是帮助庆典客户组织庆典,还是自己组织庆典,在庆典结束后,都需要一个庆典总结报告来向庆典客户或领导汇报庆典的各项工作,总结庆典的成败得失。这是一个进一步学习的好机会,恰当地进行总结将给活动管理者、团队成员和组织带来很多收益。

但是,我们往往发现,在做活动项目总结时不是所有的成员都明白总结的目的以及内容,这样的总结自然不会有满意的效果。

1)总结的目的

首先在总结前我们应该搞清楚总结的目的是什么,项目总结至少应包括以下目的:

(1)确实项目的有效性

确定本项目中什么是行之有效的,其原因是什么? 总结不是歌功颂德,但一定要包括成功经验、与以往相比采用的特别的方法或工具,以便积累知识和经验。

图13-1 某单位的工作总结会

(2)防止重复错误

几乎所有活动过程都存在一些可改进或应纠正的问题或错误,通过事后总结,分析问题及其原因,作为改进流程的依据或作为反面教材以防止错误再次发生。

(3)激励活动项目团队成员

人们希望知道自己干得如何,尤其是当项目投入了大量人力、物力时。活动总结应该在活动启动时就加以规定,包括活动评价的标准、所采取的方式以及参加人员(如部门经理或舞台总监等),而内容应包括个人的绩效评价。这样,成功者会把活动项目总结作为建立个人形象的机会,同样,失败的经历也将被记录下来进行研究。只要这种评价是公正的,活动项目总结将激励人们积极努力工作。

(4)作为活动项目实践的证据

有时,赞助商或组织者在选择活动的项目代理方或承包方时,可能需要出示相关活动项目成功实践的记录,这时活动项目总结报告将成为重要证据。

2)总结的内容

前面章节所讲到的庆典评估的结果就是庆典总结报告的基础,庆典评估的结果也是庆典总结报告的重要内容。除此之外,还要对庆典筹备期间的组织、营销宣传、论文征集录取、预先注册、资金筹措、资金管理等各项工作进行总结;还要对庆典现场注册、现场接待、现场协调、庆典专业活动情况、庆典社会活动情况、庆典餐饮活动情况等工作进行总结;还要对庆典结束后的收尾工作、庆典评估工作、财务结算工作等进行总结。具体来说,还应包括以下几个方面:

(1)项目时间

实际进度与计划进度相比,结果如何? 其间有哪些变化? 对工作量的估计如何? 活动组织者要建立并完善有关的数据库,项目总结应提供相应数据,以提高下次计划的准确性。

(2)项目成本

活动项目成本中有很大一部分是人工费,对于未建立项目级别核算的组织,可以用加权人、天数来表示(对不同级别的人员赋予相应的权重)。

(3)项目质量

活动项目的最终成效与取得的成果与最初需求的符合度。有没有达到最初的目标,在社会的影响力如何? 观众的满意度如何? 现场管理的秩序如何? 交通管制是否到位?

（4）人员管理以及沟通交流

其内容就包括活动组织成员绩效表现如何,活动管理和实施过程中的内外部沟通交流是否充分,对活动的影响如何等问题。

（5）项目特点

与以往庆典项目比较,本活动有何特别的地方? 比如:特殊的需求、特殊的环境、资源供应等。总之,项目特点就是具有挑战性的事件,以及关键的解决方案和实施过程。

（6）经验与教训

列出从这项庆典工作中所得到的最主要的经验与教训及对今后的活动管理工作的建议。

案例分析 13-1 开盘庆典答谢晚会老总讲话

(××市美景房地产有限公司总经理)

尊敬的各位领导、各位来宾,美景小区尊贵的居民们: 晚上好! 让我们共同见证和铭记这个美好的夜晚! 因为美景国际广场盛大开盘答谢晚会将给我们亲情、感恩、幸福和幸运! 因为我们这个大家庭——美景国际广场在紫气东升、兴旺发达! 在美景国际广场盛大开盘答谢晚会上,我和大家一样兴奋和激动! 在此,我谨代表廉江市美景房地产有限公司全体员工对参加今天答谢晚会的各位领导、各位嘉宾、朋友们表示热烈的欢迎和衷心的感谢! 这场答谢晚会是我们美景房产真挚的谢意和诚挚的祝福! 是我们美景国际广场广大业主和美景社区居民期盼的美好生活的开端。我们感恩广大业主的支持与信赖,打造廉江最大社区浓厚的文化底蕴和和谐快乐的生活我们责无旁贷! 今天晚上,我们大家在欣赏精彩文艺节目的同时,还将在我们美景国际广场广大业主中现场抽出幸运大奖,10 辆小汽车、电视机等家用电器。

今天是我们美景国际广场社区大家庭文化生活的缩影,在今后的日子里,我们承诺并践行廉江最文明、最快乐、最祥和、最安全社区的打造。在我们占地 250 亩的美景国际广场社区坚持开展敬老孝亲、学习成才、和睦相处等活动和竞赛,在我们公园式的文化广场定期开展积极向上、喜闻乐见的群众文体活动,并经常对长寿老人、孝敬楷模、优秀学生和睦邻里进行表彰和慰问。在美景国际广场社区形成人人敬老、家家和睦、乐于学习、积极敬业的良好氛围,定期不定期开展好邻居、好婆媳、好儿女、好夫妻评选活动,使美景国际广场社区环境更美、家庭更和睦、邻里更友善。让美景国际广场社区因你们而骄傲,你们以美景国际广场社区而自豪！各位领导、各位来宾，美景小区尊贵的居民们：高尚、尊贵的生活指日可待，让我们大家携起手来，共同营造我们美好的家园，开创幸福美好的新生活！谢谢大家！

　　分析：通过答谢活动，既体现了对相关领导、来宾、住户的感谢，同时也宣传了企业。

13.2　答谢与奖励

13.2.1　感谢方方面面对庆典的帮助和支持

1) 感谢来宾的参加

来宾能来参加庆典是对庆典活动的最大支持，没有来宾的参与，我们组织的活动就毫无意义，我们所做的一切工作都成了无用工。所以，首先应该对他们表示感谢。绝不能在邀请他们参加庆典时热情有加，而在他们参加完活动之后就视同陌路。在活动闭幕时，就要集中对与会者表示感谢；在来宾离去后，还应通过一定的方式再次对他们表示感谢，欢迎他们参加以后的庆典活动（比如下一次的周年庆典）。

2) 感谢会议贵宾、主持人、发言人、演讲者、演出者的参与

庆典贵宾、主持人、发言人、演讲者、演出者是庆典活动的卖点，他们的到来为庆典带来了一定数量的活动参加者，他们的发言、演讲、演出是庆典活动的重要组成部分。所以，应该对他们表示深深的谢意。

3) 感谢政府有关部门的支持

一次成功的庆典离不开政府有关部门的支持，包括精神上的支持（例如公开表态对庆典的申办、举办的支持）和物质（例如对庆典活动进行财政补助）、政策（例如对庆典的境外参与者给予签证绿色通道待遇）和行动上（例如为活动提供安全保障）的支持。所以，在庆典活动结束时应对政府有关部门和有关人员表示感谢。

4）感谢协办单位、赞助单位的支持

协办单位为庆典活动举办提供某些方面的帮助和支持,赞助单位为庆典的举办提供财力或物力上的支持,他们的帮助和支持使庆典能够顺利地进行。所以,也应对他们表示衷心的感谢。

5）感谢其他单位或其他个人的支持

所有对庆典的举办提供支持和帮助的单位都不能被忘记,都应表示感谢。

6）感谢的方式

可以采用的感谢方式有:
①打电话。
②发 E-mail。
③寄信。
④赠送礼品、纪念品。

13.2.2　感谢庆典工作人员的辛勤劳动

举办一个庆典活动,从申办、筹备到活动开始举行、举行过程中、结束以及活动的评估和庆典后工作,这个过程,短则半年、几个月,长则三年、五年,庆典活动工作人员从无到有,从少到多,他们经历了庆典活动运作的酸甜苦辣,特别是在庆典快要开始到庆典举行期间这段时间,会议工作人员更是忙得没日没夜、废寝忘食,其中的辛苦只有亲身经历过的人才能体会得出。所以,在庆典活动结束的时候,应该对活动工作人员进行慰劳和感谢。感谢的方式有:

1）召开庆功宴会

庆典结束后,召开一个庆祝活动圆满结束的宴会,请所有的庆典工作人员——筹备人员、主办单位人员、协办单位人员、承办单位人员、现场接待人员（包括临时接待人员）、技术人员等参加,在宴会开始的时候,庆典活动组织的领导者讲话,对大家表示感谢,对大家的辛劳表示慰劳,使大家的辛劳能够得到精神上的安慰。

2）发放工作补贴

庆典预算应该有庆典补贴这一项,在活动结束时,根据工作量的大小和工

图 13-2　某交流会的答谢晚宴

作质量的高低以及责任的轻重,给每位工作人员发放一定的现金作为对大家为庆典活动辛劳工作的补贴,使大家的辛劳能够得到物质上的安慰。

3) 赠送庆典礼品

发放给来宾的庆典礼品、纪念品也可以发给庆典工作人员,特别是那些第一次参加庆典工作的临时工作人员,要让他们对参加这次庆典工作留下永久的纪念。

案例分析 13-2　×××高等专科学校校庆工作奖、纪念品发放的报告

××校长:

经过庆典工作机构全体人员和各学院、各部门的精心筹备、努力工作,我校于 11 月 4 日成功举办了×××建校 58 周年庆典大会,得到了与会领导和来宾的赞扬。为鼓励这次活动作出贡献的有功人员和学院(部门),建议给予现金共××元、纪念品共 184 个奖励(具体名单附后)。

以上报告,请予批准。

庆典工作指挥部
2010 年 11 月 10 日

一、庆典工作机构工作人员,以工作责任、工作量、工作成效为依据进行奖励、赠送纪念品。名单如下:

机 构	姓 名	工作奖（单位:元）	纪念品（单位:个）
庆典活动领导小组	××	××	1
	××	××	1
庆典活动指挥部庆典活动指挥部	×××	××	1
	×××	××	1
秘书组	××	××	1
	××	××	1
会务组	××等11人	××	1
接待组	××等41人	××	2
...	...	...	...
合计:		××	77

二、其他学院、部门,以工作量、工作成效及人员数为依据进行奖励、赠送纪念品。名单如下:

学院(部门)	工作奖(单位:元)	纪念品(单位:个)
矿业学院	××	7
建工学院	××	6
电气学院	××	6
...	...	...
合计:	××	107

复习思考题

1. 在庆典活动结束后,收尾工作涉及哪些方面的内容?

2. 在庆典活动结束后,作为主办者需要对支持庆典工作的哪些人士进行感谢,感谢的方式有哪些?

参考文献

[1] 刘保孚,欧阳松,张汉麟.策划实务全书[M].北京:经济日报出版社,1995.

[2] 朱瑞波,于忠.现代庆典策划设计[M].北京:中国电力出版社,2009.

[3] 谭红翔.会议运营管理[M].重庆:重庆大学出版社,2007.

[4] 中国一些风俗习惯的由来(86则)[OL].华声论坛:http://bbs.voc.com.cn/forum-49-1.html,2010-10-13.

[5] 向多佳.职业礼仪[M].成都:四川大学出版社,2006.

[6] 刘伟,王力.企业形象[M]//中国市场经济建设全书:第二十三卷.西安:陕西人民出版社,1996.

[7] 李延贵.中国古代皇帝故事·乾隆皇帝[M].延吉:延边大学出版社,2002.

[8] 肖庆国,武少源.会议运营管理[M].北京:中国商务出版社,2004.

[9] 戴光全,马聪玲.节事活动策划与组织管理[M].北京:中国劳动社会保障出版社,2007.

[10] 许传宏.会展服务管理[M].北京:北京大学出版社,2009.

[11] 向阳,强月霞.会议策划与组织[M].重庆:重庆大学出版社,2010.

[12] 陆金生.会展布置技术[M].北京:格致出版社,2009.

[13] 卢晓.节事活动策划与管理[M].上海:上海人民出版社,2009.

[14] 刘晓杰,杜娟.会展服务[M].北京:化学工业出版社,2009.

[15] 高源,谢浩萍.会展公关礼仪接待实务[M].上海:上海人民出版社,2009.

［16］栾建国.会议酒店服务与管理［M］.沈阳:辽宁科学技术出版社,2009.

［17］孟庆荣,刘艳.秘书工作案例及分析［M］.北京:清华大学出版社,2010.

［18］冯治,徐宏俊.周恩来的交际艺术［M］.南京:南京出版社,1993.

［19］李颖慧,黄永强.会展礼仪实务［M］.北京:化学工业出版社,2009.

［20］于立文.现代生活百科知识［M］.哈尔滨:黑龙江美术出版社,2008.

［21］高晓梅.商务应用文［M］.西安:东北财经大学出版社,2008.

［22］王琪.现代礼仪大全［M］.北京:地震出版社,2005.

［23］未来之舟.新员工入职礼仪培训手册［M］.北京:中国经济出版社,2009.

［24］中国教育学会少年儿童校外教育分会.中国校外教育工作年鉴(2005—2006)［M］.天津:天津人民出版社,2007.

［25］李国英.商务秘书概论［M］.北京:中国科学技术出版社,2008.

［26］唐少清.会展运营管理［M］.北京:机械工业出版社,2007.

［27］雷鹏,杨顺勇,王晶.会展案例与分析［M］.北京:化学工业出版社,2009.